社会学はどこから来てどこへ行くのか

稲葉振一郎
筒井淳也
北田暁大
岸　政彦

有斐閣

目次

岸 政彦（きし まさひこ）

1967年生まれ。立命館大学大学院先端総合学術研究科教授。専門は生活史、沖縄研究、社会調査方法論。大阪市立大学大学院文学研究科単位取得退学。博士（文学）。著書に『同化と他者化――戦後沖縄の本土就職者たち』（ナカニシヤ出版、2013年）、『街の人生』（勁草書房、2014年）、『断片的なものの社会学』（朝日出版社、2015年、紀伊國屋じんぶん大賞2016受賞）、『愛と欲望の雑談』（雨宮まみとの対談、ミシマ社、2016年）、『質的社会調査の方法――他者の合理性の理解社会学』（石岡丈昇・丸山里美との共著、有斐閣ストゥディア、2016年）、『ビニール傘』（新潮社、2017年、第156回芥川賞候補、第30回三島賞候補）、『はじめての沖縄』（新曜社・よりみちパン!セ、2018年）、『マンゴーと手榴弾――生活史の理論』（けいそうブックス、2018年）など。

北田暁大（きただ あきひろ）

1971年生まれ。東京大学大学院情報学環教授。専門は理論社会学、メディア論。東京大学大学院人文社会系研究科単位取得退学。博士（社会情報学）。著書に『広告の誕生――近代メディア文化の歴史社会学』（岩波書店、2000年。のちに岩波現代文庫、2008年）、『広告都市・東京――その誕生と死』（廣済堂出版、2002年。のちに増補版、ちくま学芸文庫、2011年）、『責任と正義――リベラリズムの居場所』（勁草書房、2003年）、『嗤う日本の「ナショナリズム」』（NHKブックス、2005年）など。近著に、『社会にとって趣味とは何か――文化社会学の方法規準』（解体研との共編著、河出ブックス、2017年）、『そろそろ左派は〈経済〉を語ろう――レフト3.0の政治経済学』（ブレイディみかこ・松尾匡との鼎談、亜紀書房、2018年）、『終わらない「失われた20年」――嗤う日本の「ナショナリズム」・その後』（筑摩選書、2018年）など。

筒井淳也（つつい じゅんや）

1970年生まれ。立命館大学産業社会学部教授。専門は家族社会学、計量社会学。一橋大学大学院社会学研究科博士課程単位取得退学。博士（社会学）。著書に『制度と再帰性の社会学』（ハーベスト社、2006年）、『親密性の社会学――縮小する家族のゆくえ』（世界思想社、2008年）、『Stataで計量経済学入門』（平井裕久との共著、ミネルヴァ書房、2007年。のちに第二版、2011年）、『仕事と家族――日本はなぜ働きづらく、産みにくいのか』（中公新書、2015年、第6回不動産協会賞受賞）、『計量社会学入門――社会をデータでよむ』（数理社会学会監修・神林博史らとの共編著、世界思想社、2015年）、『結婚と家族のこれから――共働き社会の限界』（光文社新書、2016年）、『社会学入門――社会とのかかわり方』（前田泰樹との共著、有斐閣ストゥディア、2017年）など。

稲葉振一郎（いなば しんいちろう）

1963年生まれ。明治学院大学社会学部教授。専門は社会倫理学。東京大学大学院経済学研究科博士課程単位取得退学。著書に『ナウシカ解読――ユートピアの臨界』（窓社、1996年）、『リベラリズムの存在証明』（紀伊國屋書店、1999年）、『経済学という教養』（東洋経済新報社、2004年。のちに増補版、ちくま学芸文庫、2008年）、『「資本」論――取引する身体／取引される身体』（ちくま新書、2005年）、『モダンのクールダウン』（NTT出版、2006年）、『「公共性」論』（NTT出版、2008年）、『社会学入門――〈多元化する時代〉をどう捉えるか』（NHKブックス、2009年）、『不平等との闘い――ルソーからピケティまで』（文春新書、2016年）、『宇宙倫理学入門』（ナカニシヤ出版、2016年）、『政治の理論――リベラルな共和主義のために』（中公叢書、2017年）、『「新自由主義」の妖怪――資本主義史論の試み』（亜紀書房、2018年）など。

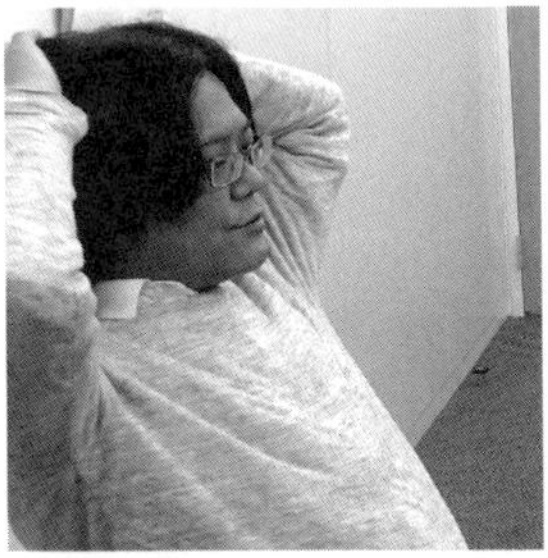

はじめに

社会学とは何か。それはどこから来て、どこへ行くのか。

私（岸）が『断片的なものの社会学』という本を書いたのは二〇一五年、いまから三年ほど前だが、最後までこのタイトルが問題になった。タイトルに社会学とついていると売れない、と、何度も出版社からは指摘された。私も、それはそうだな、と思って、ほかのタイトルを担当の編集者と必死で考えたのだが、ほかに良いタイトルがどうしても思い浮かばずに、このタイトルになった。

幸いこの本は版を重ね、多くの方がたに読んでいただいている。高校の国語の教科書にも採録された。イベントや飲み屋などで直接、知らない方から、読みましたよ、と言われることも多い。

そんなとき、よくこう言われる。この本を読んで社会学が好きになりました。それまで社会学、嫌いだったんですが。

とてもありがたいお言葉なのだが、やはりすこし、戸惑う。私はいつも笑って聞く。そんなに嫌いだったの、社会学が？　ええ、嫌いでした。

広い海の波間に浮かぶ漂流物が、潮流と地形の偶然で、一箇所に集まる場所がある。社会学とは、そんな場所だ。それはいくつかの思想的な源流を持ち、たくさんの歴史的偶然によって、大学という制度のなかで一定の場所を確保した。そしてその制度のなかで学生を育成し、研究者を輩出してきた。そのうちの何人かは、メディアのなかでもてはやされ、制度の外で読者を獲得していったが、実際の社会学者の大半は、ほかの学問領域と同じように、特定のテーマと対象に特定の方法でアプローチする、地味な職人だ。そこでは特定の社会問題についてのデータや知見が、意外なほど蓄積されている。そして、ほかの領域と同じように、私たちの方法や、対象や、議論には、良いところと同じくらい、たくさんの問題もある。

しかし不幸なことに、そうした「職人としての社会学者」は、あまり一般には知られていない。私たちが社会学という制度のなかで何をしているか、そこにどんな問題があり、どのような可能性が賭けられているのか、ということを知るひとは、この制度の外にはそれほど多くないだろう。

ある日、私は、有斐閣の四竈《しかま》佑介（以下すべて敬称略）から、教科書の執筆と、本書のもとになった対談[1]のオファーをいただいた。教科書のほうは、私と石岡丈昇と丸山里美の三人で共著となり、『質的社会調査の方法――他者の合理性の理解社会学』として二〇一六年の年末に有斐閣ストゥディアから出版された。対談のほうは、畏友である北田暁大にお願いした。私と北田暁大は、そろそろ「社会学者が実際には何をしているのか」について話をするべきときだ、ということで一致していた。私たちは以前から、社会学者は大上段から振りかぶって社会全体を「診断」するのでもなく、方法の正しさを政治的信念に譲り渡してしまうのでもなく、実証的な方法と理論で、さまざまな社会の問題に向き合う「普通の学問」になるべきだ、ということを語り合っていた。それがそのまま、本書の最初の対談になった。

私はおおまかに「質的調査」と呼ばれる方法で調査をしている。北田暁大は、「理論」や「学説史」と呼ばれる領域で、現在の日本語圏の社会学を牽引するリーダーである。

私たちの対談を一冊の本にする企画が持ち上がり、私と北田と編集の四竈佑介は、「量的調査」の分野においてすばらしい業績を上げている筒井淳也を誘った。結果的に本書は、「理論」「量的」「質的」の三つの領域の社会学者が、リレーで対談するという形になった。

筒井淳也は、同じく有斐閣ストゥディアから『社会学入門――社会とのかかわり方』を、前田泰樹《ひろき》とともに出版した。前田は「エスノメソドロジー」という、いま日本語圏の社会学においても拡大しつつある重要な方法を研究している。本書中の北田・筒井対談にも、ゲストとして参加してもらった。

また、本書の企画が立ち上がるより前に、すでに岸と筒井は、ウェブジャーナル『シノドス』の企画として、量的調査と質的調査をめぐる対談をおこなっている。さらにその後、ＴＢＳラジオ『荻上チキ Session-22』での、「フェイクニュースと社会調査」をテーマとした回にもゲストで招かれ、番組中で対談した。本書では、これらの原稿もそのまま採録した（だから、ここだけ他の章と文体が若干異なっている）。

二〇一七年四月に岸は、筒井と同じ立命館大学に着任したということもあり、あらためて岸と筒井が立命館大学のキャンパスで、外部の聴衆も招いてオープンな場で対談をおこなった。並行して、岸と北田の対談も何度か続いた。

そして、本書の企画を総まとめする意味で、社会学者というよりは「社会科学者」として、経済学や哲学、法学、あるいは「宇宙論」にまで研究の領域を広げて活躍している稲葉振一郎に参加してもらい、岸と北田と三名で、締めくくりの鼎談をおこなった。

このようにして、理論と量と質の四人によってリレー形式で対談がおこなわれた。それぞれの対談の日時と場所は以下のとおりである。

第一章　社会学はどこから来てどこへ行くのか　二〇一五年四月二五日、有斐閣会議室
第二章　社会学は何に悩み、何を伝えたいのか　二〇一六年三月二五日、有斐閣会議室
第三章　社会学は何をすべきで、何ができるのか　二〇一六年八月三日、有斐閣会議室
第四章　質的調査と量的調査は対話可能か　二〇一四年一〇月一七日、バー「ソンリサ」(閉店)
第五章　フェイクニュースに騙されないための《社会調査》のすすめ　二〇一七年三月一三日、TBSラジオ
第六章　社会学の仕事の実際　二〇一七年五月三日、有斐閣会議室
第七章　データの正しさと〈相場感〉　二〇一七年五月一五日、立命館大学衣笠キャンパス
第八章　再び、社会学はどこから来てどこへ行くのか　二〇一八年一月六日、有斐閣会議室

学問とそれ以外を分かつものは、その方法である。しかし、社会学にはその方法が複数あり、そのうちのいくつかは、互いにゆずり合うことが難しい関係にある。また、それぞれの方法の内部にも、乗り越えがたい亀裂がたくさんある。したがって、本書に登場する四名の社会学者は、それぞれ第一線で活躍している者たちであっても、社会学を代表する者ではない。私たちはただ、それぞれの領域において、自分の信じた方法で地道に社会学を研究しているにすぎない。だが、私たちはそれぞれの仕事を尊敬し、互いに影響を受けあっている。そうした者たちが、現在のリアルな社会学について、時間無制限で語り合ったのが、本書だ。結果として、一方で脱線やむだ話、駄々、堂々巡り、スルー

も多いが、他方で、非常に刺激的な、最先端の、とても重要な論点を多く含む対談になったと思う。異なる方法を採用する社会学者が議論することで、必然的に、方法をめぐる議論が本書の中心となった。いま読み返してみてあらためて、とても面白い話をしていると思う。

社会学は変わりつつある。それは、職人たちが特定のテーマと特定の方法で、広い意味での社会の問題に取り組んでデータと知見を蓄積する、「普通の学問」である。私たちは、理論であれ量的であれ質的であれ、社会のなかで、人びととともにある。それがどこから来て、どこへ行くにしろ、このことは変わらない。

本書で語られたことの（特に、岸によって語られたことの）多くに、批判や反論があるだろう。真摯な議論によって、本書で語られたことが乗り越えられていくことを、私たちは希望している。

二〇一八年八月

岸 政彦

1 『書斎の窓』北田暁大・岸政彦連載対談「社会学はどこからきて、どこへ行くのか？」二〇一五年七月号～二〇一六年五月号（http://www.yuhikaku.co.jp/static/shosai_mado/html/1507/08.html）

第1章

社会学はどこから来てどこへ行くのか

岸 政彦
北田暁大

社会学はどこから来たのか

一九九〇年代の『ソシオロゴス』

岸　この対談は、「社会学はどこから来てどこへ行くのか？」というテーマで進めたいと思います。社会学の現状を、研究環境や研究動向から、おおまかに捉えて、もういちど考えようと思っています。

まず簡単に自己紹介から始めます。私は二〇一三年に、戦後の沖縄のことを論じた『同化と他者化──戦後沖縄の本土就職者たち』（ナカニシヤ出版、二〇一三年）という本を出版して、そのあと『街の人生』（勁草書房、二〇一四年）という、生活史のインタビューをそのまま載せた本を書いていますが、たくさん本を書くようになったのは、四五歳過ぎてからです。このあとも何冊か、順次出ることになっていますが。

北田さんは、私なんかから見ると若いときから世に出ていた方で、一九七〇年前後生まれの同世代のなかでは、燦然《さんぜん》と輝くスターです（笑）。私自身も、一九九〇年代に勉強を始めたときには、いわゆる「東大言語研」の仕事を読んでいた。その源流は見田宗介さんだと思いますが、橋爪大三郎さん、大澤真幸さん、宮台真司さんがいて、少し飛んでその次に出てきたのが北田暁大さんだったわけですね。三〇歳そこそこで『責任と正義──リベラリズムの居場所』（勁草書房、二〇〇三年）という理論社会学の本を出されてから、ある種のマスコミュニケーションの様式に注目して分析をした『嗤う日本の「ナショナリズム」』（ＮＨＫブックス、二〇〇五年）を出されて、「若いのにこんな人もいるんだ」と遠く大阪の地から眺めておりました。

けれども、そんな北田さんと最近友だちになったんですが、何をやっているのか聞いたら、シカゴ学派を読んでいる、しかも最近ではシカゴ学派を遡《さかのぼ》って、一九世紀の進化論を読んでいるというんですね。どうやら、これまでに社会学がやってきた調査の歴史をイチから勉強し直しているらしいんです。そこで「社会

左：岸 政彦　　右：北田暁大

学とは何か」といった大きな話をする前に、北田さんに個人的に質問するところから始めさせていただこうと思います。あれだけ派手な仕事をやっていた方が、なんでそんな地味なことやっているんですか？（笑）

北田 あんまり地味じゃないと思っています。地味どころか、こんなに無謀な大企画を立てたのは初めてではないか。いま、ちょっと過分なご紹介にあずかりましたけど、岸さんと僕はだいたい同じくらい、二〇代の頃に『ソシオロゴス』[1]に載せているんですね。

岸 そうですね。

北田 それを見ると、ふたりともウィトゲンシュタイン周りを読んでいる。その意味でけっこう出発点は似ている。若い頃、コミュニケーション論にかぶれていない人はほぼいない、という世代ですね。そのあとが違うだけで出発点は似てるんだと思うんですよ。要するに他者の理解が問題だった。『嗤う日本の「ナショナリズム」』を紹介していただきましたが、実は大学院に入った頃にはポストモダンとかにもう興味がなかったんです。修士は橋元良明先生のところでコミュニケ

ーション論をやろうと思っていた。けど社会心理学は元ニューアカ青年にはあまりにきつい（笑）

それで吉見俊哉さんのところにいき、いわば見田系列の比較歴史社会学みたいなのをはじめて『広告の誕生――近代メディア文化の歴史社会学』（岩波書店、二〇〇〇年）という本を書いた。でも、柄谷（行人）さん経由のウィトゲンシュタイン・ブーム的なものが、ずっと胸に残ってたんですね。

岸　柄谷的ウィトゲンシュタイン。

北田　クリプケンシュタインの柄谷版[2]（笑）。そういうものが「抜けきらなかった」面もある。その抜けきらなかった部分と、もうちょっとクリアな議論をする分析系の議論をちゃんとつなぎ合わせたくて――つなぎ合わせるというか、両者が罵り合っているのも、ばからしいと思ったので――そういう仕事をしてみた。それが『責任と正義』です。

『責任と正義』っていうのは、自分の中にあるすごく単純な左翼的な部分と、ひねくれた「リベラル」な部分、ポストモダン的な問題提起と分析的な方法とが、ゴチャゴチャになっている理論本です。そっちが原理論だとすれば、『嗤う日本の「ナショナリズム」』は、そのゴチャゴチャを段階論、現状分析で整理してみようというものです。ニューアカの遺産をどういうふうなかたちで歴史化したうえで、現代社会分析につなげていけるのかというのが課題で、それは『責任と正義』と表裏。だけど前者だけが需要がやたらあって、流れ着いたら、いつのまにか2ちゃんねるの専門家ということになっていた（笑）。携帯電話もネットもSNSも全部普及過程の一番最後あたりに導入する「情弱」なのにね。

岸　なるほど。「責任と正義」は、「理論と政治」でもあったんかな。もとから、理論や批評への志向性と、実証的な現実分析への志向性が並存していたんですね。

社会を分析する視点

岸　聞きたいことがいっぱいありますが、まず『嗤う日本の「ナショナリズム」』が社会分析を志向していた、というときの「社会分析」って具体的にどういうことか、というところからです。具体的にはどういう手続きでどういう手順で、っていうことを考えていたんですか？

北田　あんまり憶えてないです（笑）。しかし、見田先生の時代診断や大澤真幸さんの弁証法的な時代・歴史診断からは強い影響を受けていたと思います。宮台さん的にではなく、比較歴史意味論みたいなのを漠然と考えてたと思います。ただそうした方法でやっていくとある種の歴史図式を反復してしまうわけです。凝集していたものが水状化して気化していく。

本格的に「社会批評」から離れてなにか他のことをやらなきゃいけない、と『嗤う』の後から危機感を持つようになった。長らく遠ざかっていた統計学やドイツ語などを一からやり直す、といった出直し作業をしていました。ただ、勉強するだけでなかなかテーマがしっくりこない。「文化概念の意味論」とか、やたら壮大で無謀なお題しか思い浮かばないわけです。

ようやくフィットするテーマが見つけられたのはわりと最近で、「誰かラザースフェルドやればいいのに」と思っていたんですが、「じゃあ自分がやるか」と。この選択には自分自身が計量調査に関わった、という経験も大きな影響を与えていると思います。

震災の前の年（二〇一〇年）、サバティカルでドイツに行く前年に、研究室の学生さんたちと一緒にアンケート調査を実際にしたんです。学生さんたちが本当に優秀で、寸分のごまかしも許されなかった。質問紙作成の時点から「この問いは何を聞いたことになるのか」とかを延々議論して、それを記録しておく。クリーニング、コーディングもそう。分析のときも高度な手法に走るよりはまずはベタな方法でいけるところまでいく。経験者が少ないから逆に「スルー」ができないんです。あと今イギリスに留学していてイギリス統計学の歴史研究をしている岡澤康浩さんが本当に学問的に誠実な人で、あらゆる「なんとなく」が禁じられた。本当は教員が教えるべきことですが、逆に学生さんたちに教えられ、やたらと数字を加工する分析が怖くなった。そんなの当たり前だろう、と言われると思うんですが、計量を勉強する場がなかった人間にとっては、調査とは共同的に、概念の意味、カテゴリー化、操作化、解釈を物凄い時間をかけてやるものだと、あらためて身に染みて感じたわけです。

それで、ラザースフェルド周りを読み始めたとき、「あ、この人たち、自分たちが教科書や先行研究を見てやっていたことを、まさしく手探りで自分たち自身で作り出していたんだな」と思った。調査の結果や理論よりも、そうした集合的な知の生産の営みとしての調査の歴史、社会的なあり方を調べてみたいと考えるようになったわけです。

岸　なるほど。

北田　しかし、別段高度な統計学的手法が使えるわけじゃないから、元手にあった歴史社会学的志向と少しばかりの科学哲学の知識を使って、調査っていう社会的な実践を捉え返そうと。それが、理論史ではない社会学の系譜学とか、社会学の現代的な役割を考えていく作業にもつながるだろう、と考えたわけです。

岸　同世代だから、一九九〇年代くらいの雰囲気を共有していますよね。これは個人的な見方なんですが、東大の社会学の、あくまでも一部ですが、見田宗介以降ものすごく独特で、日本の社会学全体のなかではとても特殊なことを言っていた人たちだった。

もちろん東大には、ちゃんとした計量や学説史の研究をやっている方もいるけど、メディアを介したり、一般的に「社会学」といってどこが見えているかというと、あの独特の部分しか見えてこなかったんですね。だから、九〇年代の社会学を一冊にまとめると、たとえば「別冊宝島」の社会学特集（『わかりたいあなたのための社会学・入門』）、ああいう感じになると思うんです。あれは副題の中に「常識破壊ゲーム」っていうのが入っていたんですよ。あのときはおもしろかったし派手だったんで、『ソシオロゴス』を中心とした言語研の活動がすごく読まれていたと思うんですね。

それが、北田さんの世代まで来て、社会調査の意義が再発見されたように見えるというのは、非常におもしろい。というのも、僕は大阪にいるのでよくわかるんですけど、たとえば東大の社会学以外にも、大阪市立大学の社会学の「伝統」みたいなものがあるんです。

社会学の「伝統」と読者に読まれた「社会学」

北田 社会調査の伝統ですね。

岸 じつは日本の社会学って、ものすごく地道に社会調査をずっとやってきている業界なんですね。主だったところだと、東北大学、東京都立大学、大阪市立大学、九州大学とか、他にもたくさんありますけども。そこで都市下層とか、人権とか貧困の問題で、地道な調査の膨大な蓄積があるんです。古くは月島調査から、それからちょうど僕が市大の博士課程にいたときに、非常に大規模なホームレス実態調査がありました。でも、一般の読者のあいだでは、まったくそういう調査はクローズアップされてこなかったんです。僕自身を振り返ると、一方で遠くにいる東大の言語研の人らの本を読んでファンではあったんですが、他方でやっぱり大阪に住んでいて、釜ヶ崎とか部落などの社会問題にコミットしていくんです。自分自身のテーマとしては沖縄になっていくんですけど、そのなかで大阪市大に入って、周りの研究者とか研究会に触れて、そういう膨大な伝統に触れた。

特に、大阪市大出身の青木秀男先生が中心になって作った「都市下層問題研究会」、略してなぜか「A研」と言ったんですが、わりと大きな研究会を毎月やってました。ここに参加していたのは、私の他に妻木進吾さん、堤圭史郎さん、内田龍史さん、渡辺拓也さん、齋藤直子さん、原口剛さん、前田拓也さん、丸山里美さん、山北輝裕さん、打越正行さんなどで、みんないまでは第一線で活躍するフィールドワーカーです。ここが自分にとっての身近な居場所だったんです。そういう伝統があちこちの大学にあって、それを東大言語研系の北田さんが、いまになって再発見したように見える。すると一九九〇年代の日本の社会学は、いったいなんだったんだろうなと、逆に思うんですね。

北田 そうですね。たぶん、長い目で考えると、異端だったところが出版業界をはじめメディアで目立ったんだろうな、と。そう考えた方が、日本の社会学史を考えるとき重要な視座を与えてくれるような気がします。

岸 こないだ僕の大阪の研究会に北田さんが来てくれ

て、こんな話になりました。たとえば「社会意識」っていうときに、ものすごく全然違う二つのものを一緒に社会意識って呼んでて、一つは見田宗介の『まなざしの地獄』とかが代表です。あれはひとつの極端な例から、同時代の集合的な「社会意識」というもののあり方を鮮やかに抽出して、社会の「存立構造」って、こうだ！　みたいな。それが社会意識論って言われていた。

でも、じつは社会意識論って、同じタイトルの授業で、社会心理学者がゴリゴリの計量でやっているやつも多い。それも社会意識論って言われていて、たとえば、ケガレ意識が強い人ほど部落差別をする人が多い、みたいな感じのクロス集計、回帰分析をひたすらやっている。じつはそういう計量的な社会意識論の伝統もたくさんありますよね。でもそれは一般的にはあんまり話題にならない。

一九九〇年代の社会学というのは――さっきの『嗤う日本の「ナショナリズム」』でいう社会分析ってどういう意味ですかって聞いた意図はここにあるんですが――九〇年代に僕らが一生懸命に読んでいた社会学、しかも一般の出版社とか読者からニーズのある社会学っていうのは、けっきょくのところ社会調査をまったく経ない社会分析というか時代診断だった。たとえば一〇年くらいごとに時代を区切って、一九八〇年代は「〇〇の時代」、九〇年代は「××の時代」みたいな感じで。そんな一〇年くらいで簡単に変わるかよ、とかって思うんですけども。まあ、でも一般的にそういうことをやるのが社会学だと思われてきた。そのニーズはいまだにあって、何人か若手の方でもそんなようなことをやっている。ただ、僕自身それをおもしろいと思って読んでた読者なんで、北田さんが調査史の研究を始めたのは、純粋にこう「不思議やな」と。それぐらいの気持ちでおります。北田さんが社会調査っていうのがすごい不思議。

社会調査の社会学史

北田　これからオリジナルな社会調査自体をかっちりやるというのは、力量的にも年齢的にも難しいところはありますし、だいたい一朝一夕でできることではない。僕ができることというのは、歴史社会学的・知識社会学的な観点から見たときに、社会調査の歴史を異なる形で描いていくことだと思うんです。なかなかに大きな風呂敷ですよ。

ちょっと話を戻したいと思うんですけど、最近『日本において都市社会学はどう形成されてきたか——社会調査史で読み解く学問の誕生』（松尾浩一郎、ミネルヴァ書房、二〇一五年）という本が出ましたよね。あの本で扱われている奥井復太郎とか磯村英一とか、メディア研究なら小山栄三とか竹内郁郎とか、そういういまの若い人だと知らないような人たちの調査を、歴史的に再構成していくと「理論史」とは異なる日本社会学史、つまり社会学という学問と行政と大学制度と地域社会、地域住民との関連なども見えてきて、まったく違う学史が描けると思うんです。

お金の動きも重要です。人件費を除いて研究費ベースで集計してみたら社会学の中心点はもしかしたら都立大とか大阪市大とか東北大にあったかもしれません。社会史としての社会学史をみていくには調査という社会的実践に焦点を当てると、高田保馬から富永健一、吉田民人までといった学説史とは違う社会学の魅力が見えてくるんじゃないか。

岸　大阪だと大阪市大の社会学教室と同和問題研究室（現・人権問題研究センター）ですね。戦前に大阪市社会局が関西のスラムや貧困地域の実態調査を精力的にやってますが、大阪市大の社会学教室がそのあとを継ぐ感じで、戦後に調査をたくさんやってます。一〇年ほど前にも、大規模なホームレスの実態調査をしています。私の友人や後輩も、多数関わっています。

あるいは、同和対策事業が始まる前から、大阪市大の社会学者は、貧困地域でもあった被差別部落の調査を担ってきました。やがて大阪市大に同和問題研究室が設立され、ここが調査と研究の拠点になりました。そこでの調査の手法や分析結果は、確かに予算や調査対象との連携という要素抜きには考えられないですね。どこでどのような調査がなされ、どのような結果が出たのかという視点から書かれた日本の社会学史って、確かにまだまだ少ないかもしれない。

北田 アメリカではラザースフェルドの薫陶を受けたオーバーシャル以降、そうした社会学史研究がものすごい勢いで出てきていて、出版件数だと学説史を凌駕しているようにみえます。コントの三段階論を暗記することから始める社会学史よりは、どんな社会的・制度的背景の中でル・プレが調査を始めたのかとか、シカゴ学派が同時代の社会調査運動とどういう関係にあったのか、それを可能にした理由空間や制度的背景はなにかとか、そういうところから始める社会学史の教科書のほうが「経験的」な学としての社会学にふさわしいのではないか、と思っています。あと論点別のギデンズの連字符社会学のアラカルトはどうにも僕には魅力的にはみえませんし。

そうした観点から社会学をみていくと、東京府や市、大阪市といった地域行政と国家との関係性や「統治」「改良」の重要な道具としての社会調査史をもとに学史を振り返る、ということになるでしょうか。さっきの松尾さんの本でいえば、奥井はなぜあの時代にわざわざ鎌倉を調査地とし、何をどのように調べたのか、それはいかなる社会的行為であったのか。そういうことをみていくと、調査法と理論史を別個に考える必要はなくなる。調査の社会史は佐藤健二さんがすでに重厚な本を書かれていますが、僕としてはもうちょっとどうしようもない事情、つまり大学の制度や、行政との関係、財源の問題などに光を当てたものを考えたいんですね。学説史に出てくる人物が大きく変わりますよ。アメリカでいえば、オグバーンとかチェイピン、オダム、ラムル、バーナードといったたぶん日本語で読める学説史教科書には出てこない人物が重要性を帯びてきて、パーソンズやブルーマーの影は相対的に薄くなる。松尾さんのああいう本はけっこう僕にとってはどんぴしゃな感じでした。

日本の社会学を論壇から引き戻す

北田 逆に言うと、そう考えるとあらためて見田宗介さんはやっぱり偉いんですよ。だって、調査系が主流だったはずなの。ＳＳＭ調査[3]とかだけではなくて全体的な配置として。あとはマルクス主義の流れとか、ウェーバーを中心とした学説史という人がドミナントななかで、ああいう「派手なこと」ができちゃった辺りは、天才ですよ。

岸　天才やな。なるほど。

北田　とりあえずアメリカ的な社会学や社会心理学の同時代的な理論を体系的に捉えた『価値意識の理論』とか、独自の物象化論を展開する『現代社会の存立構造』とかで、まず理論派をだまらせる。パーソンズ系とマルクス系の両方に物凄い筆力の理論書を投げる。そうしたうえで、実存的な側面を隠さない永山則夫の分析（『まなざしの地獄』）とか『気流の鳴る音』『近代日本の心情の歴史』で思想青年のアクチュアリティを求めるニーズに応える。そんなことは彼ぐらいにしかできないすごい芸当だったと思うんです。だから、見田さんは本当にすごい人だと思う。ただ、そのすごさが逆に、地と図を反転させてしまったところがメディア論壇的にはあったとも思う。脈々とあった調査の蓄積としての社会学というものがメディアに見えにくくなった。逆にいうと、見田さんのような人がいたからこそメディア、論壇が社会学という地味な学問に関心を示すことになった。たとえば、磯村英一とか奥井復太郎とか、京大系でいけば、あんまり調査はしなかったかもしれないけど米田庄太郎とか、そういう人たちの名前を、今の社会学部修士一年のどれだけが知っているか。知らなくても生きていけるでしょ？

岸　うん。

北田　だけど、アメリカで社会学やろうとしたら、パークの教え子がなにやったか知らないで生きていくことはちょっと難しい。少なくともシカゴ学派以降、ラザースフェルドらが制度化したアメリカ的な調査史の展開は、どこか現在の調査と通底している。だからたとえばロビンソンの原著論文を読んでなくても生態学的誤謬《ごびゅう》の話というのが、シカゴ学派の生態学モデルを標的にしていたといわれれば、その概念の統計学的な意味だけではなく、歴史的な意味も理解することができる。ラザースフェルドのエラボレーションもそう。彼らが何をなんのために、どういう同時代的な技術の水準で調査をやっていて……という話がアメリカの場合はトレースしやすいと思うんですよ。だからこそ一九八〇年代以降のアメリカでの学史研究がどんどんそういう社会史的な方向性をとっているのだと思います。そういう場ではミードやパーソンズ、マートンのような教科書に太字で出てくるひとたちのテクストも異なって見えてくるはずです。そういうのがない状態で、標準的な教科書が、大文字の偉人伝、「分析対象の性質」で区分けするギデンズの鈍器本だといわれると、ちょっと首をかしげたくなるんです。お金と人材を要する調査という社会的実践から学史を見直すと、学史を学ぶこと自体が調査法を学ぶこと、理論を学ぶこと、社会史を学ぶことにもなる。そういう学史を読みたいというひとたちで集まってわいわいやろうというのが、酒井泰斗さんとやりはじめた日米社会学史茶話会の狙いです。

「常識破壊ゲーム」から社会調査の学へ

岸　とてもおもしろいと思います。でね、東京のほうでは北田さんがそういうことをしてて、僕は大阪で、ほんまに地方で地味な社会学をやってきて、まったく別のルートから同じ結論に至ってるんです。

たとえば、実は日本の社会学、特にマイノリティや差別といったものを対象とした社会学的研究は、この二〇年ぐらい、極端にいえばかなり停滞している部分があります。もちろん、障害学など、非常に先端的な研究を蓄積している分野もたくさんあるのですが、すくなくとも日本の調査系社会学の一部には、停滞していた部分があると言ってもいいと思います。

いろんな要因があるんですが、ひとつは、戦後の「社会病理学」的な、逸脱やマイノリティの存在を社会の「病理」と捉えるような権威主義的な視線が、一九七〇年代以降の政治状況のなかで根底的に批判されていった結果、研究という実践が内在的に持つ「権力性」みたいなものが、社会学のなかで批判されていきます。それ自体は正しいことだったんですが、それによって、調査というものがそもそも暴力なんだ、ということまで言われてしまいます。時代的にも、カルチュラル・スタディーズやポストコロニアリズムなどの議論が輸入されていて、サイードやフーコーのある種の解釈が流行して、研究すること自体が対象をカテゴリー化する権力だと言われるようになった結果として、ベタな実態調査が非常にやりにくい状況が続いていました。

ただ、そのために、こんどは逆に社会学自体の説得力が失われていったのではないかと思っています。これはほんの一例ですが、僕は一九九〇年代から二〇〇〇年代にかけて、あの有名な（笑）「黒木掲示板」[4]で遊んでいたんです。東北大学の数学者である黒木玄さんが主宰するネットの掲示板で、分野を横断したさまざまな研究者やインテリが集まっていました。理系の人もたくさんいたんです。それで、そこで他の人と論戦をしていると負けるんですね。ポスコロとかポストモダンとかやと。ボコボコにされてしまう。私がボコボコにされたわけではないですが（笑）。そこに稲葉振一郎さんもいたんですけど、稲葉さんがいつも強調してたのは、けっきょく愚直な事実の積み重ねがないと、ほかの領域の人への説得力がでない、と。なにか「調査という暴力」を批判して、「リアリティが構築されてるんだぞ」とか「常識破壊ゲームするんだ」っていうのは、社会学の狭いムラのなかでしか通用しなかったんですね。

それとは別に、当時翻訳が出そろってきたブルデューの影響もあって、自分なりに調査を少しずつやっていくんですけれども、ちょうど時代的に社会調査士の課程が始まっていくんです。僕はその第一世代で、COEの制度も始まって、わりとその辺のところで仕事貰って博論書いたりってのをしていたんです。関西学院大とかで最初の社会調査士が始まるときに、たとえば僕が「質的調査」の非常勤で入っていたりとかしていたんですね。間近で見ていたんですよ。こんなの成功するのかと、本当にいけるのかなと思っていたら、あっという間に全国に広がって、かなりガッチリした組織になった。資格の知名度とか実効性としてはまだまだこれからだと思うんですけど、わりと学生にとってはわかりやすい目標になっている。社会調査を中心としたカリキュラムがあっという間に全国の大学で整備されて、日本中の大学の社会学のカリキュラムが、わずか一〇年くらいの間に激変したんです。とにかくものすごい変わって。

それより前っていうのは、ふた昔前の、それこそコントから始まってパーソンズいうてマートンいうてルーマンいうて、みたいな話。社会学偉人伝みたいな(笑)。それが一挙に変わったんですね。ちゃんと調べたわけではないですが、調査系のポストも増えたような気がします。

これはいろいろなところで言ってるんですけど、文科省で大学院重点化の政策が始まって、みんながすごいボロカスにいうんですけども、僕はすごいよかった点もあると思っていて、あれで若手が博士号とるようになって、博論本の出版点数がすごく増えたんですね。そうすると、それがほとんど調査の本なんですよ。なんらかの調査をしている本がすごく増えた。だから、これで社会学がすごく「世俗化」されたと考えているんです、この一五年ぐらいの間に。僕らよりも上の世代からすると「社会学の現実を批判する刃が削がれた」みたいな感じでいう人も多いと思うんですけども、僕はすごくいいことだと思っている。あんまりロマンチックな想いを持っていないので、社会学に。たんなるツールでいいんです。世俗化されて、普通の社会問題を普通に研究する普通の学問にこれでやっとなれるな、と。そんなふうに思っていたところに、それまでわりと派手なことをしていた北田さんが社会調査の歴史を掘り起こす作業を始めた、みたいな感じなので。

日本社会学史の「イフ」

北田　いや本当に僕は日本社会学史に無知で、昔『社会学評論』のフィールドレビュー書くために学説史を読んでいても苦痛で仕方なかった。でも、大阪市大の川野英二さんたちと知り合って昔の調査を軸に日本社会学史を読みなおしてみたら無茶苦茶おもしろかったんです。ああ、日本の社会学者とか全然知らなかったけど、ちゃんと現在にいたるつながりがあったんだなあ、と。ああいう研究者と知り合いになれたことも自分の頭のなかの社会学像の大きな転換点になりました。
それで自分の相対的に知ってる分野だとマス・コミュニケーション研究になるというわけでまずはラザースフェルド、となったけれども、どうも彼は単なるマスコミ研究者ではなく、アメリカ社会学自体を制度的に作り上げた人なのだとわかって、びびったわけです。日本の社会学の教科書にほとんど出てこない人なのに！　これを日本で考えると、さっきちょっと話に出てきましたが、日本独自の社会意識論をそのうち取り上げてみたい。
これ、さほどの根拠なく思いつきで言ってることですけど、日本で当然のように使われる「社会意識」という言葉、かなり特殊な言葉だと思うんです。学会の部会になったりするわけですが、英語圏で social consciousness を社会学の下位分野として捉える思考はないんじゃないか。二〇世紀頭の文献みてると少しだけ見かけるのですが、それは欧語の一般的なニュアンス、つまり「社会的な意識・自覚」、政治的コミットメントについての自覚的態度のことを指しています。

ひるがえって日本では「社会意識論」はほとんど「文化論」と同じように「上部構造」の話なんですね。どこら辺に基があるんだろうといま調べている最中ですけど、おそらく城戸浩太郎とか見田宗介とかが若い頃に論争をかましていた頃。その頃に、マルクス主義の上部構造論、イデオロギー論との距離関係のなかで前景化してきたのではないか、と睨んでます。

岸　ルカーチとか？

北田　そうそう。あとフランクフルト学派などの西欧マルクス主義の系譜。とてつもなくマルクス主義の力が強かった日本の知的環境のなかでアメリカ的価値論、態度論、そして調査方法を繋げていく、という課題のなかで「社会意識」という不思議な概念が重要性を与えられたのではないか、と。「マルクス主義・ミーツ・アメリカ」の場としての『思想の科学』あたりはそういう観点から考え直してもいい。城戸、見田、南博から飽戸弘、佐藤毅まで、アメリカ的計量分析にふれつつ、理論的にはマルクス主義も継承している世代の社会学、社会心理学の動向はおもしろい。社会心理学が完全に計量シフトをとる前の世代ですね。あのあたりから社会心理学と社会学の方向的分岐が本格化するわけだけど、「社会意識」っていう言葉自体が、日本になじんでいたマルクス主義と、アメリカ型の計量的な社会学とが調査という実践を再考するなかで表に出てきたんじゃないか。

こういうの一つとって見ても、城戸浩太郎なんかむっちゃ早く死んじゃって、たぶん三〇歳くらいで死んじゃったでしょう？　むちゃくちゃ天才だったって吉川徹さんの本（『現代日本の「社会の心」』有斐閣、二〇一四年）にも書いてあったし、三浦展さんとかもSNSで「むっちゃすごかった、キラキラしてた」とかって書いていたけど、あの人が夭逝していなければぜんぜん社会学会が変わっていたかもしれないですね。見田さんは、いわゆる計量からは撤退しちゃうんだけど、城戸さんが存在し続けていたら、異なる社会学の展開、あるいは異なる見田宗介があったかもしれない。そしてそれは、戦前以来の調査の歴史を引き継ぐ大きな山を形成していたかもしれない。

「普通の学問」としての社会学

岸　なるほど。

北田　ただ、それはなかったわけです。あくまで「イフ」。でも、こういうのを掘り起こしていくだけでも、一体感というか、連綿とした流れのなかにちゃんと自分がいて、何をすべきかということが考えられるっていうのは、一応、社会学をやっているものとしてはですね。

岸　自分探し？

北田　うん。でも自分探しっていうよりも……。だってさ、ウェーバーとかコントとか、そういうところから始められてもリアリティがないわけじゃん、普通は。それがリアリティをもって感じられるためには、この人たちはなんのためにこんなところ調査しているんだろう、ということを理解しなくちゃいけない。だけどそれは歴史的教養が必要で結構ハードル高い。なので、日本であれば近くの大学で行われた調査をとりあげて、じゃあ歴史的背景と当時の大学のあり方を調べたうえで現地の史料館に行ってみようか、とかいうのは社会学の導入にとってもいいと思うんですね。いま学生のリアリティをつかもうとすると僕の場合SNSとかサブカルの話になっちゃう。全然サブカル好きじゃなくてもそういう学部生向けの講義をしている人も少なくないと思う。でも岸さんとか川野さんはリアリティにあわせるんじゃなくてリアリティを持たせることができるわけで、そういうほうに自分の関心が移ってきたという感じ。残念ながらサブカル話の「きただせんせい」の講義はもうしないんじゃないかな。

岸さんが言ったように社会調査士が制度化されていったのはとてもよいと思うんです。またいろんなところが統計セミナーを開催している。学内での科目も充実していく。そういったなかで、歴史と理論と方法の習得が「調査」を媒介に、ある程度標準化されていくというのは、要するに共通言語が増えていくということでとてもいいと思う。名人芸の競い合いではなくて共同作業、まさしく社会的行為としての調査。自分の研究の方向性とは別に、「そういうふうになっていくのは好ましいな」と思うんで、岸さんがいう「普通の学問」になっていくのには大賛成。

偶然としてのアメリカ社会学

北田 僕は、そういう普通の社会学を作りえた国がアメリカなんだと思うんだけど、でもそれは、別にアメリカ的精神がどうこうというよりはいろんな偶然が重なった所産でもある。そのあたりを考えたいというところかな。

『理不尽な進化』（朝日出版社、二〇一四年）を書かれた吉川浩満さんとも話していたんだけど、すごく偶然が大きかったと思うので。決してあれはアメリカが頭がよかったから、とかではなくて、すごい偶然があった。「黒人解放がなされて北部に黒人が移動してなければ」「第二次移民たちの移動が知能検査の開発時期と重なっていなければ」「独特の大学院重点化を実現したジョンズ・ホプキンスやシカゴ大学が誕生していなければ」「そのシカゴ大学のある地域があれほどまでに移民が押し寄せる都市でなかったら」「第一次世界大戦がなければ」「ニューディールがなければ」「ラジオというメディアがこの時代に誕生していなければ」「ドイツ圏から亡命知識人たちが来ていなかったら」「第二次世界大戦がなければ」……

こういう異様なまでの偶然事がアメリカで起こり、ほぼ同時に制度的に誕生したアメリカ社会学がこうした偶然事がもたらしたニーズによって財源と人員を得ていった。本当に理不尽な僥倖により、ドイツとフランスで停滞を余儀なくされた時期に社会学はアメリカで「社会調査専門家」の職能団体として成長した。理不尽に絶滅じゃなくて、理不尽に成功したわけです。この理不尽さが僕にとっては謎で、いくつかの「他でありえた」可能性を棄却して成立した経緯を見ていきたいんです。

日本に手を着けるのは当分先のことになると思いますが、日本は全然異なる知的風土にあったわけで、まったく異なる歴史観が必要でしょう。しかし、現在の日本で社会学をやるということの意味を考えて次世代に伝えていくには、そうした作業を自分のできる範囲内でやっていきたい。中堅世代になってあらためてそう感じています。

欧米の社会学の「絶滅」

北田 あともうひとつ。これは意外に勘違いしている人が多いんだけど、日本の社会学って先進国のなかでは例外的ともいえる感じで規模を維持しえているんです。アメリカとかイギリスでも、もう制度としての社会学は絶滅に向かっているともいえる。

岸 それこそ理不尽な絶滅（笑）

北田 理不尽もいいところ。本当に隕石が落ちてきたかのような感じで。アメリカ型社会学はグローバルになっているけど、アメリカ国内の制度としての社会学には、もはや過去の栄華のかけらも見えない。

岸 ほう。

北田 イギリスは社会調査について別系統が強かったから社会学の制度化の出発時点自体が遅れがあったところ、やっと立ち上がってきたころにはサッチャーにおとり潰しされていく。アメリカでも一九七〇年代以降アメリカ社会学会員は減少の一途をたどっているし、社会科学における社会学のプレゼンスはラザースフェルドたちの時代とはくらべものにならないぐらい落ちている。アメリカ型社会学は世界中に広がってますが、アメリカの大学社会学そのものはかつての栄華のかけらもみえない。ドイツにしてもそうで、日本ではウェーバーからハーバーマス、ルーマンに至るまで翻訳や研究がおそろしいぐらい出ているし、実際にズーアカンプでもかれらの本は売られまくっているから、「やっぱり本場は違うな」といいたいところですが、財源的・人員的には弱体化の一途をたどっている。日本のほうが例外といえる。フランスは知らないけれど、米独ではそんな感じ。

岸　でも、それはお金が入ってきてて、社会調査をやってきてたんでしょう？　実績はあるわけですよね。それでも消えた？

北田　消えつつある。

岸　なぜ？

北田（調査をするのは）社会学者じゃなくていいわけだから。

岸　あ、計量ができたら、それでいいって思われたわけ？　なるほどなー……

北田　そう。でもそれなら、もう一方でルーマンとかハーバーマスみたいな理論の人が、それをちゃんとガードしなきゃいけないはずなんですよ。社会学だからこそできる精度のある調査ってものがある、と。でも、あの人たちはまるっきり関心がないし、弟子たちもまったく関心ないでしょ。それで、みんな「死」に向かっている。ズーアカンプも——言ってみれば日本なら岩波書店みたいなところですけど——社長が替わって、このままでは「大塚家具」みたいになりかねない……みたいなことが言われてて、ズーアカンプのあの分厚いシリーズだって、なくなる可能性だってある。

岸　それは要するに、そのとき社会学のアイデンティティが、フランクフルト的な社会批判にしか残っていなかったと。

北田　とか、ルーマンみたいな社会理論。そりゃ衰退するわけです。だから、いまの日本の社会学は本当に例外的なんですよ。似てる部分があるとすれば、宮台さんとか、上野千鶴子さん、大澤さんとかを想像して「社会学だな」っていうふうに思われているうちは本は出る、ということぐらい。

岸 なるほど。

北田 世間もそれで「社会学」っていうものがあると思っているんだよね。むしろ問題は、後ろで動いているもの。後ろというか、調査のように、普通に学問のなかで動いている方向性が、不可視化されている。ドイツの場合は、これがどんどん小っちゃくなっている。アメリカもそう。例外なく縮小している。ものすごい勢いで。前に『現代思想』の「社会学の行方」特集（二〇一四年一二月号）に寄稿した議論では「一九七〇年までこんなふうに社会学の学生が増えているんだ」って書きましたけど、じつはオチがあって、そのあとにガクンと減っているんですね。ポストも講座もどんどん減っている。

日本の社会学の偶有性

北田 唯一の「先進国」の例外が日本。日本では社会学はポスト、学生数ともに堅調。これは大学院重点化以降も相対的に見て、よその国の社会学よりはるかに恵まれている。少なくとも縮小の速度が遅い。私立大学なんかでも、社会学は人気があるでしょう？

岸 やっぱり就職率もいいしね。入試にも、人が集まってますからね。だから、人気学部ですよ。

北田 東大の文学部を見ても、あまりポストを減らされてなくて、私のいるところのような、東大のなかの陸の孤島から見ると「いいなあ、いっぱい座布団があって」って羨ましくなる。それは、国際的にみると奇妙な状況で、言われているほどの危機というのには、じつは日本の社会学はまだ接していない。若手はたしかに苦しいでしょう。何しろ、人の数が増えちゃったから、将来、アカポスに就ける率が下がっているという不安感がひとつ。それに、奨学金や研究費など獲れるお金の配分枠がきつくなっている。それでも、大学組織のなかで社会学が例外的に維持されているというのが日本である、という実態がまずあると思います。これは「いい感じ」でおめこぼしに預かっていることなので。

岸　見逃されているだけ？

北田　だと思うよ。だから、本気で「役に立たねえや」っていうふうに思われるのをなんとかごまかさないと。

社会調査の実績

岸　見逃されているのかな。ある程度実績を上げている部分もあるとは思いますが……

北田　調査の文脈で？

岸　これは関西の事例なんですけども、社会学者が行政と連携して調査を担っている、ということもあるんですね。たとえば、一番わかりやすい例でいうと、何度も言いますが、都市下層問題や部落問題です。大阪市立大学の社会学教室なんかは、大阪市社会局の「下請け」でスラム調査をやってきている。わりと単純な、住民のカロリーの計算だとか、一人当たりの生活スペースが畳何畳分、とかを見ているような調査なんですけども。そういう調査をずっとやってきていて、戦後も山本登のような、東大で社会学を学んだ研究者も入ってきた。同和問題研究室も立ち上がった。今は人権問題研究センターになってます。それで、同研ではなく文学部社会学教室ですが、山本登さんが中心になって部落の調査をやっていて、同研の上田一雄さん、そのあとは野口道彦さん、いまでも齋藤直子さんまで続いていますが、基本的に「調査のエコロジー」というか「調査の生態系」みたいなものができあがっている。

北田　なるほど。

岸　ここでそのお金を出すところと、調査地と、それから調査主体。その三角形の「調査のエコロジー」みたいなものがうまくできあがっていて、そのなかで野口道彦さんなんかは、部落の実態調査もするし、同時に一般市民を対象とした、社会心理学的な部落差別意識の調査なんかもやっていて、スマートな多変量解析とか構造分析なんかを持ち込んでたりする。そういう行政や大学と連携したかたちの地元調査とかって、部落だけじゃなくて、たとえば商店街のまちおこしの関連とか、ちょっと前でいうと都市社会学者が全国でスプロール現象がどうのこうのとか、ニュータウンの調査をやっていたりとか、わりとそういう形でやってきている蓄積が、これまでにあると思うんです、全国の大学の社会学科や社会学教室に。

北田 うん。

岸 おそらく、そういう方面について、ほかの国では民間のコンサル業者が委託を受けてやるようになっても、日本の場合は大学の社会学者がやっていた。ある意味でコンサルの代わりに担ってきた蓄積があるので、まだわりと居場所があるのではないかなと。だから、地方の自治体からつく予算の変化を調べると、もしかしたらおもしろいかもしれないですね。どうしても科研費ばかりに目がいってしまうから。

北田 たとえば磯村英一とかは、もともと東京市に勤めていたんですね。それから都立大に赴任する。磯村は都立大で調査の伝統をつくりだした人ですよね。じっさいにあの時期は、膨大な予算を落とす先としては、大学に落とすしかなかったし、調査の継続性を維持するために予算が比較的安定的に供給されていた。いまは大学の運営費交付金がどんどん減額され、調査予算は科研の微々たる枠に申請するしかない。コンサル系の困った調査が広がっていくなかで、調査予算は安定的に組めず、社会学者を賄う人件費は増える気配もない。

岸 研究費とはまた別?

北田 研究費がどういうふうになっているのかっていうのは、もう少し丁寧に考える必要があって、たとえば大学教員が、運営費交付金が減らされたせいで「去年までもらっていた本を買うための六〇万円が今年二〇万円になった」とか嘆いてますよね。そんな少額を嘆いていても仕方がないわけですよ。そんな四〇万円の話で文句を言ったりしても仕方がない。むろん「研究外業務が増えた」というのは文句が出ても仕方がないにしてもね。問題は、科研費以外、地域行政や企業からどれだけ継続的に資金を調達できるのか、ということ。まちおこし系のものとか、地域再生だとかみてると、雑な調査しかできない変なところにお金が流れてる。たとえば、コンサル会社に二〇〇〇万出してやらせているところを、大学の社会学者に五〇〇万出してくれたら大喜びでやるし、ぜんぜん精度が高いものをやるはずなのに、なんとなく「都合のいいもの」だけをみせてくれる人たちにお任せする、というのが傾向としてあると思う。新聞社の世論調査なんてひどいでしょ。クライアントの意識改革も必要。

岸　うん。

北田　そういうところから、調査のための資金を持続的に引き出せると望ましい。大学にしっかりした学問的自律を委ねたうえで、クライアントにも「役立つ」調査を委託してもらえるようなルートを本気で考えないと。社会学は、行政や国家、資本から自律していなければならない、とか言っていると馬鹿を見ますよ。だったら、運営費交付金ってなんですかっていう話でね。交付金・科研頼みではない資金調達をやっていくためにも、これまでの調査実績をかっちりとプレゼンしていく必要はあると思うんです。

岸　東大なら実績はあるでしょう。

北田　東大の社会学だと、いま一番上は、佐藤健二さんかな。調査系の人は計量の非常にスマートな研究をやられている白波瀬佐和子先生みたいな方になる。けれども、蓮見音彦〜似田貝香門的な人がいない。いわゆる農村社会学とか都市社会学の流れを汲んでいる「調査屋」といわれるような人たちです。東京都立大や大阪市立大のような学問的伝統を理解・尊重したうえで、さっき岸さんが言っていた「調査の生態系」のようなものを理解する必要があると思うんです。本だけを相手にしたり、たとえば「一七世紀の誰々が……」というような研究だけをやるならば、社会学をやらなくてもいいと思う。それだけ調査というものが社会学の要だということは、これから生き残っていけるかどうかの一つの鍵だと僕は思います。日本は、言い方が悪いけど、コンサルにあまり優秀な人がいなくて助かっている（笑）。だって、アメリカはすごいからね。社会学や政治科学の若い優秀な人材をどんどん引き抜いて雇ってしまうわけですよ。そういうのを防いでどう学問として生き延びていくのか。岸さん頑張って（笑）

岸　いやいや（笑）

社会学という実践の系譜へ

北田　この辺りで、最初の岸さんの問いかけに戻りましょう。調査の歴史をどうして調べているのか、という話です。一つは「社会学の本義がそこにある」という格好いい答え。もう一つは、僕は、歴史研究は意外とずっとやってきていて、そのテーマとして単純におもしろい、と。つまりいかなる実践として社会学の調査が立ち上がって、どういう根拠で、どういう社会状況のなかでどういうふうに社会との連接を保ちつつ制度化されたのか。これを見ること自体が、社会をみることになる。調査という近代的な実践の歴史的意味を考えてみたい。基本的に酒井泰斗さんも僕も、「調査こそが社会学」というのではなく、そういう社会学という実践の系譜に関心がある。そのさいポイントになるのが、一九〇〇年代と四〇年代にある戦間期のアメリカだと。このときに奇跡的なことがいっぱい起こっている。まず、社会改良運動の流れとその行政への参入、ニューディール、ドイツ知識人たちの亡命。それから第二次移民問題、新移民への偏見・差別。シカゴ大学ができて以降、アメリカ社会学の Ph. D. の取得者が全国に拡散し、こうした流れのなかでテーマと資金をみいだしていく。後続のコロンビア大学は、ラジオというニューメディアの効果測定のため、現代にも通じる計量的手法を用いた社会調査の基礎を作っていく。西海岸では、シカゴ亜流のシンボリック相互作用論のような流れが出てきて「数える（計量）」のとは違う調査のあり方が構想されていく。そこに、当時のロックフェラーやカーネギーといった財団がどんどんお金を落とす。ニューディールの影響もあって政府からも潤沢な資金が貰えた。さらに二つの大戦があった。第一次大戦では、兵士の適性を測る研究やプロパガンダ研究にお金がおりてきて、第二次大戦期には、士気（モラール）をどうやって高めるかというテーマに資金が投下された。そこで社会学者たちが——本気で士気を高めるつもりがあったかは別として——いろんな分析手法を試すことができた。こうした偶然が重なって社会学が黄金期を迎え、さらに戦後に復員してきた若者たちが大量に大学に入ってくる。「今を時めく」社会学部にも大量の人が入ってきて、一九六〇年代まで栄華を極めたわけです。パーソンズは偉いわけですが、こうした大きな潮流の一端にすぎないともいえる。

こういう制度化がどういうふうに実現したのか。というのも、こんなことができたのって、ほかの国になくて。わりと近いのはフランスだったかもしれないけれど、日本は明らかにそうじゃないし、ドイツは社会調査自体が一度壊滅した状態になってますね（内情は複雑なのですが）。イギリスはそもそもフェビアン協会的な社会調査が強かったから、社会学が調査をやるというシステムはだいぶ遅れをとっていた。そういうわけで、アメリカは相当特殊なんですよ。けれども、そういう特殊なものがいま国際的に一般化している。方法が統制されているし、カリキュラムは組みやすいし、言葉は明瞭だし、変に凝った修辞は使わない。理論と調査の関係も、まず調査を軸に据えてそれから理論をまとめていくというスタイルを貫徹してきた。パーソンズが日本ではやたらと取り上げられるけれど、アメリカ社会学史の調査史を読んでもほとんど出てこない。とにかく、そうした調査の専門職化が一つのポイントになっている。こうした観点からみたとき、官費で賄われる帝国大学、公立大学を中心とした日本の社会学の事情はだいぶ異なる。

こういう考察は、「調査」分析を通して、「それぞれの国での社会とはなにか」という問いにもつながっているはずで、僕としては、特異な、そしていまグローバル・スタンダードだと言われるアメリカというものの成り立ちの歴史的偶然性を確かめていきたい。その超・偶然のうえに成り立った現代的な社会学っていうもののあり方を考えていきたい。それによって他国との比較とか、これから滅びゆく（のかもしれない）社会学がどう生き延びていけるか、を考えるヒントも得られるかもしれない。僕と酒井さんはともに一九二〇〜三〇年代から始めているんですが、酒井さんは戦後行動科学のほうへ、僕は第一次大戦より前へどんどん遡行している。趣味の違いだと思うけど、狙いとしては「調査をする」という実践がいかなる社会的な行為だったのか、を考えようという点は共通していると思います。なので、これは、現代の社会学がどうあるべきか／ありうるか、という問いと直結するんです。制度的社会学の表舞台から姿を消した女性たちの社会調査や、黒人研究者の掘り起こしとともに、「社会学が何を忘却したのか」も同時に考えつつ。

社会学はどこへ行くのか

社会学の「習い性」

北田 ここから岸さんのほうから事前にいただいた「社会の進化や変化を語るということが、社会学の『習い性』になっているのではないか？」という問題提起について考えてみたいと思います。つまりなにか充実したものがあって、それが希薄化して、消失していく。こういう図式、たとえば「マスコミから2ちゃんねるの時代を経てLINEへ」みたいな。

岸 書けちゃう書けちゃう。

北田 まったく同じ図式で書けちゃう。この反復性みたいなものってどうなんでしょうね。つまり社会が「t型社会」から「t＋1型社会」へと進化するという考えの元になっているものはなんなのか、と。

社会学の二つの考え方

岸 この対談のテーマでもありますけど、社会学って大雑把に「なにを結局やってきたんやろな」っていう話ですが、じつは二つのことしかやっていないんじゃないか。とくに最近、吉川浩満さんの『理不尽な進化』とかの影響もあって、どうしても進化論の話に引きつけて考えちゃうところがあるんですけど、ひとつは大きな時代診断というか、たとえるなら「石炭紀からジュラ紀へ」みたいな「前近代から近代へ」っていう環境の変化ですね。環境の変化を「t型からt＋1型へ変わりました」っていう話みたいなことを、ひたすらいろんなバリエーションでやっている。もうひとつは、これも進化論に引きつけて考えちゃうんですけども、適者生存というか、ウェーバーから始まったような議論ですね。

北田 ウェーバーで、適者生存？

岸 言ってしまえば、行為論なんですよ。たとえば、キリスト教にもいろんなゼクテ（教団）があったと。それで、こういう資本主義というのがドーンと始まりましたと。始まったというか、まあ近代になって、いろんなゼクテがいろんなエートスを持っている。いろんな種がいて、首が長い奴もおったりとか羽が生えてる奴もおる、みたいな感じですよね。そのなかで「よーいドン」で競争していって、特定のゼクテが生き残った。なぜかというと、そのエートスが、資本主義に適合性があったからだ、と。ウェーバーの言い方だと選択的親和性があったんだと。

これは、ある種の主体、行為者がどうやって環境に適応しているかの物語なんです。今でいうとエスノグラフィーの発想ですよね。たとえばポール・ウィリスの『ハマータウンの野郎ども』（ちくま学芸文庫）なんかでは「ラッズ」なんていうのがいる。一見するとすごく非合理なことをして、学校に反抗している、と。それによって自分が損をするのに「バカだなぁ、なんでそんなことしてるんだ」と。でもラッズからすると、周りの環境にある種適合した行為なんですよね、あれは。それで生き残っているんです、学校世界のなかで。学校世界のなかで適合している行為が、マクロな構造のなかでは実は逆効果へ働いていて、だからそれが不利益を被ってしまうんだけれど……というのを書いてたわけですよね。だから、これはある「種族」が、どうやって生き残っているか、生き延びているか、という物語なんですよね。だから、ぼくはこれウェーバーが源流だと思ってるんですけども。

そうすると社会学って、要するに二つのことしかしていないんじゃないか。「石炭紀からジュラ紀へ」みたいな「環境が変わりましたよ」みたいな感じで、「前近代から近代になりましたよ」っていう物語か、あるいはある種の、バージェスモンスターのハルキゲニアみたいな生物がいてこういう事情で絶滅しましたが、こっちの奴はこうして生き残ったんです、みたいなな話。

北田 ひとつには、「時代診断」をしているんだけど、それは要するに環境の変化みたいなので時代区分をしてて、それはこういう「意味」を持っているよ、みたいな分析をしてみせる、と。大澤さんもそうだし、見田先生もそうだし、まあ僕も踏襲しているようなスタイル。

岸 そうそう。

北田 もうひとつは、そんななかいわばどうしてこんな制度とか人格類型とかが残存したのか、という問い。

岸 規範とかね。

北田 ある規範とかがなぜ残っているのかというと、「他でもありうる可能性のなかから、ある環境のなかではこれが最適だったから」と事後的に思えるようなかたちになっている。それは、いかにも人間的な選択の話をしているようにみえるけれども、ある種の自然淘汰みたいなものを語っているんじゃないか、ということですね。

岸 そうそう。まあ、淘汰というよりは、すべての行為者が何らかの形で環境に適応しているはずで、それぞれがどういうかたちで「生きて」いるのだろうということを調べて書く、ということですね。

「時代診断」的な社会学

北田 なるほど。ウェーバーの話がどこまでそれでいけるかどうかわからないんだけども、仰っていることはすごくよくわかる。

順番に、まず「時代診断」のほうに関していうと、要するに「コミュニティとアソシエーション」にしたって「機械的連帯と有機的連帯」にしたって「ゲマインシャフトとゲゼルシャフト」にしたって、要するにこうした「都市化」を問題にするのが社会学の出発点だったとしか言いようがないと思う。

ただ、初期の社会学は、みんな見ている現象が一緒で、大都市ができて、われわれが想像しえないほどに人びとの社会移動が激しくなってきて、その変化っていうものがすごくリアルに共有されているということもあると思うんですね。

だから、国ごとに多少違うとはいえわかりやすいのは、みんなそれを都市問題としてやっていたから。都市の労働とか貧困とか、そういう問題に取り組んでいた。とにかく流入してきてしまった都市の新しい住人たちが、ひどい衛生環境、ひどい生活形態を余儀なくされ社会に危機をもたらしている、これをどう捉えるか、どう操作するかっていうような観点から、「調査」って始められているわけじゃないですか。

岸 そうです。

北田 イギリスでいえば、それがエンゲルスからウェッブ夫妻、ブースとかの貧困調査からスタートしている。そこら辺の人たちがやってきたことっていうのはすごく善意にもとづいているんだけども、激変する大都市に流入してきた人びとの履歴と環境からの、あるいは環境への影響をつかもうというときには、やっぱり「昔はある地域とある地域が分離していた。しかし、その分離が決壊して、壁なき都市が発達して社会関係が大変なことに」という捉え方があったわけです。エヴィデンスの質の問題とかそれ以前に、これを把握せずにはいられなかったのが当時のロンドンだった。

けっこうおもしろいのは、フェビアン協会にしてもそれこそウェッブ夫妻にしても、優生学にコミットしてるんですよね。ごく簡単にいうと、優生学っていうと僕らからするとすごく右派的な感じがするけれども、当時は優生学は左派の人も多く、必ずしも「断種」みたいな方向ではないかたちで優生学を使っていた。法や市場、規範と機能的に等価な社会統制の一つの手段みたいなものとして展開していた部分もある。やっぱり時代診断というか、当時の都市化現象がわれわれの想像するよりもはっきりとした形で当時の人びとの前に現れていた、としか言いようがない。

シカゴに関してはいうまでもないですよね。一八〇〇年代のはじめには数百人しか住んでない村に、一九世紀末になってくるとどんどん人が流入して、ニューヨークに次ぐ大都市ができてしまう。ものすごい変化。移民は大量に入ってくる。移民二世だけじゃなくて新移民も入ってくる。交通の要衝にもなった。だから都市のなかで起こっているいろいろな社会問題を調べなければ、というところからスタートしている。民族、貧困、そういった問題をどういうふうに調整するのかっていう課題が大きくある。日本もそうでしょう？

岸　まったくその通りです。戦前の「大大阪」における社会調査、戦後の大阪市大の調査はその典型です。

北田　日本だってそういう社会問題の多くは「都市化」から出てきている。この、目の前で起こっている変こな事態を、どういうふうに収拾つけましょうかっていうところから、やっぱり社会学はスタートしているわけです。だから、まず変化の学問であるというのは仕方がない。

ぜんぶ「産業化」論なのではないか？

岸　そのときに二つくらい気になって。一つは、それが思考パターンとして定着しすぎてきたんじゃないか。基本的に社会学が生まれてきたのはどの国のどの都市でも、人口が増えている時期なんですよ。要するに社会学の時代診断っていうのはぜんぶ産業化論、都市化論、近代化論じゃないですか。

産業化と都市化と近代化、この三つ。人口の増大局面において、人々が都市に集中して産業化が進行した時代に生まれた思考パターンなんですよ。なので、基本的には何を言っているかっていうと、固まったものがバラバラになっていってます、ということですね。たとえば都市と農村の区別があったときに、それがなくなってきた、と。みんな都市に集まってきて、ぐちゃぐちゃになっているというふうに見えたっていう、思考パターンがあって、それのバリエーションを繰り返しているだけなんじゃないかっていうのが、すごく気になっていて。これから人口は減っていくわけだしいつまでこの話法を使えるんだろう。あと、それを使いすぎていて、それこそ「2ちゃんからＬＩＮＥへ」って言ったときにね、たとえば2ちゃんが村落共同体的にみんなでわいわいしてたのが、ＬＩＮＥになって皆がバラバラになってお互い不可視になってきている、とかね。

北田　誰か書いていると思うよ（笑）。一〇年くらい前、はてなダイアリーでたぶんそういう話が出るだろうって、予測も出てたし。

岸　そういうのとはちょっと違うやり方はないのか、と（笑）。もう一つ思ったのは、マルクス主義との距離感をもうちょっと調べたらおもしろいかもしれない。たとえば近代化論って、ウェーバーなんかでもマルクスに対する距離感があったと思うんですよ。マルクス的な進化論というか、運命論みたいな、時間的な変化の非常に単線的な、マルクス主義的な説明様式っていうのは、それはそれで強力に働いていた。

それに対して、違う時代変化の捉え方とか語り方を提供したのがおそらく近代化論とか産業化論とかだったと思うんですね。たとえば社会調査の源流なんかにしても、マルクス主義との距離感で、近代化論とか産業化論みたいな話をして、固定的なものがバラバラになりましたよ、みたいな話を紡いでいったわけでしょう。話を聞いててめっちゃおもろいな、と思ったのは、じつは、たとえば九州大学にいた鈴木広なんかは、マルクス主義との距離感で、実証的な調査をやっていくんですよ。「いまの日本にはもはや貧困問題は存在しない。マルクス主義的な方法も価値がない」みたいなことを書いてます。たとえば彼がおこなった沖縄での調査は、沖縄に貧困は存在するが、社会問題としての「貧困問題」は存在しない、という前提でおこなっているように読めてしまう。ただそれを頭から否定するのではなく、そういう問題意識が一定の切実さを持っていたわけです。そこを考えたいと思います。昔の日本の社会学は、マルクス主義からは「ブルジョワ学問（ブルジョワ科学）」って叩かれてて、実証主義的な調査をやっていた鈴木広のような人はそれと距離を広げていかざるをえなかった。

北田　社会学者はいわゆる唯物史観は受け容れられないし、革命とかそういうので話を進めるよりは、むしろ産業化の肯定的側面と否定的側面と、両方をみていかないとまずいよね、っていう立場でやってこざるをえなかった。

岸　マルクス主義への反動であれ、実際に目にした近代化・都市化の影響であれ、いまわれわれを支配している「固定的なものからバラバラなものへ」っていう時間変化の語り方のパターンとか話法みたいなものっていうのは、そういった文脈があってできてきた、と。でも、同じことがいつまで続くのかなって思います。

現在形の問題意識

北田 その問題意識なんですよね。そもそもの原点、出自がそういう志向で行われているので、どこの国でも社会学っていうものはまず「固定的なものがバラバラになる」「バラバラになったから何かつながなきゃいけない」――この「つながなきゃ」の部分を「社会的連帯」とかって読んだりすると思うんだけど――、「それを模索しましょう」っていうのをずっとリアルに考えてやってきたわけで。

岸 うん。でも別に、適当なことを言った特定の誰かを批判しているとかでは全然なくて。そろそろ「固まったものがバラバラになっていくよ」っていう話法自体が使えなくなってきているので、それじゃない語り方ってあるのかな、っていう話をしたい。

北田 「固まってたものが……」じゃないかたちで、歴史比較論みたいなものでやるべきだ、ということですよね。それを模索している人もけっこういらっしゃると思うし、そこを大きな課題として、とくに今の三〇代くらいの学者で歴史を書いている人のあいだでは「なるべくそれが消失の物語にならないように」っていう問題意識があって、抑制がかかっているなあ、と思う。パターン化された希薄化論は非常に陳腐なものに見えるし、場合によっては有害だったりもするしね。固いものの消失の物語は。そういう意味では転換期に来ているだろうな、っていうふうに思っています。

岸 どういう転換をするべきか考えると、やはり特定の領域とか社会問題に（非政治的に）コミットして、その特定の問題に限ってそのなかで「こういう時代からこういうふうに変わりましたよ」っていうことをやっていかないと。それを疎かにして国民国家の社会意識のレベルでざくっと「AからBへ」みたいなのはどうかと。

　たとえば沖縄なんかでそれをやられるとすごく違和感があるんです。昔は共同体が色濃く残っていて、いまはそれが解体されちゃって沖縄らしさが失われていくみたいな言説は僕はもうコロニアルものでしかないと思う。他方で、沖縄の戦後の歴史をみると、社会変化自体は本当にある。「ある時代からある時代へ」っていうのは、本当にあるんですよ。戦後から復帰までは、人口が激増して、那覇都市圏に人が集まって、民間の投資が主導して経済が成長していた。復帰後になると、人口増加がストップして、人口集中も那覇から浦添や宜野湾へと中心が移動する。経済成長も公的資本形成がリードする形になっていきます。でもこういう実際の社会変化は、簡単に一言でまとめて書けないんですよね。だから、それはプロの歴史家も頷けるようなレベルのものを集めて書かないとならない。

北田　そうそうそう。僕もそう思いますよ。歴史学者がやれないことをやらなきゃいけない。そうすると、社会学ができることのひとつって要するに比較社会学なんですよね。だったら、なんのためにどういう準拠点に基づいて比較をしているのか、っていうことをちゃんと示さなくてはならない。

岸　まあ、ケーススタディで他の地域とかの比較をやっちゃうと、とても安易な結果に終わるので、個人的にはあまり単純な比較はするべきではない、むしろひとつのケースのなかの多様性を描いたほうがよい、とは思いますが、おっしゃることはわかります。

北田　そこで歴史学者と勝負する必要はない。というか、無理。歴史学ってのは、ある種の訓練とある種の「狂気」がないとやってられない領域だと思うんですね。社会学者が類型化することが悪いんじゃないと思うんですよ。ただし、その類型がいかにして、いかなる根拠で、いかなる比較の枠組みに基づいて提示されているかってことをちゃんと明示する。それさえちゃんとやればいい。そのうえで結論として「固まっていたものが溶けた」という話法を禁止する。この二つが守れれば、いい歴史研究は生まれると思う。

岸　その意味で、やっぱり社会学は普通の学問になるべきなんだけど、他方でそれは難しいことですよね。っていうのは。社会学らしさをどう出していくのか、っていう。だって統けっきょく、社会学って何だろうっていう。

計的な調査はコンサルがやって、質的な調査は人類学者や歴史学者がやるとなると、社会学の強みは何だろう。

北田 初期の変動期の社会学が持っていた「調査・分析・処方箋」っていう三点セットの緊張感みたいなものが消えたところで、歴史図式が使われている、というのには反省的である必要があると思う。

岸 処方箋もね、「だから連帯しよう」とかね。

北田 まあ「そりゃそうだね」っていう。

岸 緩やかにつながろう、とか。

北田 うーん。そこがね。ただ「代案出せ」って言われても、なかなか難しいところがありますが。ただ、ここがひとつの大きな問題であり、思考停止になっているところだと思います。

社会学における「理解」

岸 先にウェーバーから始まったと言った「第二の話法」はどうですかね。たとえば行為者の話に限定すると、ぼくらが何をやっているかというと、調査対象であるところの行為者あるいは行為者集団の合理性を記述しているわけなんですよね。

北田 そうですね。

岸 社会学のやってきた仕事って、そもそもこういうことだと思っているんです。ウェーバーが行為者の「理解」をするんだと。じゃあ「理解する」ってどういうことかというと、ウェーバーは「行為者っていうのは合理的だ」と。まあ合理性にもいろいろとあるんだけど、「社会学者は行為者の動機を記述しなさい。行為者の行為の動機を記述することが理解なんだ」と。こういうふうに言ってる。

要するに「わかるはずだ」と。行為者には「理性」があって、ただこれにはいろいろな「理性」のパターンがある。だからカネ勘定とか利己的な意味では全然なくても、なにか価値合理性みたいなものを含めて、合理的だと。だから、われわれにも了解できるはず、記述もできるはず、と。それで『プロ倫』（『プロテスタンティズムの倫理と資本主義の精神』）とかでそういうことを見事に書いていたりする。

けっきょく、トマスたちの『ポーランド農民』にしても、近代化の中で前に持っていた規範とずれていくけれども、なかにはシカゴに適応して、前に住んでた村の人たちから離脱して、別れてくるやつらがいる。それは進化なのかなんなのかわからないけれども、それは非常に合理的なことである。もっともな理由があってみんなそうしてると。その合理性を理解しているわけですよね。

こういうふうに考えると、これもものすごく繰り返されてきてる「話法」なわけです。ただ僕は自分の仕事の中心がここなので、これをどうにか変えたいと思っているわけではなくて、逆にもっとやられるべきだと思っているんですが。

北田 一つめの話法は「時代診断」で、もう一つは「合理性を媒介にして理解する」こと。

岸 それで、もし「社会学らしさ」というものがあるとしたら、

北田 二つめのほうなんだよ、と。

岸 そう!

北田 前者に関しては、ほかのやり方がいくらでもある。だけど、後者の側面を完全に手放したら、社会学じゃなくなってしまうだろう。

岸 そうそう! そうなんです。

共通の出発点としての「理解」

北田 いや、これはね、じつは岸さんと僕が最初に会ったとき、デイヴィドソンの名前が出てきて、どんな話をしたかは一切憶えてないけれど。

岸 泥酔していたからね。

北田 うん。でも、お互いに意外な感じがしたのは憶えている。芸風があまりに違うから。でもたぶん、本当はそんなに意外に感じることでもなくて、考えてみればデイヴィドソンって、行為の記述の話をしてるわけでしょう。アコーディオン効果、いろんな形で記述される一つの行為や出来事をどうやって画定・記述できるのか、みたいな。

岸 うん。

北田 ウェーバーの『社会学の基礎概念』(恒星社厚生閣、

一九八七年）に出てくる「木こり」の話も同じような話で（同書、一二三頁）。「木こりさんは一体なにやってるんだ？」「斧を振ってるんだ、いや、○○○○やってんだ」とか、そういう話とスタート地点はまったく同じ。人びとの行為を記述する、理解する、そこをスタート地点に置いて話を進めて、他者を適切に理解するとはどういうことか、という話に通じていく。厳密なディヴィドソニアンに言わせると違うかもしれないけど、問題意識はすごく似ている。エスノグラフィーだけでなく歴史に関しても――まさしくウェーバーがそうだけど――「理解」というのが決定的に重要。

岸　うんうん。

北田　計量的な研究をするさいにも、「この質問で要するになにが聞けたんだろう」ということを「理解」しなくてはならない。それこそラザースフェルドには「なぜ（why）の尋ね方」という名論文がある。ある質問で何が答えられたことになるか、を精査する手続きを記したものです。質問票を作るときはもちろんのこと、自分たちが立てた設問と出てきた回答を突き合わせながら「これでいったい何が聞けたことになるのか」ということの精査をみなさん膨大な時間をかけてやってらっしゃるわけですよね。社会学者は、やはりこの「理解」の過程・手続きに徹底的にこだわるべきだと私は思う。

岸　北田さんが「態度」概念にずっと拘っているのはそういうことですよね。

北田　「態度」を測定すること自体、どうやって測定すべき態度を措定するかということ自体が、そういう「理解」と不可避的に関連している。

岸　そこで測定されているものはなんだろうか、と。

北田　実在する何かが測定されたのか、それとも測定によってその何かが存在するということになったのか。ハッキングやダンジガーが取り組んでいる問題ですね。まさにそこが調査史をやっていておもしろいところです。ところで、エスノグラフィーとかインタビュー調査に関して、しばしば、この領域の人たちだけが「理解」の専門家でいることが義務づけられているかのように言われることがあります。僕は社会学者ならほとんど全員考えないといけないと思うんだけど。

岸　でもね、一足飛びにそこまで行かないほうがいいこともあって。こういうことなんですよ。一時期、「人間性」って使うと叱られたじゃないですか。

北田　ヒューマニズム批判？

岸　「本質主義だ！」とか言われて。

北田　ああ。

岸　北田さんとルートが違うんですよ。デイヴィドソンだったら、まず「寛容の原則」にすごく感動したりとか、ルートが少し違ってて。いま言っている「他者の合理性の理解」っていうのは、じつはマイノリティ研究の文脈でいうとものすごいルール違反なんですよ。これね、マイノリティ研究のなかでもこれからどうやって出していこうか、と思ってて。それは少し先になるかもしれないけど、勁草書房で書こうと思っていて（『マンゴーと手榴弾——生活史の理論』二〇一八年）。

調査者の過剰な反省性

岸　まず、そもそもマイノリティ研究では「理解する」って暴力なんですよね。なにかその、理解されるものがあって、(1)人間性とか主体みたいなものがあって、なおかつ(2)それが合理的なものであって、(3)第三者あるいはマジョリティである調査者がそれを記述できるっていう。この三つすべてが暴力なんですよ。それがいまの質的調査の主流の一つになっています。対話的構築主義[6]とか、僕もそこから勉強を出発したんですけども、そこではタブーなんですね。マイノリティ研究で他者を理解すること自体が。っていうか、研究者が他者を理解できたかのように振る舞うこと自体が暴力とされる。

北田　うーん。

岸　結論は「これからも考え続けていかなければならない」みたいな感じになってしまう。

北田　反省性みたいなこと？

岸　そう。「みずからの権力性を問い直していかなければならない」みたいな。当事者性に関する論文や本の多くはこの構造になっていて、問いの立て方の最初に「当事者とはなにか」っていうところで「当事者っていうのは、こっちからは想像もつかへんようなものである」っていう定義をしてから、当事者性についての議論をしていくと、最後にどういう結論になるかっていうと「当事者性というのはけっきょくわからなかった」という。これが何回も何回も繰り返されていく。あるいは、「当事者性の前でまごついている誠実な僕」みたいな話が延々と続く。

北田 それが、誠実性だと思われているのかな。

岸 そう。でも、それで何がおろそかになるかっていうと、けっきょく実態調査なんですよ。とくに部落の領域ではそれが一時期すごく強かったものだから、部落の実態調査がものすごく空いている時期がある。行政から委託された大阪市大などの社会病理学者が、ブルジョワだ、体制側だ、と言われながらやってきた調査があるけど、そういう例外的なものを除いて、ベタなレベルで「この村の平均収入はなんぼ?」っていう調査がまったくされてない。じゃあ実態調査を今からするにはどうしたらいいかっていうのを僕なりに考えた結果として、「他者は理解できるはずだ」っていう理論を立て直さないとこれは無理だ、と。

北田 やっぱり、社会調査の文脈は、本当にもっと知られた方がいいですよね。たとえば、昔の調査の本とかを読んだりすると、本当に暴力的で、ネズミの行動を観察するかのようにして避難行動の分析とか平気でしてるし、あたかも警官が調べるみたいにして、家を訪問して調査したりもしている。そういった暴力のまずさが問われてきた。しかもそれが現代のポストコロニアルな時代においても、ふと気づかないところでマジョリティの調査者がやってしまうのだ、というのが一九七〇年代以降くらいのラディカル・ソシオロジーとか、カルチュラル・スタディーズとかでは前提のポジションとされていた。

岸 そうそう。本当そう。

北田 「おまえ何様?」みたいな調査をしている人とか、あと通年で昔から継続してる調査をみたりすると「この質問文、大丈夫かな?」とか。

岸 あるある。

北田 問題はあるんだけど経年比較のために続けざるを

えないってのは、しかたない。そういう意味でもね、「それはダメですよね」っていうのが倫理以前に問われるのは、調査ってそもそも他者を「調べさせていただく」わけで、当然のことだと思う。

ただ、岸さんの話で同じくらいの世代のリアリティとしてすごくわかるのは、誰もがポジショナリティの話ばっかりしていた時期があった。相手の議論や論文を批評するときすらね。

岸　本当にそう。

北田　それはそれで大切なんだけど、そこで見失われているものもある。けっきょく被調査者の生活や周辺の地域がどうなっているんだろうかとか、そういう問題が素通りされてしまう。

調査史と実態を見据えた反省性

北田　かつての社会調査や人類学的調査はフーコー的な「統治」の道具になっていて、そういったものに対して批判的な距離をとるべきという意識がカルスタ周辺で拡散した。そこでポジショナリティの話が覆い隠してしまった社会的排除の現場に対して、今度は「じつは社会学は社会的排除の実態を見据えて、社会的包摂を考えようとして立ち上がった学問なんだ。だからこそ排除について実態を調べる」っていう議論が出てきている。そんな構図がある。ポジショナリティのところで止まってしまう議論は、社会的排除の「実態」を調べられない、あるいは調べる勇気をもたない、と。

岸　そう。

北田　善意にもとづく態度であるとしても、下手をすると社会的な排除に加担することにもなりかねないんじゃないの、と。その場合、やはり「理解」が安易にできると思うなよ、っていう面も当然あるわけでしょう？

岸　まったくそのとおり。

北田　大学一年生くらいに調査設計させると、めちゃくちゃな「おまえ何様だ」というのを平気で書いてきたりするよね。全然「理解」を目指してないような。他方で、「でも、他者って理解できちゃうんだよ」っていう部分もある。この「できちゃう」ってどういうことかというと、偏見にもとづいて「この人がわかる」とかいう意味じゃなくて、岸さんみたいにフィールドに入っていくといろんな角度から物事が見えてくる。

そうすると「この人がこれをやっているのは、本人は『こうじゃない』って言うかもしれないけど、『こうなんじゃないか』」みたいな感じで、行為の記述がある程度確定できてしまえたりする。「これは『正当化』の弁明だろう」とか「これは自己行為の再定式化だろう」とか、そういうのが「理解」してしまえる。これをちゃんと精緻にしていく、そうやって受け止めていくべきだ、というのが岸さんの主張といっていいですかね。

岸　たとえば「沖縄の人が本土就職して、なんでUターンしたのか」というのは、沖縄の本土就職者の人たちの内面の問題じゃないですか。この問いを因果的に描こうとすると、その人の内面を描くことになるんですよ。そうすると、沖縄の人の心の中をナイチャーのマジョリティの僕が代わって語ることになるので、これはものすごく典型的な「語りの搾取」みたいな図式になっちゃうんですよね。なので『同化と他者化』って書くのにすごく時間がかかったんです。

一回、なんにも書けなくなって。でもやっぱり書こうと思って書いたのは、データをものすごくいっぱい集めてたんですよ。本土就職に関しては、僕は世界で一番くわしいと思うんですね（笑）。だから、ここまでネタを集めた以上、書く義務があるというか。これを「そこで僕はUターンの語りを聞いたけど、マジョリティとしてその場の中に立ち現れたんだ」みたいな感じで、ポジションのことに還元して書くのはすごく簡単だと思ったんです。だけど、そうしたくなかったんですよね。

だから行為の（広い意味での）動機や理由を、なりかわって書いちゃうのは、「語りの搾取」かもしれない。でも、その代わりじゃないけれども、僕はこれだけのデータを集めましたよ、と。それで集めたデータに関しては僕はこれはもう蓄積というか世の中に出す義務があると思って、そうさしていただきます、と。

だから、語りのデータを「そのまま」本にした『街の人生』をその次に出版したのは、ああいう形ではどうですか？　と。つまり「理解の仕方っていろいろあるんじゃない？」っていうこともあって。まあ、出してみたんです。なんとかして私たちは「他者を理解できる」と言いたかったというか。そうやって「書く」方向へ方法や理論を持っていかないと、社会学って自滅するしかないと思うんですよね。一九九〇年代から二〇〇〇年代にかけて流行った対話的構築主義やポストコロニアルでは「書けなくなる」だろうと。

どう書いていくのか？

北田　『同化と他者化』ってすごくオーソドックスな本なんですよ。ちゃんと背景をがっちり調べて、そしてインタビューで調査して、そこから導かれる理論的な知見を出して、ものすごい愚直な本。愚直というか、近年まれに見る王道的なものなんですよね。そこでなされている作業っていうのが、僕にとってすごくおもしろかったですね。

たとえば、まず一人ひとりの動機っていうのを書いちゃう。その動機が発生してくる背景も外在的だとか何とかと言われても、ちゃんと説明してやる、っていう気概のすごく直球なスタイル。そのなかでフィールドの実態を浮かび上がらせて、最後に理論的な知見を出す。すごく標準的なものに見えるんだけど、最近そういうのってなかったんですよね。少なくとも、僕はそう思っています。

ここで採られていることっていうのをもう少し深く考えていく必要があると思っていて、さっきのデイヴィドソンの話じゃないけれど、「理解してしまえるっていうことが暴力なのだ」っていうのは、じつはデイヴィドソン的にいえば「概念枠の相対主義」だという話になる。

岸　そうそうそう。

北田　けど、デイヴィドソン的には、概念枠という考え方自体が、なんというか間違っている。理解というのは「できる／できない」という問題じゃなくて「できちゃう」というところからスタートしなくてはいけない。こういう話だと僕は思っていて、概念枠の神話に乗りかかっているような人が、やはりポジショナリティの話に乗っかっちゃっている。共約不可能性の話とかね。

岸　そうそうそうそう。

北田　岸さんはそこを壊したいと思っているんだよね。だからといって、すぐわかるとか、彼らに寄り添うとかいうわけではなくて、なるべく彼らを合理的に理解しようというふうな前提に立って理解しようとするんだけれども、理解をどういうふうに進めていくのか、いくつかの水準があって。それを、丁寧に考えていこうとされているんだと思います。これには「社会的な変数と語りを結びつける」それから「語りに内在する記憶とライフヒストリー」とか、いろいろなやり方があると思うんだけど、岸さんが採ったのはすごくオーソドックスな方法だった。この理解の示し方っていうことが、けっきょく戦後沖縄の社会を考えていくときに、絶対に必要だっていうことだと思うんです。

『街の人生』のほうは、これは……もしいつか岸全集を作るとしたら、解説が必要ですよね。つまり「あの、なんなの、この本」っていう。たぶん読者の半分はすごく楽しんで読んでくれていて、もう半分くらいは学者とか、「けっきょくこれはなんなの？」っていう人もいるんじゃないかと。あそこでは、岸さんがやられている人びとの「理解」をそのまま示している。あんまり無理せずに、というか、変なかたちで操作をしないというか、こういう理解の仕方がありうるんじゃないの、という可能性を示している。全部同じ方法論で聞いているわけじゃないから、そういうのを含めて、示しているんだと思うんですね。

こういったかたちで、たぶん理解社会学の可能性を試しているんだろうな、と。その根源にあるのは、理解っていうのはせざるをえないんですね。せざるをえないというときに、その「理解」の水準をどういうふうにちゃんと設定しておくのか、ということに対して、どれだけ自覚的であるか。で、最終的に何が聞きたいのか。

岸　そうそうそう。

北田　沖縄の人と自分との信頼関係や友情関係、あるいは自分の誠実性を書きたいわけでは、ないですね。

岸　ないですね。

北田　だから、そこが結論になってはいけない、というのがまず最初にあるはずなんですよ。解決されるべき問題がそこにある、と。

岸　そう、そのとおり。

北田　その境地に立つというのは、とても勇気がいるけど重要で、岸さんくらい自信がないとできない。つまり、フィールドを本当によく知る研究者じゃないと、そうそう言えない。

合理性を「理解できてしまう」こと

北田　一方で、すべてのことがある程度は「理解」できてしまう、ということにも問題はある。どんな非合理なことをやっている奴がフィールドにいたとしても、よく考えると——たとえば時間軸を延ばすと——非合理じゃなく理解できてしまう。機能主義的に社会に順応しているじゃん、ということを記述することになってしまう。こういう場合には、要するに当事者にとって広い意味で利益がある、という前提で見ているんだと。

だとすると、これはとてもひどいことをやっているのかもしれない。つまり、行為の意味を理解するっていうのは格好いいことのように言えるんだけど、行為者にとって最適な生き方みたいなものを羅列して提示しているわけで、実は拡張された機能主義——全体性を設定しない機能主義——になってしまうのではないか、というような不安感があるんだけど……。

岸　『ヤバい経済学』（東洋経済新報社、二〇〇六年）なんかを読むと、ミクロ経済学がひたすら合理性の概念を拡張することによって限りなく社会学に近づいてきたときに、もうそこには数理的なモデルを使うか使わないかくらいの差しかないように見える。たとえば見田宗介の永山則夫の話なんかでもそうなんですけれど、連続殺人犯が置かれた状況さえわれわれは理解できるわけですよ。ひょっとすると「内面」さえも。

理解社会学ってけっきょく何をやっているかっていうと「あ、この文脈ならしょうがないわ」って思わせることをしているんですね。納得させているというか。一見すると非合理的なんだけど、ウィリスの『ハマータウンの野郎ども』だって、こういう状況であればこれはしょうがない、と促すことをやっている。

するとあらゆる理解できないことも、理解できてしまうことになるわけですよ。状況に対して相対的というか、状況に還元すればよいわけですから。人間の行為って、状況の範囲の取り方が違うというだけで、基本的にはその「利益」を最大化しているはずなんですね。だからさっきの話法の話に戻ると、「近代化」話法みたいなのがそろそろアレなんじゃない？　というのと同じ意味で、理解社会学がやっていることは、けっきょくすっごいベタな功利主義、機能主義になって、それはそれでどうなの？　っていう危機感も実はちょっとだけ持ってて。

北田　むっちゃ難しい問いですよ……。そこまでダメになったら、もう社会学はなにもやらないほうがいい、っていう話になっちゃう。これはフィールドだけの問題ではないですし。要するに適応主義って、時間とか環境の設定のスパンを操作すれば、なんでも説明できちゃう。ただ問題は、それはいったい何をやったことになるのか、という問題が起こってきて。さっきの岸さんの言葉でいえば「状況」や「環境」をどう設定するかによっていくらでも合理的なものとして説明できちゃうんだけど、それは本当に何かを説明したことになるのか。

岸　うん。

社会的機能としての「隣人効果」

北田　そういう意味でいうと、まあ社会学は機能主義なんじゃないかな。ただ、機能というからには、何かに対する機能である、と。だからその「何か」をちゃんと明示して、そこにおいての機能であるというのを示していく。そのうえで、他のやり方もありうることを示す。等価機能主義みたいな考え方でいけば、その機能を充たすには他にもやり方があるはず、とか。そういった意味では、社会学っていうのは機能主義であらざるをえない面があるのではないか、と私は思います。

ただ、これは先の「時代診断」「時代類型論」をやめたほうがいい、という話とは別に、もう少し深めて考えるべき話だと思う。

岸　うん、まあ「時代診断」ほどは使われていないので、こっちの話法は。まだまだ広げる余地があると思っています。最後に、すごくロマンチックなことを言っていいですか。

北田　ロマンチック？

岸　「他者の合理性の理解社会学」をキーワードに有斐閣で教科書を作っているし、ほかにも本を書こうと思ってますけど、「他者を理解すること」は機能主義だとして、「機能主義的に他者を理解することの社会的機能」があるんですよね。僕はこれを「隣人効果」って言ってます。たとえば生活保護を受けてるおっちゃんがパチンコやってるとする。すると「パチンコばっかりやって」といって叩かれるわけですよね。でも、ホームレスのおっちゃんとか生活保護のおっちゃんに会って話を聞いてみると、なかなか辛いものがあって、そりゃ支給日にパチンコでダーッと使っちゃっても、しょうがないわな、みたいなふうに思うんですね。これが「理解する」ってことじゃないですか。そうするとその時点で「パチンコやってたアイツ」「怠け者だと思ってたおっちゃん」が「隣人」になるんですよ。で、なんだか理解できる相手になるんです。

これはちょっとローティ的な感じがちょっとあるというか、別にそれで連帯しようって言ってるんじゃないですけども。ただ、なにかその動機というか、ある人のやっていることの文脈を理解するというか。事情ですね。人の事情をわかるというのはどういう効果を持っているかというと、人を隣に置くんですね。

一番究極的に「なんで社会学やってるんだろう？」っていうときに、北田さんにもやっぱりそういうのがあるんじゃないのか、『責任と正義』のときにすごく思ったんだけど、社会に対してなにか思っていることがあるわけじゃないですか。それをディシプリンの中でちゃんとやっていこう、というときにいろいろな紆余曲折があって『責任と正義』になっているわけですよね。それが僕にとっては「隣人効果」なんです。個人的には、この「隣人効果」というのをすごく重要に思っていて、それはズカズカ踏み込んで「わかってやったぞ」というんじゃもちろんなくてですね。ただ「黙って静かに隣に立つ」くらいの感じで、書けたらいいなと思ってるんですよね。

北田 うん。書けているじゃん。連帯の話というか。

岸 連帯はあまり言いたくないけどね（笑）

北田 言いたくないかもしれないけど（笑）、それこそローティ的に言えば連帯の話だと思うんです。まあ、連帯っていう言葉は日本では色がついちゃったからね。そうだなぁ……でもまあ、見えない他者との結びつきっていう含意を込めた連帯というよりも、「隣人効果」って言ったほうがいいのかもしれない。少なくとも、そういったことをいろいろな場面で想定できるような人材を育てられたら「すげえいいなあ！」って思うんですよ。

十年くらい前になりますけど、旧東海道の休憩施設みたいなところにいたら、ホームレスのおっちゃんがいて、すっと話しかけてお茶とか出してくれるんですよ。一時間くらい話して「もう帰りてえ」とか思いながら聞かされて。それで「じゃあどうもありがとうございました、楽しかったです」なんて帰ろうとしたらとつぜん怒りだして、けっきょく「百円よこせ」なんて話だったんですけど。

岸 （笑）

北田 そのときは「じゃあ先に言えよ！」とか一瞬思ったんだけど（笑）、なんというのかな、あんま怒れなくて「まあ、そうだよね。」いま、一生懸命もてなしてくれたのは、そういうことだったんだな」と。それはそれで理解がとてもできるし、腹も立たないというのは、当たり前じゃないですか。それと同じようなことが、もっと広い意味で、起こってこれる文脈とかがあるわけでしょ。たとえばマートンとかが書いているような、ボスマシーンの話があるじゃないですか。実際に文献とかみてると、生活保護を受けることに対して、つまり政府とかお役所から貰うということに対して、ものすごくプライドを持って拒絶している人――今の日本でもそれが深刻になっているんですが――、とくに当時のアメリカでは「自立」みたいなイデオロギーがものすごく強くて、そういうときに「ボス」や「組織」が与えてくれる労働の対価としてのお金っていうものが、機能を果たしていた、という話をマートンはサラッと書いている。

岸 うんうん。

北田 僕らとしては、生活保護を受け取るっていうことは恥ずかしいことでもなんでもないし、責められるべきことではない、という規範ができていって、受け取ることに関しても素直でいられるような社会であってほしいと、思うわけです。だから、そういうことを考えつつも、拒絶する人たちとか、なんど辞めてもホームレスに戻る人たち。そういう人たちに対して「なんだコイツだらしない奴だ」とか考える多くの人たちの中から「そうじゃない考え方だってありうる」っていう人を増やしていければ、大したものじゃないですか。社会学って。

これはたぶん「男女の雇用形態に差があるのは経済的合理性がある」とか「ある程度の貧困層があるというのは社会全体の利益にとってはよいのだ」とか、そんなことを言うタイプの議論を他の人たちがやってくるのに対して、いま言ったようなことができるのは社会学だけなんじゃないか、っていうふうに思う。

岸 そういうふうになればいいなあ、ということですね。そろそろ時間でしょうか。

北田 マジョリティがアイデンティティの問題を問われずに済む、というのが『同化と他者化』の……

岸 ぜんぜん終わる気ないやん！（笑）

北田 逆にいうと、「マジョリティ（であるということ）が存在する」というのは、いったいどういうときかというと、自分たちが「加害者である」と人に言われたときだ、という話がある。じゃあそれってどういう話なのか、とか、そういうのをまた話していきましょう。

収録：二〇一五年四月二五日、有斐閣会議室

1――**ソシオロゴス**　一九七七年創刊の社会学学術誌（年一回発行）。主催はソシオロゴス編集委員会（東京大学文学部社会学研

究室内)。ほぼすべての投稿論文をウェブ上で閲覧可能。

2——クリプケンシュタイン　ウィトゲンシュタインの言語論に対してソール・クリプキが唱えた解釈の通称。柄谷行人の『探究Ⅰ』で取り上げられ、一世を風靡した。詳しくはクリプキ『ウィトゲンシュタインのパラドックス——規則・私的言語・他人の心』産業図書、柄谷行人『探究Ⅰ』『探究Ⅱ』講談社学術文庫を参照。

3——SSM調査　社会階層と社会移動全国調査（The national survey of social stratification and social mobility）の通称。一九五五年以来、一〇年おきに行われている大規模社会調査。

4——黒木掲示板　東北大学の黒木玄氏が一九九〇年代～二〇〇〇年代に運営していた、多方面の研究者や知識人が集まって議論をしていた伝説的なウェブ掲示板。

5——力点は異なるものの、本書に先行する問題意識としては佐藤俊樹による議論がある（「近代を語る視線と文体」高坂健次・厚東洋輔編『社会学講座1　理論と方法』一九九八年、東京大学出版会。「サブカルチャー／社会学の非対称性と批評のゆくえ」東浩紀・北田暁大編『思想地図』第五号、二〇一〇年、NHK出版）。

6——対話的構築主義　構築主義から派生した考え方の一つ。生活史で語られることはすべて「ストーリーである」として、「重要なことは、語りが事実を反映するのか事実を構成するのかにあるのではなく、さまざまな語りが生みだされ、衝突し、多様な解釈をうながす『対話』にこそあるのではないか」と主張した（桜井厚『ライフストーリー論』弘文堂、二〇一二年：一四九―一五〇）。事実から聞き取りの場面の相互行為の分析へとシフトするこの方法論は、日本の質的調査のスタンダードになっているが、事実性を排除することで「実態」について言及できなくなってしまうとして、岸政彦によって強く批判されている（『マンゴーと手榴弾——生活史の理論』勁草書房、二〇一八年）。

第2章

社会学は何に悩み、何を伝えたいのか

岸 政彦
北田暁大

社会学者は何を悩んでいるのか

「表現の責任」と立場性

岸　今回の対談は、最近ちょっとアート関係の方がたといろいろお話しして、思うことがたくさんあったので、その話から始めたいなと。

　それはね、誰がマジョリティで誰がマイノリティかっていう問題とも関わるんですが、ちょうど先日、「デリヘルアート」[1]事件が話題になってたので、やっぱりアート関係の方がたとお話しするときには、どうしても「表現の責任」ということに言及してるんだけど、当たり前といえば当たり前なんですが、全員ではないにしても、たまに反発がくる。

　これは特定の誰かを批判するってことではないんですが、ここのところ北田さんの企画でアート界隈のひとと接することがすごく多くて。僕自身すごい勉強に

なったし、そこで友達もすごく増えたんで、今日（紀伊國屋じんぶん大賞の授賞式）も何人か来てくれますけど、ほんとによい企画やなと思って。でも、やっぱり他流試合というか、そういうとこで呼んでもらえて、いろんなひとに出会って喋ったときに、いちばん通じひんなぁ、って思ったのがこの問題で。表現の責任。
北田　うん、そうですね。
岸　やっぱりね、デリヘルアートの話だけにこだわるわけではないんですが、あれはすごく象徴的だったわけですよね。あれは呼んだひとがいまだにちゃんと声明を出してないんですけど（収録当時）、あれを擁護するアート側の業界のひとが沢山いて、その擁護の仕方っていうのが、要するにわかりやすくいうと「表現の自由」やと。なんかその、それの「表現の自由」をなんで守らんとあかんかっていうと、「秩序を揺るがす」んやと。で、それがだから人権を多少踏みにじったとしても、それは許されるというか、アートというものは「そういうもの」やというロジックが、ものすごく強固にあって。一体どんな構造からそういう感覚が生

まれてくるんだろう、と。
いろんなひととそのアート界隈のひとらと接したり喋ったり、シンポを見たり出たりしたときに、やっぱりものすごくベースにあるのが、アーティストが自分のことをマイノリティやと強く自認しているのね。自分たち自身が世の中全体のなかで、ものすごくマイナーで、まあマイノリティで、踏みにじられた存在で、排除されてるんだと。自分たちが。だからアートだ排除だっていうふうにいうと、要するに排除っていうものがあって、それで誰が排除されてるのかというと、「アーティストが排除されているんだ」っていう感覚が強固にある。

北田 排除・外部化されているっていうのは、二重性があるのね。半分はある種の特権意識。アートという名のもとにおいて、「君たちの見えない、他なる世界を見せてあげましょう」っていうのが、まあいちおう顕教になっている。
密教的にいうと――いや、逆になってるのかな――「自分たちは理解されていない、自分たちは社会の周縁」だと。こっちがタチ悪いんだよね。社会学とかでもよく肯定的に語られる「よそ者」「他者」みたいなもので、「外部にあるからこそ見える」とか、言っちゃうんだけど、実際は、実態とか社会で起こっていることを調べるつもりは毛頭なく、自分たちの思っている社会、まあネトウヨとか「社会ってこういうもんでしょ」っていう冷笑系のひとたちと同じでさ、「社会ってこういうもんだよね」とか、「なんか秩序って成り立ってて、キミたちそれで満足してるんでしょ」「ボクはそこに亀裂を入れてあげるよ」って言うわけだ。そこでいわれる社会や日常なるものが、若干凡庸なときがある。

岸 あるね。

北田 デリヘルなんて、あれ八〇いくつの提案のうちのいくつかのひとつなんだって。見てみたら結構な数が「性の裏側」みたいな話。ほんっとに凡庸というかさ、つまんねえの。フーコーにどつかれそうなもんばっか。たぶんホワイトボードとかで書き出して侃々諤々《かんかんがくがく》やってるんだろうけど、その場面をエスノメソドロジーしてやりたい。

岸　ほんとに（笑）ほんとに。そういう場面でこそエスノやってほしいですね。

北田「いかにして自分たちがこれを非秩序と思っているのか」ということの凡庸さを吐露しているようなもんだよ。それがアート界隈とかね、裏原宿とか青山のあたりのギャラリーとか、まあ一九九〇年代のワタリウムとかからあの周囲数キロくらいのところでつるんでいるうちはよかったんだけど。今はね、お金もらってその外に出ちゃっているから。

アーティストと地域との出会い

北田 アーティストだって、特に「地域アート」の場合、生活者、地域のひとと出会うわけだよね。そうすると単純にいって、方向性が二つある。ひとつは地域のひとたちにとって「よそ者」として歓迎され続けてしまうこと。それはほんと岸さんがやるような調査の話にかかわってくると思うけど、歓迎されるし、うれしいし、地域のひとにとってもよろこばしいことなんだと思う。

岸　そうそうそうそう。

北田 だからそれこそ、三年にいっぺんとか四年にいっぺんぐらいだったら、数カ月も滞在すると、地方のひとたちは大歓迎してくれるわけですよ。おいしいもの食べさせてくれるし、いいことばっか言ってくれるしね。でも、結局その地元の権力構造とかね、そういったものっていうのはちゃんと理解しようとかさ、そういう水準に達するまでもなく「はい、今年はこれで終わり。じゃあ、また三年後。ときどき来まーす、バイバイ」っていうふうになってしまう。

もうひとつは、今の話と表裏ですけど、地元の文脈とか、地域社会、田舎の家父長制っていうものを根本的に舐めてる。

岸　北田さん厳しいな！（笑）

北田 だって、そんなスルーして「地域」なんて扱うことできるはずないじゃない。展示するだけなら東京でやってもいいじゃない。瀬戸内でやっているものを、九州でやるとか北海道の田舎でやっても、おんなじようなことしかやらないわけ。

岸 うーん。

北田 そういうのをみていると、美学的にも問題なんだろうけども、なによりもまず地元の「社会」みたいなものの重層性をまったく理解する気がないんだなあ、とうんざりしてくる。地元のひとと仲良しとかいったって、それ、権力者だよ……とかね。『ミドルタウン』(リンド)とかぐらい読めよ、と。君ら「外来王」としてもてなされているだけだから。

社会学者、アーティストを叱る?

岸 ものすごい印象的だったことがあって、僕の連れあいがあるアーティストのひとから言われたらしいんですけど、社会学者の話をきいていると、叱られている感じがするって(笑)。まあそういうことを思われるんですよね。ただ僕も、全然ひとのことは偉そうに言えないし、たいした調査もしてないんですけど。でもいちおうこれまで経験してきたことがあるんです。自分はマジョリティとして調査に入っていって、ワンショット・サーベイも多いけど、とにかく生活史を聞いて帰ってくる。すると、そのなかでいろいろ揉めごともあるし、叱られるし、何しにきたんやって言われるし、お前に何がわかるねんって言われる。実際に言われることはほとんどないけど、そういう問いを突きつけられる気がする。調査をやるって、そういうことなんやと。まあ、ささやかな自分の経験から、やっぱり「土足で入ってんだよ」みたいなことを言ったんですよ、そのひとに。

北田 社会学者は、なんでも説明しちゃうからね。

岸 社会の芸術フォーラム[2]でもやっぱり、社会学者中心の会と、アーティスト中心の会が分かれちゃって、あんまりうまく混ざってこないみたいなところがあって言っていたひともいて。そのなかで僕の連れあいが喋ったときに、やっぱり社会学者中心のところに入っていくと、アーティストは叱られる感じがすると(笑)

これは、自分が、自分のことをマジョリティと思うかマイノリティと思うかっていうところなんですよね。

それこそ、その秩序こそ揺らがせてほしいんやけど、なかなかそこが一番揺らがなかったんです、結局。そのへんのマイノリティ自認っていうのが、結局揺らがんと。なんか社会学者が来て、ものすごくポリティカルにコレクトな話をして帰っていくだけの。

北田 上から目線で。

岸 そうそうそうそう。偉そうに言っているだけ、っていう印象しか残らない。でも僕らはね、現場に入るときに叩き込まれるんですね。これは。たとえ当事者性を持っていても、調査に入る以上はマジョリティなんやと。

北田 うん。

岸 表現するチャンネルを持っている以上は、マジョリティだから。要するに「暴力を振るうんだよ」ってことを最初に叩き込まれるわけ。フィールドに入る前に、もう罪悪感を叩き込む。よく考えたら変なディシプリンやねんけど（笑）

北田 いろんな理論とか方法論が出てくるけど、結局「どういう暴力にするか」っていうことをめぐる論争だからね。

岸 そうそうそうそう。なにかの暴力は、かならず振るってしまうと。

北田 かならず振るってしまうと。

岸 それに対して、僕がいま、構築主義とかポストコロニアルを批判しているのも、それは単純に否定しているわけじゃなくて、それはもう前提として、じゃあそのあと、それでもいかにして調査をやり続けるかっていう問題設定をしているつもりではあるんですけど。

北田 そう、結論じゃなくて大前提。

マイノリティの当事者性とマジョリティの姿勢

岸 そのときに、もう一回マジョリティとマイノリティの概念を、ちゃんと考えてみたいな、と。それはなんかその、ほかの領域のひとに押しつけるためじゃなくて、自分のためなんですけれども。どのへんでマジョリティとマイノリティが分かれてくるのかな、ということなんですよね。そのとっかかりとして、なんで表現をするひとたちの多くはわからへんのやろ、と考えてみたいな、と。

北田 おそらく、マジョリティとマイノリティの問題をそんなに深く考えていないひとが多いんだと思う。単純にそういうひとが多くて、ネトウヨとかもそうだし、社会学者にキレるアーティストも、あと社会学方面からアートに対して批判的になるひとのなかにも、「マイノリティってオイシイな」って思っているひといるよね。

岸 ああ、そうやね。

北田 あのね、えーとね、「在日オイシイね」、とか「女性ってオイシイね」とかね。昔あったよね、ポジショニング論争というか。なんだっけ、浅田彰が二重苦より三重苦がすごいとか言ってても仕方ない、みたいな。

岸 人文系の学問をやっている男性とかでも、「ポリティカル・コレクトが息苦しくて、そんなこと言ってたらなにも言えないじゃん」みたいな感じのことを言うひとがいる。俺は「まあ、そういう考え方もあるけど、僕は、そういうことは絶対に言えません」と。

北田 うん。

岸 ただ、ただね、一種の発言資格みたいなものとして機能するところがたしかにあって。そういう発言資格のないところでやっていくんだよっていう覚悟を、いかにするかっていう問題なんだけれども、やっぱり安易に発言資格として考えられてしまう瞬間があるのね。それは、当事者がそうっていうよりもむしろ周りが、マジョリティの側が、当事者性をもっているやつを羨ましがるっていうのがあって。だからこれも結局はマジョリティ側の問題なんだけど。

北田 なるほど。

岸 実は、僕もあったんですよ、ずっと昔、若いときに、ある当事者性をもっている後輩の院生に、あ、いいじゃんって思ってしまって。「じゃあ、お前その研究やれよ」って言ったら、もう顔真っ赤にして怒られて、「なんでそんなこと岸さんに言われなあかんのですか」ってめちゃめちゃ怒られた、飲み会で。あれから僕いっさい言わなくなった。それからものすごく反省して、そういうことは言わなくなったんやけど、やっぱりね、あのとき、素朴に羨ましかったですね、やっぱり。当事者性をもってるのが。

当事者性と社会学者の距離感

北田 時代、なのかねえ。一九九〇年代半ばだよね？

岸 九〇年代終わり頃ですね。あともうひとつ素朴な、これこそほんと世間話やけど、当事者性をもっている社会学者だったら、それをやるのが当たり前じゃん、みたいな感じで、逆に自分が勧められることもあって。

すごい面白かったのが、いちど明治学院の柘植あづみさんの講演会があって。ちょうど俺そのときにもう、不妊治療のまっただ中だったのよ。それで、柘植さんが妊娠とか不妊とかの問題で講演するのに、連れあいと一緒に聴きに行って、終わってからちょっと挨拶しにいった。名刺出して、「社会学者です」って言って。ちょうど当日、不妊症とか、不妊治療の話やったから「面白かったです」って。あのとき、まだたくさん本を書く前で、誰も俺のことは知らなかったんですが、あのとき不妊のことをはじめて他人に言ったんです。いまはもう堂々と言ってるけど、そのときはじめて他人に、「実は僕も男性不妊なんです」って言って、それで「社会学者です」って言ったら、柘植さんがなんて言ったかっていうと、「楽しみにしてます」って言った（笑）。たぶんご本人は覚えておられないと思いますが。

北田 「研究するんでしょ〜」って？（笑）

岸 「当然やるだろ」っていう前提で（笑）

北田 それはあれだね、社会学に入ってきた女子学生が「ジェンダーの視点は？」って言われちゃうのと一緒だね。

岸 まったく不愉快さはなかったんですよ。むしろ、社会学者としての業病、職業病みたいなものを感じて、大笑いしちゃった（笑）。あっ社会学者ってこうだよね、これぞ社会学者だよねっていうふうに思った。僕のなかでは、ユーモラスだっていうか、ちょっと笑えるネタやねん。まあ、言われたのが自分やったんでネタにできるんだけども。

北田 まあ柘植さんと岸さんという信頼できる知性同士の話だから（笑）

岸 いやいやいや（笑）。だから、あのときに「当事者性をもってるんだったら当然やるだろう」的な感じは「あるなあ」ってあらためて感じた。それは、ある種「発言の資格」みたいなところもかかわってくるやろし、単純に現場に入りやすいこともある。

北田 逆に、当事者性もなにも持ってないで、マジョリティであることを罪だと過剰なまでに引き受けてるマジョリティのひともいる。そういうひとは、「私、当事者じゃないんですけど」っていうかたちで発言するひとを責める。「当事者」を楯にとって自分の刀を突きつけるというか。

岸 そういうこともあるね（笑）

北田 そっちのほうが激しかったりするので。

岸 突きつけすぎて共倒れする感じね。

北田 それで、まあ口ごもるのはわかるけど、そんな突きつけ方してくるひと少ないし。だいたいネット上でもほとんどみたことないんだよ、総括されたってひと。

岸 うんうん。

北田 そういうひとたち、総括されたことないと思う。俺されたもん！　自慢するこっちゃないし弁明でもないし、完全に相手が正論なんだけど、学部時代にものすごい勢いで、されましたよ！「男がフェミを語るとはなにごとか」ってね。

岸 （笑）

北田 だけど、それが当たり前だと思っていて。

岸 当然ですよ。社会問題に首をつっこむっていうことは、そういうことです。

マジョリティとしての社会学者

北田 なんていうの「息苦しい」って、「『マジョリティのくせにマイノリティの味方をするやつら』が、俺らを責める」っていう、そういうことなんだよね。でもさ、その「息苦しさ」って、ほんとに感じてるのかなっていうのは、僕はわからない。リベラル懇話会があった後にね。

岸 おお！

北田 そのあとで、清水晶子さんに「ちょっと北田さん時間ある？」って言われて。

岸 おおう。

北田 喫茶店に行ったんですよ。むっちゃ緊張しながら（笑）

岸 おおおお、それは緊張する。

北田 その前の日くらいに堀江有里さんの『レズビアン・アイデンティティーズ』の書評会に出ていて、僕は好きなように、好きなようにっていうか、まあ自分なりに報告してたんだけど、それで怒られるのかなとか、思ってたのね。じつは、僕はそのあとけっこう凹んでて。

岸 あー、なんか妙に凹んでたね。

北田 堀江さんの会のあとのことなんだけど、自分がなんで凹んだのかってのがわかんなかったの。わかんなかったのは、なんていうのかな……「あっマズいこと言っちゃった」ってことじゃないんだよね。そうじゃなくて、なにか本質的な問題を僕は捉え損なったんじゃないかというので、えらい落ち込んでいた。それで、清水さんがそれを察したのかわからないんだけども、翌日に話をしてくれたんだ。「正直あの場、どうでした？」と。

岸 ほう。

北田 「話しづらい雰囲気でしたか？」って。

岸 あー！

北田 「だとしたら、そういう場所にしたくないから」

岸 えらいひとやなあ……

北田 それで「いやいや！　そうじゃないんです」と。本当にそうじゃなくて、たぶん私、少しぐらい怒られるぐらいのほうが、デフォルトになってるのね。上野（千鶴子）ゼミ以来。ツイッターで書くときも信念は持っているけど、怒られることは前提にしている。

岸 あー（笑）

北田 だから当日少しくらい怒られるか、と思っていたわけ。前にある著名な女性研究者に学生を介して連絡とったことがあるんだけど、「どうぞお気軽に」っていわれて「ええっ⁉」ってなっちゃう。そういう緊張感とか、まあ少なくとも、少しは怒られるとか、そういうのを覚悟していた。もちろん、「これでよかったのかな」っていうなにかの不安感があったんでしょうね。自分も自信ある分野じゃないし。でもどうもそうじゃない。

それで清水さんと話しながら、「あっ、そっか。あの不安感はなにもあの場が自分にとって居心地が悪かったからではない」と気づいた。そういう、むしろなんだろうって思ったんだよね。あの、変な意味で、気持ち悪かったんだよ。「なんで、みんなこんなに温かいの？」って。

岸　あー、めっちゃわかる！　めっちゃわかる!!　要するに勝手な自己嫌悪なんだよねえ……マジョリティが発言してしまったことへの。

北田　一九九〇年代の『クィア・ジャパン』とかで書いていたり、読んでいたりしたひとたちがいるわけですよ。書くものを読むかぎりむっちゃ怖いひとたちがいるのもわかっているし。それを読んでいるひとが来てるわけだし。僕、無知だし。ところが、そのひとたちが喫煙所でタバコを吸いながらさ、すごくあたたかく喋ってくれちゃったりして「えっいいのかな!?　どうしようかな」って。もうなんともいえない微妙な感覚。まずひとつ考えたのは、僕が「偉く」なりすぎたということ。

岸　あるー。あるよねえ。めっちゃわかる。

北田　これは怖いこと。自分が歳をとって、ある程度の地位に達すると、ひとがものを言えなくなってしまってるんじゃないかっていう不安感がどうしてもぬぐえない。それで、とにかくなんか気分が落ち込んだの。

岸　わかる。

北田　なにか、自分がぜんぶ出せない感じ。あるいは相手の思考を喚起するようなことが言えなかったんだという感じ、それらが混じっている感覚。

岸　なんか、へんな罪悪感あるよね。

北田　「悪いこと言った」とか「糾弾された」でもなければ、「居心地が悪かった」とかではなくて「ポジショニングをみんなで問わないでおこう」みたいな「歓待」を受けてしまった気がするのね。あとから考えるとね。

岸　わかるわあ…！　それはつらい……

北田　もちろん僕はずいぶんセクシュアリティ論の勉強から離れていたから、この一〇年間のあいだに「議論の仕方」が変わってきたというのもあると思うんです。けれども、それは「成熟」というよりは、なんかね、「いや、やっぱここはもっと闘っていいんじゃないか」っていうふうに、逆に清水さんには言いたかった。

岸 でもそれも言えないでしょう。

北田 言えない、言えない。

岸 それも、マジョリティの側が言ったらおかしいやん。

北田 そう、それも言えないの。言えないから「ごめんなさい、心配かけてすみません」っていう。それも本音だもの。

岸 もう、そちらのせいではありません、て（笑）

マジョリティと当事者の距離感

北田 話しているうちに自分の違和感がわかってきて、あれは場の違和感ではなくて。

岸 なんやろなあ。

北田 自分が前提としているアイデンティティ・ポリティクスっていうのが、けっこうオールド・タイプのものなのかもしれないし、清水さんたちがそれこそ死に物狂いで闘ってきた成果を、三周四周遅れで享受してしまっている感じ。さらに心配までかけて……。だからこそ、そこらへんがわからず一九九〇年代前半の上野ゼミの感覚でいたことが、不勉強を示していてまた申し訳ない、っていうかね。

岸 めんどくさい（笑）

北田 そんぐらいよくわかんなかったんですよ。

岸 マジョリティっていうのも、たぶん世代よりもひょっとしたらパーソナリティのレベルの問題かもしらんけどね。僕もそやけど北田さんも、自分がもう完全にマジョリティだっていう罪悪感……じゃないけど、なんやろなあ。罪責感ちゅうんかなあ。

北田 難しいね。

岸 完全にもう「自分はマジョリティでしかないんだ」っていうところでやる感じの、無駄に肩いからせて入る、っていうところがあって（笑）。スッと入ってる若手見ると、なんか、ちょっと「ええんかな？」みたいな。

北田 そうそう（笑）

岸 軽やかに現場に入ってくるでしょ。

北田「あ、いいなあ」とかって思うけどね、そこ、怒られないですむんだなあって。

岸 そうそうそうそう（笑）

北田 けっこうね、事前に「怒られるよ」っていうふうに言っておくんだけどね。それでも「いや、みんなあったかかったです」って。

岸 そう！ そうそうそう（笑）

北田 まあ、でもそのうちね、一年、二年って通っていると、そういうひとも、ちゃんと怒られる場面とかも出てきたり。

岸 調査現場でのM字型曲線論っていうのがあってね。いま僕が勝手に作ったんですが。最初にめっちゃ歓迎されるの。めっちゃ歓迎されたあと、すっごい叩かれるねんけど、でも実績を積んでから行くとまた歓迎される。

最近、沖縄でも、もうほんとに優しくしてくれる。どこに行ってもものすごい優しくもてなしてくれて、資料をくれたりとか、「誰でも紹介しますから」「岸先生に書いてほしい」とまで言われて。「論文にしてください！」みたいな感じで。だから、その、長いこと関わっているとやっぱりこういうこともあるんだな、とは思って、甘えさしてもらって、書かしてもらっているんやけど。ほんとうにありがたいです。

でも、やっぱり現場に入るときの緊張感みたいなものを失くしてしまってはいけないと思うんです。話を戻すと、別に地域アーティストだけについてどうのこうのと言うんじゃないんですけども、そういうひとたちを見てると、ほんともう異次元というか異世界で、あそこまで軽やかにできるんだ、みたいなことは思う。あまつさえ自分のこともマイノリティだとして自認しているわけでしょ。ほんでなんか、そりゃよそ村に入ったら自分は一人やから、数としてはアウェーの少数者なんだけども。数の問題じゃねえだろ、みたいな。

北田 マイノリティであるってことが、発言・表現の権利を得るための武器かなんかになるっていうふうな自分理論を持っていて、根本的に間違っているんだけど、けっこう強固だよね。

社会学者は何を伝えたいのか

マジョリティとは誰のことか

岸　そういうことをわかってもらうためには、どうしたらいいのかなっていうのを考えているんです。たとえばアーティストの側からすると、それなりの実感があって、たとえば実際にお金はないわけでしょ、ほとんど。お金ないし、将来の見通しもまったくないしっていうような感じで、ここらへんでは一番最下層、みたいなリアリティがある。

　それで、よその土地に入っていくと、村のなかではひとりぼっちになって、アウェーに行っているわけやから、なおさら。全体の構造から言っても金がないし、ぜんぜん名声も地位も権威も、若手やったら全然ないと。それが、よそに行ったら数的にもひとりぼっちのマイノリティになるし……っていうときに、「いや、それでもマジョリティの側なんだよ」って、僕はすごく強く思うし、北田さんもそういうふうに思っているんだけど、逆に考えてみると、僕らがそれを見てすごく強く「マジョリティの側なんだよ」っていうふうに思うのはなんでなんだろうか。どうやってこの問題意識をアーティストのひととかに伝えたらいいのかなあ、と。

北田　定義の問題だと思っているからなあ。文法的真理だと思っている部分があるので。

岸　たしかにね、地域に入ってくわけでしょ。たとえばある地域に入ってってって……

北田　それスポーツとかの「アウェー」と一緒じゃん、ただの。

岸　そう。ただの「アウェー」やねんけど、たとえば入ってくときに、僕がそうだったわけ。僕が『同化と他者化』の調査のとき、入っていくときにさ、もうこっちはガチガチの、そのマジョリティが、もう「いまから暴力を振るいに行くんだ」みたいな感じで（笑）、まあとにかく――たまたまそのときインフルエンザで体調もボロボロやったんやけど――、もうガッチガチに緊張して行くわけよ。ほんでまあ、「ナイチャーとして」みたいな感じで行くんやけど、そのときにもう歳は三〇そこそこ、でも、年収一〇〇万とかなわけよ。

北田 うん（笑）

岸 新婚家庭家賃補助っていう大阪市の制度で一〇万円もらって、それを握りしめて沖縄に行って、一番安いところで一カ月暮らして。なんのコネもない。ほとんど飛び込みに近い形で調査させてもらう。「誰だお前、警察呼ぶぞ」みたいなことまで言われて、大汗かきながら必死で説明して、それでやっていくわけ。あのときは一カ月ぐらいの滞在で、コネもないところから一生懸命駆けずりまわって、一五人ぐらいには取材できた。よくやったと思う。ほんでこのときに、もうなんちゅうの、行く先々のひとはけっこう高齢者やし、大きな家構えて、わりとこう地元で安定した暮らしをしているひとが多かったわけよ。それでも、僕はナイチャーなわけね。ナイチャーっていう存在って、相手と立場交換できないから、収入とか年齢とか関係ない。ナイチャーは所詮ナイチャー。

北田 うん。

岸 だから現地で疑われて、もう謝って、頭下げて、みたいなことをしているマジョリティなわけよね、それはね。

北田 うん。

岸 その現象だけ見るとすごく、アウェーなところで、ひとりで、苦労してる貧乏な若い奴なんだけど（笑）、でもまあナイチャーはナイチャーでしょ。でもアーティストの場合やと、たとえばおんなじ日本人同士で、まあ地方は地方かもしらんけど、べつに地方行くばっかりとも限らんし、デリヘルについてはね、京都っていう都会で呼んだりしてるわけやから。場所的なアウェーではないわけですよね。

そうすると、僕はずうっと自分のこととして考えていて、素朴に彼らを、アーティストをマジョリティだって言うときに、具体的に「なんでだろう」「どの点においてだろう」と。あるいは「じゃあ、彼らがマジョリティだとすると、マイノリティに当たるひとは誰だろう」って言い換えられるかもしれない。なんでだろう。アーティストを見てマジョリティやと思うのはなんで？

資本の問題なのか

北田 あの、渋谷のシェアハウスとかはわりと面白い発想で、わりと早めから若い面白い子たちを集めたりとかしていて、お金のない奴でもそれなりに楽しもうっていうような、ノリでやっていたと思うんですよ。でも高円寺とかそこらへんに、家賃七、八万くらいで一人暮らししてるひとたちってけっこう、相対的にはお金持ちなわけですよ。

岸 うんうん。

北田 サブカルだとか貧乏だとかいってギター抱えて古本屋漁ってても、七、八万の家賃出せて、クラブ通いできるなら、そこそこの奴らだから。地方から来た院生なんてもっとお金ないわけでしょ。

岸 なるほど。

北田 ええっと、だからそういう中央線文化貴族とは違うひとたちにとって面白い場所として機能していたのは、たしかなんですよ。しかし、一方で丹羽さんのデリヘルアート擁護に走るっていうのは、どう理解したらいいんだろうなあ、ってちょっと僕なりに考えていた。ひとつ考えられるのは、それが岸さんへの答えになっているかはわからないんだけどね、やっぱね、これは文化資本の問題だと思うんだよね。

岸 ああ、うんうんうんうん。

北田 文化資本の観点からすれば、現代において、端から見たらへんちょこりんな意味不明のアートなるものにですね、物心ついてから興味を持つってのは、相応の態勢ができていないと、あるいはそういうネットワークのなかにいないと無理。あと、青年期過ぎたら、ある程度の批評言語は知っていないと、まず何が行われているのかも普通は理解できない。大人になってからあれを楽しめるっていうのは、すでに一種のハビトゥスを持っていないと無理なんですよ。子どもが楽しめるってことはよいことのように思えるけれど、それって典型的に神聖化されたタブラ・ラサの子ども像[3]でしょう。幼児の書いた絵は遠近法も枠もなにもないからアヴァンギャルドだよ、そりゃ。でも、本気でそう思うなら子どもの絵が画廊で売られるべきでしょ。そうじゃないのは、いったん文法を身につけてかつその文法を崩す能力を持っているひとじゃないと駄目だからでしょう。そういう文法に関する能力を持っていることへの無自覚さっていうのがあるんじゃないの?

岸　あのう、ただこれはブルデューも言っていることなんやけど、文化資本って直接相続することができないんで、やっぱり努力と学習の結果でしか身につかないもんでしょ。そうすると、教養を持っているっていうのは、自分が努力して、詳しく勉強した結果であって、誰かからタダで特権的に譲り受けているわけではないわけやんか。そうすると、たとえば文化的資本を持っていることが特権なんですよっていう言い方はやっぱり説得力があんまりないよね。むしろ本人にとっては、自分の努力「だけで」身につけたものに感じられているはずで。

北田　まあ、そうね。

岸　まあマクロでは、

北田　文化資本は相続されるものではあるけどね。

岸　そう。だから、個々の表現、個々の表現者の身体のレベルでいうと、それは必ずゼロから、タブラ・ラサの子どものときから勉強して、努力して、身につけるものだから。あるいは少なくとも、そう「感じられている」はずだ。

北田　でも、ブルデューだって文化資本単独じゃなくて文化資本と経済資本の比率を言っているわけで、スタート地点は空白じゃないし、純粋に努力とか才能を析出するのって無理でしょ。これはいずれ、ちゃんとした調査をしないといけないなあとは思うんだけどね。たぶんね、かれらね、けっこう実家の親、裕福よ。

岸　それは、そうだろうなあ(笑)

北田　これは、感覚でしかないけど。なにげなく子どもの頃の話とかを聞いていると思う。もちろん本人は、いまは貧乏しているんだけど。

岸　ああ、そうそう。

北田 本人は極貧の生活を送っているけど、よく聞くと親の住んでいる地域とか「どこの良家?」みたいな。

岸 はっはっはっは(笑)

北田 なんか知らんけど親の話になるとね。親がなんかジャズファンで、とか。

岸 あー、実家にアナログレコードがあってとか(笑)

北田 自分が貧乏とはいっても、家帰れば、おっきなお家があるっていうパターンがなくはないのね。

えっとこれ一応対談本だから、読者に説明しておくと、どうしてそれが「社会学的問題」なのかっていうと、別に本人が親から金を貰っている、という話じゃないんです。たぶんほとんどみんなバイトでしのいでいるんだと思う。でもね、自分の親がある程度裕福で文化資本をもっていないと、「芸術の道」に行くっていう選択肢自体が浮かんでこない。現代アートの抽象的なものを面白いとは思えない。それと、放っておいても一応は親は死なないだろう、という程度には経済的な地盤がある。というのも、逆に絶縁しておかないと借金取りに取り立て食らうとかそういうケースの場合、そりゃ普通「お勤め」するわけです。「アーティスト」になろうとかなりたいと思う心性を持つに至るには、かなりいろんな社会的条件が必要で、それは個人の才能や興味関心には還元できない。人文系の院生にも近いものがあるかな。まあ根拠はないから言いすぎかもしれないけれど(笑)

岸 そういうひともおる、いなくはない、ぐらいの話で。

北田 そういうひとも、いなくはない。で、芸大に行けなかったひとってのが一番大変。

岸 あ、そうなの。

北田 ひねくれるんだよ。あのフォーラムをやってきて、この一年間でいろんなひとと会ってね。「芸大出てる/出てない」は、すっごい話聞くの。ものすごく強い学閥があるんだって。「展覧会やるよ」とかっていうのとかも芸大の○○研究室系とか、そういう学閥があるらしい。社会学会とかではもうないじゃない、そういうの。べつに吉見(俊哉)先生に「本、今度出すから、君も一章書きなさい」って言われたら、イヤだって言える。

岸　俺も谷（富夫）さんの沖縄の本を断った（笑）。自分の本を書いていたからだけど。

北田「ナニナニ大学」みたいな、そういうのがすっごい効いているらしくて、インディペンデントだとそこにはもう入りこめないと。そういう層が、いろいろとこじらせても仕方がない。だから、マイノリティであるって自認は、ひとつは芸術系大学内学歴。

岸　なるほどな……。ある「界」のなかで、相対的に低い位置にあると。

北田　芸術系の大学って、国公立に行けないとまあ学費が高いし、東京だと東京芸大に入れない限りは恐ろしく高いところにいかなきゃいけないから、まず、実家がほどほどに裕福じゃないといけない。そこには行けないっていうひとだと、高卒か、あるいは一般大学に行って、美術を趣味とする。そういう美術教育を受けずにアートで生きていこうというひとが、今わんさか出てきている状態でしょう。そのひとたちの持っているアイデンティティのなかのひとつにあるのが、「自分は芸大じゃない」っていうマイノリティ感。

岸　なるほどねえ。

北田　だから、会田誠さんとかってどんなに叩かれてもヘラヘラできるのは、やっぱり芸大油画という美術エリートだからなんだよ。余裕があるんだよ。すごく。

岸　あっはっはっはっは（笑）

北田　批判もひょいと受け入れちゃうし。

岸　社会学者でも、東大のひとはいじれるねん。京大のひと、いじるときちょっとめんどくさい。

北田　京大かあ。こわいよ。

岸　俺はいじるけど（笑）。まあ、大阪市大ぐらいだと、そもそもいじってくれる人もいないけど（笑）

マイノリティ性から考える

岸　ほんで、なんの話だっけ？

北田　アーティストのマイノリティ性の話だよ。芸大のヒエラルキーのなかで、それこそ差異化のために、一生懸命「マイノリティ性」を探しているっていうのはあるかもしれない。学閥っていうか、現代日本のアートワールドのなかで、芸大に行かなかった／行けなかったひとたちがアートにどうかかわるか、が問題になってくる。面倒なことに学問なら知識や手法を知らなきゃいくら自称しても無駄だけど――最近はそうでもないか――、アートは「感性」というマジックワードがあるからね。「感性をもつと自認していて、アートワールドではマイノリティに属するひとたち」の出演機会を増やしたのが、ここ一〇年来の地域系アート、地域の芸術祭でしょう。かれらが、というかかれらだけでなくやはりインディペンデント系の批評家が、やたら人脈にこだわるのもそういう構造的な要因が大きいんじゃないかな。

かれらが、特に「卑劣」なわけではないし、かといって特に「(外部性ゆえに)優れている」わけでもない。そういう意味での「マイノリティ」というのはわかる気がしないでもないんだけれど、それとジェンダー、クラス、エスニシティといった社会的な差別におけるマイノリティっていうのはさ、ちょっと意味が違うんじゃないかなあ。しかし学歴だって重要な社会的要因だしなあ……

岸　いまけっこう真剣に考えてるんですよ。こういうことをどうやって共有していけるのか。

北田　えらいな。

岸　相手を直接説得するような、そんなおこがましいことをするつもりもないんだけど。でも自分のなかのロジックとして、どう考えるかというときに、「彼らはマジョリティなんだよ」っていうときの僕の根拠はなんやろっていうのを、自分自身に問うている。でも、そうするとほとんどないわけ。とくにそれが、たとえば、まあ、セックスワーカーを差別しちゃったとかいう事例では明らかなんだけど、普通にどっかの村へ行って、そこで歓迎されて、帰ってきて、補助金ももらって……っていうのを、当たり障りない範囲でやってる場合には、完全にそれはもうわからないわけでしょ。本人らには。自分らが、マジョリティやっていうことは。それを気にする必要もないわけやし。だから、そのときに、あなたはマジョリティなんですよっていうこと自体がものすごく難しい(笑)

で、ここからやっと本題なんです。いままで長々とアート界隈の話をしてきましたが、これは別にアート全体や特定のアーティストを批判する意図はまったくない。ただの入り口の話です。ここで議論したいことは、こういうことです。たとえばマイノリティであるとかマジョリティであるとかっていう問題は、社会の分割や境界線、とくに非対称的で不平等な分割についての問題なんだけど、その分割を、私たちはふたりとも「実在する」と素朴に信じている。そういうものの実在にコミットしている、と言い換えてもいい。でもこれって、明示的な定義をしたり、あるいはましてや、その境界線を恣意的に引き直すひとに対して、批判したり説得したり、ということが意外なほど難しい。実際に貧乏でアウェーな場にいる表現者に対して、どの立場からどういう根拠で、私たちはマジョリティだと思うのか、というのは、そのことを考えるための例なんですよ。

北田 岸理論的にはさ、根本的には本人たちに、「じゃあ、あなたはどの身分で、どういう理由で、誰に対して、自分をマイノリティだと思うの?」って問い詰めて、一個一個つぶしていくっていうのが、ほんとは正しいよね。これはアウティングを迫るという意味ではなくて、「ひっかからないこと」の特別さを認識するために。

岸 うーん……

北田 つまりマジョリティって、ほっとけばなにも考えなくて済むんだから。だから、「考えざるをえない」っていうことを突きつけるしかない。そこでキレるようだったら最初から「マイノリティ憑依《ひょうい》」は止めてくれ、と。

岸 あのね、もうちょっとだけ言うと、ものすごく素直に真面目に聴いてくれるひとを想定していて、でもそういうひとに対してでも、やっぱりね、根拠を言うのがすごく難しいんだってのは、まあ僕の理論からすると当然のことではあるんだけれども。

もうちょっと踏み込んでいうと、僕が若いときに――若いっても三〇歳やったけど――、沖縄に行って、わりと苦労して、金もなかったし、みんな安定した暮らしをしてるところの高齢者に頭を下げて聴いてまわってたときに、自分のことをマイノリティやって思おうとおもったら、思えたと思うのね。そのとき逆に、「いや、俺はナイチャーなんだから」っていうふうに覚悟をしたんだけど、わりとそれってすっごい抽象的な属性で。たとえば、本当に極端なことを言えば、俺がじっさいに基地をもたらしたわけでもないわけ。

北田 うーん。

岸 俺の親もそんなことはしていないわけだし。なんかものすごく抽象的な属性で、「ナイチャー」っていうのがいて、なんかすごく遠い連帯責任を、それも自主的に背負っている感じ。

北田 まあ、相当インテリじゃないと、「我がこと」とかっていうふうには言えないですよね。

岸 言えないですよ。マジョリティがマジョリティであることの根拠って、ものすごく抽象的なんです。文化資本を持っているか持っていないかとか。でもマイノリティであること（の根拠）っていうのは具体的にいくらでもあるわけ。そんときの僕自身がお金なかったわけやし、だから、「あの沖縄のなかで、僕がマイノリティだった」っていう証拠っていうか根拠っていくらでもある。俺ひとりだったし。行った先でインフォーマントを探すのに苦労したし、お金なかったしって。だから、結局同じ構造なんじゃねえかっていうと、逆に、俺はなんでマジョリティやって、こんなに思ってるんやろ（笑）……みたいな感じ。

「マジョリティであること」の真意

岸 そこで、その「マジョリティやねんで」って言うことって、じつはひとつの呪文であって。「マジョリティなんだよ」って言うとき、ほんとはなにを言っているかっていうと、「なんかの罪を背負っているんだよ」みたいなことをほんとは言いたいわけでしょ。「お前は現場で、なんかの暴力を振るっているんだよ」ってことをほんとは言いたい。たとえ直接何かをしなくても、内地に住んでいる以上は、沖縄に米軍基地を押しつけて、平和に暮らしているわけやから、「何もしていない状態でも、沖縄に対して何らかの暴力を振るっていることになるんだよ」っていうことを言う。

すると、言われたほうにとっては、冤罪なのね、それは。

北田 そう映る。

岸 だから、ものすごい抽象的な全体のマクロな構造の問題を、すごく具体的なそいつ本人の身体に、ガッと引きずり落としてきて「連帯責任があるんだよ」っていうのは、本来は自分が負わなくてもいい責任を負わされてるだけ。それはそうとしか、そいつは思わないだろうと。

北田 痴漢冤罪なんてまったくそのロジックだよね。

岸 そうそうそうそう。

北田 ちょっと話変えるけども、ネットで話題になった痴漢（抑止）バッジ[4]ってあったじゃないですか。これにかんしては話題になった当時は言及しないと決めていて。

岸 うん。

北田 不介入だったけど、でもさ、実際に「被害に遭う女性」と、「冤罪で疑いをかけられたくない男性」の願いは、

岸 並立しない。

北田 そう、並立しないんですよ。それを並べて比較衡量してしまったら、そりゃ怒るひともいますよ。やっぱそれを並べて比較できるっていう感覚が、変なんだ。「これ、くらべてるから、みんな怒るんだよね」って。

岸 うんうんうん。

北田 「冤罪で疑われたくない」、だから「女の敵は男の敵」っていうあのロジックは、一面で良いなとも思う一方で、でも本当はそれは違う話なんだよね。「痴漢をなくそう」っていうのと「痴漢冤罪に巻き込まれないようにしよう」っていうのはやっぱり違う話であって、そこを一緒にやっちゃうとやっぱりいろんな反発もあるだろうと。

　でも、あのバッジを考えたひとの考えとしては「冤罪のレトリックにのせると、けっこう多くのひとが、痴漢防止に協力してくれるんじゃないのか」っていう善意がかなりあったと思うんだよ。だから、僕はバッジ自体は悪くないと思っているのね。悪くないと思っているんだけど、でも反発もまた、ものすごくよく理

解ができる。それぐらい「冤罪から身を守る」っていうことが、男のひとたちにとってものすごく重要な準拠問題になってるんだと痛感した。

でも、たとえばさ、ついこないだまで地元の小学校に通っていた子が、中学生や高校生になってセーラー服を着たとたん、さあ今日から入学式だっていう日に、電車のなかで知らないおっさんに、お尻触られる……っていう恐怖。そういう気持ちのことは、ぜんぜん考えていないんだよね。小学生だってそういう恐怖を学んでしまっている。その恐怖感を共有できないのは仕方ないにしても、考えることができないっていうのがね……

岸 そうそうそうそうそう。

北田 そういう男の子、男性がスルーしている当たり前の日常が、女性にとっては決して自明ではない。通学路で突然「性的対象にされる」。ここが、マイノリティとマジョリティの決定的な違い、というかすれ違うところで、同じ問題、「痴漢」という問題を見るときに、まず最初になにを考えるか、が違ってきてしまう。

たとえば男の人でも、この痴漢という準拠問題にそくして、「冤罪で疑われるかもしれない」って思うか、「自分はその被害の痛みっていうのが到底わからないけれども、絶対にそういう被害は、なくさなきゃいけない」と思うのかは分かれ道だと思う。だから、あのバッジはその中間にあった感じで難しいなあと思ったわけ。

責任をシェアできるか

岸 わりとすごく複雑なパズルになってくるので、まあ簡単になかなか言えないんですけどねえ。要するに、「責任をどうやってシェアするか」っていうことなんですよね、それはね。

前回の対談の終わりに、「隣人効果」の話をしました。社会調査、とくに生活史やエスノグラフィーって、対象になっている人びとの行為の理解を通じて、「誰でもこの状況だったらこうするだろうな」という感覚を広げていくことで、「自己責任」を解除する働きがある。しんどい状況にある人びとの行為選択に対して、私たちはつい自己責任論理を突きつけてしまいがちなんだけど、そういう社会学的理解によって、なんとかしてしんどい状況にある人びとに、成りかわって同じことを経験することは無理にしても、せめてその「隣に立つ」ぐらいはできるのではないか。

私にとってはそれが社会学の意味なんだけど、でもまた一方で同時に、矛盾するようだけど、責任をそもそも負わなくてよいとされる人びとに対して、いや直接の行為責任はないにしても、あるていどの「連帯責任」は、社会のなかで生きている以上は、発生するのではないか、ということも、言い続けていかないといけない。それもまた、社会学者の役目だと思うんです。

本来シェアしなくてもいいようになっているわけですよね。いまの近代社会のなかでは、直接自分が行為したことの、つまり自由意志で選択して行為したことの結果は、責任をとるけれど、それ以外はとらなくていいわけやないですか。

だけど、社会学が明らかにしてきたことっていうのは、じつはその本人の行為は、ものすごくアコーディオン効果みたいなものがあって、むちゃくちゃ効果が延びていたり、あるいは合成されていって、構造的に思わぬ結果になったりもする。そうすると、特定の個人個人が責任を負わなくてもいいんだけど、個々の行為がね、全体のなかでなんかこう、何らかの関係性を持っているわけですよね。

北田 個々の行為を受け止める側、解釈する側にとっては、属性が重要な文脈情報になっちゃうからね。あと、文脈だって複雑でしょ。同じ通勤電車に乗っているという状況は、「勉強している」「辛いのを耐えている」「本を読んでいる」とか多様に記述されうる。法はそこらへんをリジッドに行為の構成要件で定めるわけだけど、社会的責任はそうはいかない。通勤電車に乗っている状況を「性的な対象に手を出す」場として捉えるひとはなにをもってしても許されないじゃないですか。もちろん、不正確な記述もありうる。それは問題の本質ではなくて、警察や司法の問題。その責任の広がりをマジョリティが、どれだけ引き受けられるかどうかじゃない？　で、引き受けるのはやっぱ面倒くさいわけですよ。そんなん知ったことか、っていいたいわけだよね。

たしかに法は、何らかの形で責任の拡がりを切断してくれる。リベラリズム的に言うと。だけど、法は切ってくれるけど、社会の側が切ってくれるかどうかは、また別の話なんだよな。

岸 そう。だから、道義的っていう言葉もちょっと変やけど。

北田 道義的っていうか社会的っていうか。

岸 社会的責任か。『責任と正義』はね、まさにそういう、どうやって本来しなくてもいいところで責任をシェアしていくか、みたいな話だった。

北田 どっかで切断しなきゃいけない、暴力を働かせなければいけないんだけれども、いま、どういう状況でどういう状況がそろえば、切断できるのかということは、まあひとりじゃ決められないもの。人びとのなかの合意とかね、あるいは偶然による考察の終了とかね。

岸 冤罪に怯えているマジョリティのおっさんは、定義にこだわるでしょ。「じゃあ、セクハラの定義をしてくれよ」とか。じっさい大学でもそうなってるよね。大学でも、コンプライアンスやらなんやら言うて、人権や言うて、そのセクハラの条項はいっぱいできてるんだけども、そのときなにをしてるかっていうとやっぱりその定義をして、と。

ちょっと笑い話があって、これ本気でずっこけたんやけど（笑）、うちの大学（対談当時に所属していた前任校）で、だいぶ前、あれいつやろな、七、八年前やけど、コンプライアンスの一環いうて、ハラスメント防止策の一環として、全教員にドアストッパーを配ったのね。

北田 ああー。

岸 ほんまに（笑）。たとえば、女子学生とかと、二人で研究室で面談するときはこれでドアを開けとく。そのために予算つけて、全教員にドアストッパーを配った。っていうのは、わりとまあ、大事なことではたしかにあるんだけども。

たしかに大事なことではあるけれども、定義にこだわっていくと、どんどんなにかのパロディになっていくわけ。まあ、ドアストッパーも大事やねんけど、本来的に重要なことは、別のところにある。なんていうか、逆の方向から、逆の入り口から入っちゃってる感じがある。

北田 そう思うんだよ。うちの部局、僕の研究室なんかまったく透明で、あれは安藤忠雄の趣味だけれども（笑）、そうじゃなくて本館のほうはね、完全に密閉型の普通のドアだったんだけど、小窓つけたんですよ、全部。そのときもたぶん、「被害を防ぐ」っていう観点じゃないんだよね。

岸 そうそうそうそう。

北田 違うんだよね。こういうのやってますよっていうエクスキューズであり、間違えられないように、っていうそういうロジックでやっているから、滑稽に見えるんですよ。うん、やっぱりそれは滑稽なんだよ。むかし僕が院生ぐらいのときに、ある教員が、「女子学生が来るときは必ずドアをひらいている」っていうふうに言ったとき、女子院生たちが「ケッ」って（笑）

岸 なるほど（笑）

北田 なんか、不愉快なわけよ。それはそれで。男のとき閉じてるわけだから（笑）

岸 そうそう、わかるわかる。

北田 だから、それはそれでさあ、なんかおかしいじゃん、ていう話にもなってはいた。とはいえ、まあ開けといてほしいひともいるだろうし、いちいち聞くのもひとによっては苦痛だろうから、わたしの場合透明のパンダ小屋みたいなので助かってはいるんだけれど。

ドアストッパーや小窓が滑稽に見えるのは、すごく受動的にやってる感じがするからでしょう。ほんとに防ぐつもりなら、そんな小手先じゃないことで、頭つかったほうがいいんじゃない？　と思っちゃうんだよね。

内面からの理解

岸 なんでこんな話をしたかっていうと、やっぱり僕も北田さんも「内面から理解してほしい」、あるいは「内面を理解したい」っていう願望をもっているのね。内面という言葉は難しいけど、主体でもいいし、人格でもいい。何らかのかたちで、何かが理解できるはずだ、そしてその理解を可能にする「何か」が実在するはずだ、ということを前提にしないと、いろいろ成り立たない議論がでてくる。

北田 あるよ。

岸 あるでしょう。これ意外に深い問題やねん、これ。

北田 自分でできるかどうか別としても、内面からじゃないとぜったいに人間、条件反射的に間違えるから。

岸 そうすると、たとえば俺も、自分のことをマイノリティだって思ってるマジョリティに、どうやってマジョリティ性をわかってもらえるかなあっていうのは、実際にその対象者に直接言わないにしても、ものすごく必死で考えている。「こういう基準があって、こういう行為が生まれてきて、それは結果がこうなりますよ」って言うだけのことを、僕はしたいんじゃない。

僕は、人間のなかには内面っていうものがあって、その内面で理解しあいたい。そう思っているのかもしれない（笑）。めっちゃ嫌な言い方だけど。

北田 なんかすごくキリスト教的、プロテスタント的というかね。たとえば、ペドフィリアが話題になることがたびたびある。根本的に考えて、ペドフィリアの性欲っていうか、性的欲望・性的指向自体を禁じることなんてできるはずないんだよ。いろいろと論争はあるけれども、ペドフィリアがホモセクシュアルやバイセクシュアル、そしてヘテロセクシャルなどと同じく性的指向の一つであることを否定するのは難しい（さまざまな論争があるわけですが）。ホモセクシャルを差別してきた歴史を反省的に考えるなら、そうした性的指向を持つことそのものを否定する根拠はない。

岸 ない。

北田 そこに、識別する根拠はない。ないのだけど、

岸 だけどね。

北田 まずひとつは相手が自律した主体じゃないからっていうのは大きな、主たる理由。でも、それってすごく外在的な理由でしょ。

岸 それはわりともう内面にコミットしてると思うよ。相手が、相手が同意するかどうかでしょ？

北田 そうそう。

岸 同意できない主体であるということ。もし、そこ

も含めての指向性なんだったら、それはすでに「内面」の話になるよね。

北田 そう。で、一七歳以下は同意できる主体でないことに、社会のほうが決定してしまっているから。「たしかにあなたにとってこの十一歳の子はね、すごく魅力的な恋人候補にうつるかもしれないし、昔の貴族なんてもうこの歳で娶ってたりしていたわけだし、言いたいことはわかる」というのはある。共感できなくてもある種の理屈は通っているし、社会的合意説だって一つの立場にすぎない。

わかるけど、もう線引きの恣意性を含めて、引き受けるしかないってことを、やっぱり内面で理解してほしいと思うんだよね。欲求をもつ状態であっても、信念と知識が行為をもたらさない、ということはできるわけだ。免許がなければいくら好きでも車には乗らない。一〇歳の天才ゴーカート・ドライバーも公道は走れない。線引きへの異論はあっていいと思う。あと、「選択できる主体であること」が性行為におよぶ条件だとしたら、意志の自律性などで疾患を持つひとはどうするのか、という問題も出てくる。というか、出てきている。しかし線引きの恣意性は認めつつも、どこかで線引きをしないといけないということは内面化してもらわないと困る。

岸 そう、そう。内面で。もちろん介入するとか説得するということではなくて。内面というかな、主体的に、というか。主体として。

北田 でも、この発想は、危険なことではあるんだよ。自律的主体じゃないと性の自己決定はありえないのか、という問題にもかかわってくるからね。ただ現状の中高生などの性的搾取や性教育の問題などを考えると、自由な意志をどう帰属するかという点について、とりあえず初等中等、高校教育年齢時までは駄目、ということになっている。これは外在的な理由ですよ。しかし、内在的に性的指向そのものを禁じることはできないのだから、社会的規約を受け入れる義務があるということは内面化しないと、その人自身も辛いし、なにより被害が深刻なのだから。

岸 要するにこの問題って、まずは主体の内面、あるいは内的欲望みたいなところを無条件に尊重すべき、という議論がある。そしてその次に、しかし内的欲望だからといって、社会的なレベルで考えたら、その表出や行為について何でも認めてよいということにはならない、ということがある。そして、それでは「本来的に内的なもの」についてどうやって規範的な議論をすればよいかというと、それは外在的な理由をいろいろ持ち出してくるしかないんだけど、そのときに、外在的な理由を共有する、お互い理解できるんだという前提がさらに必要ですよね。結局のところ、何かについて何かの議論をする、ということがすでに、お互いに内面というか主体性、あるいは合理性のようなものがあるんだ、ということを前提にせざるをえない。

　ちょっとレベルが違う話なのかもしれないけど、結局ね、実在論というか。

北田　お、おお……

岸　人間にはね、内面っていうものがあったり、人格や合理性っていうものがある。それがひとつ。もうひとつは、なにかとなにかのあいだには、区別がある、差がある、と。それはね、要するに差別っていうものがある。そもそも区別というものがあるとか、あるいはさらに、ただの区別ではないような差別っていうものがあるとか、あるいは、暴力を振るってるひとと振るわれるひとの、その集合が分かれているっていう、そのカテゴリー自体に実在性があるっていう。

北田　カテゴリーは実在するんだよね。

岸　それだよね。内面や理性も実在するわけだし、なんかその、恣意的な区分というかな。人間の社会のなかで実際に分けられてる、という意味でもあるけど。

　でも、たぶん北田さんがいま言ったのはもっと抽象的なレベルで、たとえばゲイとかレズビアンとかＳＭなんてのは大人の、もちろん主体的な行為なんだけど、ペドフィリアは違いますよ、っていう。そういうとき、ペドフィリアとそれらを分ける分け方が、実際にあるんだ、っていうのは、どの水準で実在してるのかは、ちょっともう抽象的すぎてわかんないけども、どこかの水準で、なんか実在してるんですよねそれはね。そうでしょ？

北田　とりあえず「社会的合意」説ぐらいしかね。
岸　いまんとこはね。
北田　いまんとこは言えないし、踏み込めない。医者じゃないし精神分析家でもないし。けど、何かしらある。
岸　ある。
北田　だから、性的指向は変えられないけれども行為の抑制は学習できるだろうと。
岸　だからその、「できるだろう」というところの、希望みたいなものが、いつかは「わかってくれるはずだ」「わかることは可能だ」という前提がないと成立しない。ということは、理解ということは可能なはずだし、それを成り立たせている主体なり、内面なり、人格なりが「実在する」という前提に立たざるをえない。

欲望と根拠

北田　いや、あのさあ、なんか、ある大学教員のツイートを見てて、すごい気持ち悪かったんだけどね、学生って性的対象に見えないでしょう?
岸　そんなもん親戚の子どもぐらいにしか見えないよ(笑)。ちょうどいま甥っ子姪っ子が大学生だし。
北田　自分の子どもとかと同じだから。まあ、でもそれでも手を出すバカがいるわけでしょ。
岸　いるけど。いるいる。
北田　それはもちろんそうなんだけど。
岸　まあ、飲み会で下ネタ言って叱られるとかはあるかもしれんけど(笑)、ガチの手は出さないよ、そりゃ。
北田　おい、おい。とはいえ下ネタも、関係性の問題だからね。それで、そのときに「学生なんか、性的対象に見えないでしょう、普通。まともな高校教師とか大学教師なら」とかツイートしてたら、その大学教師がね「そうかなあ?」みたいな感じだったのね。「そういう無理をしていいのかなあ」みたいなこと言ってから「ゲスい。ゲスかったですね」とかっていうふうに自分で書いてたんだよ。消したんかな。まあいずれにしても「このひと、そんなこと思うのか!」「さらにそれを公開のツイートで書くのか」と思って、僕はすっごい衝撃だった。二重の意味でね。

いや、頭の良いひとだよ。ただね、ちょっと一瞬、怖かったの。

岸　う一ん。

北田　一瞬でもそう思う瞬間があるというのは、やっぱりちょっとこの二〇一六年に大学教員やってる身としては信じられない。

岸　でもそういう欲望を持つやつらが実際にはおるわけでしょ？

北田　でもそれは罰せられるわけじゃん。

岸　うん。罰するというより、なにか行為を引き起こすと、その行為の責任は帰属させられるよね。そうすると、責任が帰属させられるべきことと、帰属させられないこととは、違うわけでしょ。

だから、話を戻すけど、さっきの、マジョリティがマイノリティを名乗るときのロジックに、カテゴリーの実在性を否定するところがすごくあって。わかりやすく言うと、ネトウヨなんかがさ「在日コリアンが差別されている証拠を出せ」みたいな感じで言ってくるわけ。あれは疑っているわけだよね、区別の実在を。

北田　客観的に、この境界線の根拠を示せって。

岸　「何パーセントが差別されているんだ？」みたいな。「何パーセントがそういう目にあって、それが日本人と比べてどれぐらい多いのか」みたいなことを出せっていうふうに、言ってくる。でもあれはトラップで、そういう「差別の根拠はどこにありますか」っていう論争に踏み込むと、「こっちだって……」みたいな反論をしやすくなる。あるいはパーセンテージが微妙だったり。そういうトラップになっているのね。

『現代思想』で書いた「鉤括弧を外すこと」では、被差別者が「差別されたことはありません」って答えるのって、どういうことなのかを考えたんだけど、あれだけずっと二〇年こだわって考えているのは、まあそういう文脈があるねんけど、でもやっぱり、なんか信仰みたいなレベルの話かもしれないけれども、なんか僕らには「交換不可能なもの」があるはずだと、どっかで言いたい気持ちがある。

北田　あるねぇ。

社会的構築の恣意性を超えて

岸　たとえば、ここ二〇～三〇年の思想全体が、ぜんぶ交換可能性というか、なんか交換の恣意性、あるいは定義の恣意性とかカテゴリーの恣意性とか、交換が果てしなく無限にできるんだよっていう感じの考え方が支配してきたと思うねんやっぱり。

北田　定義とか境界っていうのは構築される、と。

岸　構築されるっていうのもあるやろうし、それからもっと言うとなんかその、ポストモダニズムの社会論なんかでも、ひたすらアイデンティティが流動化して、リキッド化して、絶え間なく、揺れ動く、なんかこう、ランダムなブラウン運動の（笑）

北田　ホントかよって感じの（笑）

岸　そうそう（笑）、ただ社会学者なんかでもそれを言ったりはしてきたわけやし、ほかならぬ上野千鶴子さんなんかでも、アイデンティティはなんかもう「ない」みたいな。

北田　あれはいただけないね。

岸　そこで僕は若いときにやっぱり北田さんの名前を最初に覚えたのはやっぱり『構築主義とは何か』で「構築されないものがある」と。

北田　ああ（笑）

岸　ど真ん中でこんなこと言っていて、また「上野さんもこれよう載せたな」とかって思うんやけども（笑）

北田　でも、あとがき読むかぎりは、全然理解してない。

岸　その解釈は逆じゃねえか、みたいな（笑）。それでまあ、あの論文で北田さんの名前を最初に覚えて、注目したというか、こんなひとがおるんやと思ったんだけども。

北田　自分でも今でも好きな論文ですね。

岸　あれは素晴らしいですね、やっぱり。現場で僕らが見てきたことを考えてもね。被差別部落って、かなり改善されてきたとはいえ、もちろんいまでも根強く差別されているけど、「差別の根拠」がないんですよ。被差別部落の問題って、僕の個人的な師匠の青木秀男先生とか、「部落には日本のすべてがある」っていうわけよね。なんでかっていうと、たとえば、もちろん根拠があれば差別していいってもんじゃないですけど、でも、被差別部落ってとくに根拠がない。あらゆる差別は根拠なんかないんだけど、部落差別っていうのはとくに根拠がない。

北田 ほんとに根拠ないよね。

岸 国籍も民族も文化もなにもかも一緒なわけ。なにもかも一緒で、差別だけされてる存在なの。たとえばじゃあ国籍や民族が違ったら差別の根拠になるのかっていうと全然そういう話じゃない。でも、差別とその根拠について考えるうえでは、ものすごく興味深い。

北田 いわゆる差別といわれるものの、「根拠」とされるものがことごとく、

岸 ない。その状態でも、差別だけ残っているわけ。

北田 もう肌の色からなにからぜんぶ一緒！

岸 一緒！

北田 だけど、っていうことだからね。

実在性を前提とした議論へ

岸 だから差別されるものっていうのは、「差別されるから差別される」くらいのトートロジックなことでしかない。やけど、でもそのときに、僕が差別の問題をやっぱり、まあうちの連れあい（齋藤直子）ほどじゃないけど、僕なりに考えてきたのはなんでかっていうと——僕なりの政治的なコミットメントも当然あるんですけど——、なんかね、僕にとっては「実在感」が一番あるんです、そこに。だから政治的なコミットメントというよりも、理論的な問題。

僕はね、子どものときに、小石を手のひらに乗せて、ずっと見てたの。あれはね、ものが実在することにびっくりしてたわけ。「おっ、これがここにあるんだ！」みたいな。

それを社会で一番感じるのは暴力と差別なんだよね。立場の交換が絶対できないところが、どっかになんかあって、目には見えないんだけど、ものすごくざらざらした物質的な壁がそこにはあるわけ。

北田 うん。うんうん。

岸 それを、理解しないと、「自分はマイノリティだ」とかの「マイ定義」で言っちゃえるのは、あの、まっ

たくその実在性が見えてない、というか。

北田 実在性っていうのはあれだよね。その境界線とか、定義とかに関する客観的な根拠みたいなものがガッチリと、実在するとかというよりは、差別そのものが存在するということ、そこのことは疑いえないっていう。

岸 そう、疑いえないわけ。何かの客観的な根拠を出すとか出さないとかいう問題じゃない。そこを構築されたものですよみたいにしちゃうと、そのあとの調査というか研究というか議論というか、表現そのものができなくなる、私たちは「書けなくなってしまう」のではないか。それは、個人レベルで言うとさ、それこそ「差別されたことない」って当事者がもちろんいる。だからといって差別がなくなるわけでもないし、でも同時に、というか逆に、そのひとが「差別についてわかってない」ということでもない。そのあたりから考えたのが『同化と他者化』で、そのあとの「鉤括弧を外す」論文なんです。

だから、たとえば「日本人」カテゴリーとか「男らしさ」みたいなものが構築されました、っていう言い方は、一定の役割を果たしてきたんだけど、構築主義的な考え方が流用されちゃって、じゃあいかなるものでも構築されるのか、ということになって、それが自分の好きなように何でも構築してやろう、ということになりかねない。だから、カテゴリーや当事者性やポジショナリティを、「視点」みたいなものに還元するのは、ほんとうに危険。

北田 さっきも言ったけど、「何重差別で、いくつもってるかみたいな話になっちゃう」って、浅田彰が茶化してたみたいにね、そういうゲームがほんとにあったから。一九九〇年代には。だけどそうじゃないんだよね。

岸 だから、ポストコロニアルとかPC（ポリティカル・コレクトネス）の議論も、批判しながらも一方でやっぱり、ものすごく自分の基礎においてるのは、そういうことでね。

北田 大前提なんだよ。だからあのポジショナリティの話とかさ、そういうのを否定してるんじゃなくて、それが前提であって結論じゃないんだということ。「こ

こで戸惑う私」で結論にしないでくれ、と。だからその差別、実際にある差別を、ちゃんと調べようよ、とか、

岸　ポジショナリティの議論とかポストコロニアルの議論って、結局は実在性を解体する方向に行っちゃっている。

北田　行っちゃったよ。だから上野さんの最大の問題はそこだって。

岸　歴史問題、慰安婦問題の。

北田　慰安婦問題は、ヤバかったよ。

岸　うんヤバかったヤバかった、あれ、ほんと……

北田　吉見義明批判からいまの朴裕河擁護にもつながってるけど、なかなかこの場では話しにくいことではあるけれども、あのひとにとって慰安婦問題は鬼門だと思ってる。

岸　だから、ポジショナリティを出発としてなおかつ実在性について書くっていう方向で考えていかないと。

北田　そうそうそう。

岸　社会学はその線で考えないといけないわけ。その意味で構築主義、ポストコロニアルを批判しているのはその点であって。むしろ僕はそのなかで、かれらが設定した枠組みのなかでやっているつもりなのね。自分ではそのプロジェクトをいちばん引き継いでいるつもり。

北田　ポストコロニアルとかじゃなくて、ポストモダン歴史学の旗手みたいな言われ方をしたカルロ・ギンズブルグとかがさ、あの「歪んだレンズで見るしかない。たしかに歪んでるけど、その先には事実はある」って言い切ったじゃない。僕は「カッコええな」っていうんで、もうこのひと、死ぬまでついていこう、と思った。

岸　面白いなあ。

北田　『チーズとうじ虫』とか典型的だけど、ギンズブルグは、たしかに面白い実験的な作品を書いている。あの論争布置のなかで、歴史実在論をケロッと、というか毅然と言うのは、政治的な側面もあるだろうけども、歴史家としての矜持だったと思うんだよ。

社会は実在する

岸 なにか、あるんだと。自分の研究対象が、存在するんだ、と。こんな当たり前のことをなんで言わなあかんのかよくわからんのやけども（笑）

アーティストの話をきっかけにいろいろ話してきましたけれども、マジョリティとかマイノリティについて、あらためてもう一度『同化と他者化』から振り返って考えたかったのは、「社会ってなにか」ということなんですね。

たとえば労働市場。労働経済とか労働市場でいうと僕ら無限に交換可能で、いまやってる僕の仕事なんて誰でもできる仕事やし、会社員でもそうやろうし、どんな肉体労働者でも、無限に誰とでも交換できるんですよね。だから、なんか、僕らは資本主義っていうシステムがすごく大きくて、強くて、それに引きずられて、すべてが交換可能で、恣意的に全部流動するんだっていうふうな感じで、社会まで見ちゃったんだけれども、そうすると今度はね、差別とか暴力とか実在するっていうことが言えなくなってしまうんですよね。そう考えていくと、何が言いたいかというとね、要するに社会っていうのは、それ自体が実在するってことなんですよね。

北田 社会は実在するんですよ。

岸 僕にとっての社会の実在性っていうのはでも、たとえば、コミュニケーションが成り立っている領域とか、相互作用とかお互い繋がっているっていうところを、ネットワークとしての社会っていうふうにはまったく見ていなくて、見れなくて、繋がって「ない」んですよね。

社会、社会ってなにかっていうと、交換不可能性の壁のことなんですよ。社会ってのは。

北田 交換不可能性？

岸 経済的には、その労働市場から言うと、僕でも在日のひとでも部落のひとでも、日雇いの土方だろうが、サラリーマンだろうが、まぁ差別はあるけども、内容的にはぜんぜん交換可能でしょう。だから、ひととひととの違いがまるで、ないかのように見えちゃうわけ。

その、ひととひととの差が恣意的で、たまたまそのポジションを占めているに過ぎないんだみたいなふうに、見ちゃうんやけど、それって順繰りに椅子を移動していったときに、ある椅子に絶対座れない者がでてくるねん。それが、僕は社会ってこれなんじゃないかな、と。ここのところ社会学では、社会って繋がるとかネットワークとかコミュニケーションが社会なんだって言ってきたけど、逆なんじゃねえか、と。繋がっていないこと、交換できないこと、理解できないことが社会。だから社会学っていうのは、お互い交換不可能な存在たちが、公共的な言語をつかって、かろうじて何かをやりとりしていて、そこで何かの理解が発生する。あるいは、発生したらいいなと祈る。それが社会学なんじゃないかと。

北田 いま岸さんの言ったことって、晩期のルーマンを思い出すな。「社会システムは存在する」っていうことからはじまる彼の主著『社会システム理論』っていうのは、コミュニケーションの連鎖で社会システムが出来あがっていくという考えをベースにしていたわけだ。コミュニケーションとしての社会論の典型だね。

でもそのルーマンが、コミュニケーションとしての社会、相互行為、機能システム、全体社会から、どうあっても排除されていく残余みたいなものがある。晩年になってそう言い出して、ルーマニアンたちがみんな困った困った。

岸 ルーマンがそんなこと言ってるんだ。

北田 うん。ブラジルの貧民窟のファベーラに行って、それで「ここに社会――包摂も排除も――はない」と。

岸 おおおお。その場合の社会というのは、僕の定義とは逆で、繋がっているもの、コミュニケーション可能なものとしての社会ですね。

北田 だから、そのあとは人権とか、基本的人権っていうものとかの重要性とかを初期の機能主義のロジックから外れて、「記述しえない悲惨さ」とかって言っちゃったんだよ。

岸 そんなことをルーマンが（笑）。そんなハーバーマスみたいなことを（笑）

北田 死に際になって、ようやく人間らしく……（笑）。

いや、説得力あるなあ、と思うよ。すべてをコミュニケーションで語り尽くしてやろうという人がね。貧困から格差からなにから全部コミュニケーションの問題だってやってきたひとが、晩年になって。

岸　すごい話。

北田「いや、やっぱないわ。ここに社会はない」っていうね（笑）。でも、そう言ってしまうような状況は、やっぱりあるんだよ。それは僕が、「語りえないものの権利」と書いたことと、同じことなんじゃないかなあ、と。

岸　いいなあ。それ、ちょっといいねぇ。

北田 良い人生の終わり方したと思うよね。たぶんさっき岸さんが言ったのも、そういうことなのかなあと。

だってすべては彼の理屈のなかで組み立てられるわけでしょう。道徳にしても、人権にしても、倫理にしても、法にしても、格差にしても、流動性にしても、グローバル化にしても、なんでもルーマンの理屈で対処できるはずなんだ。入替可能性や流動性が高まっているがゆえに、自分であることへの問いが再帰的に浮かび上がる、そうして実存が浮上してくる……っていうポモ的な話なんかも、彼の理論で説明できてしまう。おっちょこちょいのポストモダンよりよっぽど説得的に。コミュニケーションですべて説明できてしまえるはずなのね。

でも、そんなことじゃ説明できない事実がある、と。決定的なひとの痛みとか、差別からの逃れがたさとか、「記述しえない悲惨さ」。第二次世界大戦で捕虜になって滅茶苦茶な扱いされて「ここには秩序がないじゃないか」から始まったルーマンの理論がまさか「記述しえない悲惨さ」にたどり着くとは誰も予想できなかった。そういう生涯をかけた大番狂わせ（?）をしたわけだけど、それは実は彼の「秩序」理論に貫徹されていたんじゃないか、と思うんだ。

収録：二〇一六年三月二五日、有斐閣会議室

1——**「デリヘルアート」事件**　ある現代アートの展示イベントで、性サービス店の女性従業員を呼び衆目の前にさらす、という企画

が明るみになった。アーティストの「実践」に対して批難や問題提起がなされる契機となった。

2――社会の芸術フォーラム　芸術の実践に身を置くアーティストやキュレーター、人文社会科学の研究者、批評家、編集者たちで設立した、「社会」と「アート」の関係性を議論するための場。本書の著者・北田暁大も発起人の一人を務める。

3――タブラ・ラサ　文字の書かれていない「書き板」という意味。ロックはデカルトが唱えた観念の生得説に対して、人間の心は生まれたときには完全に白紙の状態であり、感覚器官の経験により観念や知識が得られるものと考えた。

4――痴漢抑止バッジ　痴漢被害にあっていた女子高校生らが考案した缶バッジが耳目を集め、広く話題を呼んだ（現在はその活動を受けて、一般社団法人痴漢抑止活動センターが発足）。それに対する男性側の反応には「痴漢は俺の敵」と共感するものもあれば、「男性だって痴漢冤罪に怯えている」という否定的なものもあり、「冤罪を防ぐために痴漢をなくそう」というかたちでの部分的な同意もみられた。

第3章

社会学は何をすべきで、何ができるのか

岸 政彦
北田暁大

社会学は何をすべきか

社会学理論の衰退と構築主義

岸　先日、社会理論学会のあるシンポジウムの打ち合わせをしていて、その場でも話題になりましたが、僕があらためて思ったことがあって、社会学の理論言語、「話法」みたいなものが、二〇年くらい停滞している感じがしている。だいたい構築主義くらいで止まっている。あれから新しい話法が出てこない。

北田　新しい言葉がね。

岸　そう。まあ、構築主義でもいろいろあって、一概には言えないんですが。でも、わりとわかりやすいというか、そもそもの出発点にはキツセとか、ブルーマーとか、あるいは「社会問題の自然史モデル」の論文があった。そこでは社会有機体説みたいな古い機能主義を批判して、「社会問題自体が全体社会にとって機能的だとか、逆機能的だとかは問わず、社会問題がどうやって構築されるかを実証的に問う」っていうプログラムを提起したんですね。そこでおもしろいと思ったのが、そのときの実証性っていうのは、実在性とはぜんぜん関係がないのね。

北田　ああ、なるほどね。

岸　ぼくらは実証主義っていうと、実在論を含むって思いがちなんだけど、社会学のなかでも「社会問題の構築主義」っていう場合には、ものすごく「実証的」にやるわけでしょ。フーコーの『監視と処罰』みたいなかたちで、たとえば大量の歴史文書のなかから、ある社会問題がどうやって浮き上がってきたか、とかをやるんだけど、そのときにものすごく「実証的」にやろうとするんだけど、必ずしも「実在論的」ではない。だから、僕が構築主義に対してものすごく不十分だなあと思うのは、これは前回のところでも言ったんだけど、それだと差別の問題を問えなくなる。

そのように、実証主義と実在論を分けてしまったものが、構築主義だったのかな、と思っています。

北田　うん。

岸　構築主義にもいろいろあるし、「社会問題は実在しない」なんて言い切る社会学者なんて実際にはどこにもいないんだけど、僕はそもそも社会問題の構築主義の出発点で、有機体説みたいなものを批判するときに、実証性と実在論を分けちゃったというのは、ひとつ大きな問題としてあると思うんですよね。

ただ、それに代わる理論言語がない。

構築主義の「実証性」と「忘却」

北田　新しい言語って、必要？

岸　その辺りってどう思います？　いま、社会学で「使える」理論言語っていうのはあるのか。あるいは、そういう問いの立て方自体が間違っているのか。

北田　僕はもう、機能主義者だから。等価機能主義でいいと思っている。

岸　おお（笑）

北田　さほど冗談ではなくてね。今の話はたしかに面白かったんですけど、同時に歴史の転倒みたいな部分も感じる。機能主義的な社会理論って、一番始めにスタートしたのって、（マルセル・）モースとかラドクリフ＝ブラウンとか。

岸　人類学ね。

北田　社会を小さいところで局所的に見るんじゃなくて、全体的に見ていこうという、「文化」概念と一緒の流れから出てくるんだよね。これは当時としては、ものすごいカウンターだったはずなの。実はあのトマスも支持していた本能社会学とか、「人間はこういう本能を持っているからこういうことをするんだ」「男は狩猟するから……女はしないから……」とか、そういうよくみかけるアホみたいな俗流進化心理学みたいな説明をしていた。あと、適応主義的な人間生態学。パークが理論化したものだよね。じつは、そういう文脈をぶち壊す中から機能主義というものが出てきた。構築主義のひとつって自然史っていうじゃない。じっさいに、あれパークたちも使っているんだよね。

はじめの頃は構築主義がなぜにナチュラルヒストリーっていうんだろうって、全然わからなくて。

岸　うーん。

北田　キツセもスペクターも言っているけれど、でも、なんであれが「自然史」なんだろう、と。要するにあれは、人間が意図する／しないにかかわらず、こういう変化をたどっていくという、パークの考え方の名残りなんだよね。

岸　（都市）生態学ね。

北田　同化にむけて競争葛藤から始まって闘争・応化・同化……、というサイクル論ね。根っこはそのあたりで一緒で、じつは機能主義って、そういう発想から浮いたところから出てきたものだと思うのね。

つまり、人間に関して自然史なんかない。社会というのは人間の集合でも集団の集合でもなく、自らの社会の外部（環境）問題を解決していく、と。その解決のうえで、特定の手段や行為が「機能」する。たとえば集合的決定という問題設定があったとしたら、いくつかの可能性の中からこういうのが選ばれている、他でもありえたけれどもたまたま……っていうところからスタートしているのだと思う。でないと「未開社会」によって異なる長老制度や儀礼行為なんて理解できない。少なくとも、マートンはそうだった。ラドクリフ＝ブラウンやモースへの批判のなかから「他でもありうる」という等価性を前面に出して、その機能を測定する、という課題に転換した。マートンはパーソンズの下っ端みたいにいわれるけれども実際は逆で、マートンこそが機能主義を十分な形で理論化して使える道具にした。頭でっかちのパーソンズが、困ったものだったわけでしょう。まあパーソンズは別の意味で偉いのだけど。

マートンなんか、国家を全体社会に見立てた社会有機体的な話はしてないよ。何の何に対するどのような機能を記述せよ、としか指示していない。ただ、彼の逸脱論の持つ目的論的性格が、ラベリング論とかを経由して構築主義的なカウンターを生み出したというのはわかる。「何に対する機能」は一意的に定められないと言っているのに社会構造とか文化構造とか言ってしまう。逸脱の原因を特定化してしまう。なにが逸脱かは社会の成員が決めることなのに。ただ、僕が思うに、そこで構築主義は等価機能主義の可能性を、見捨てすぎたんじゃないかっていう気分も半分ある。機能主義が本来は実証性を持つ方法へシフトさせていくべきだったはずが、パーソンズや、ルーマンみたいにどんどん抽象化していく方向に理論化を進めてしまって、実証性がぜんぜんなくなってしまった。

その一方で、構築主義のプログラムっていうのは、実証主義とは相性がいい部分もある。どういうことかというと、「社会問題は構築されていくんだよ」と言いながら、かれらは言葉や概念をじっさいに集めて分析をしていくわけです。そういう種類の実証性、つまり数を数えるのとは違う「実証主義」っていうのをやろうとして、いつのまにか「あの道」におちいってしまった……っていうのが、僕が思うことです。

岸 なるほど。

北田 要するに、構築主義も引き摺っている「自然史」という発想自体が、もともとはシビライゼーションというか、人間が環境に対応して同化に向かっていくよ、そしてそこで生じた差別であったり社会問題と呼ばれるものがこうして生じて、こうやったら秩序がもたらされていきますよ――そういう発想の流れを汲んでいると思う。そういう部分も、忘れてはいけないことではないかと思うわけです。

少なくともパークたちは、こういう道筋があるかもねっていう、ある種の法則のようなものとして示したわけだけど、構築主義っていうのは法則性も信頼していないので、「行き先がない」んだよね。だから、差別にせよ社会問題にせよ、いったいなんのためにそれをその方法でやるのか、と問われてしまう。

「実証したい」というのはわかった。では、なんで数を数えるのではなく、その方法でやるのか、っていうのは、私はいまひとつわからない。そこで何かが忘却されているような気がする。まだパークたちが自然史と言っていたころの、何とか問題を解決しようという意志が、あまりにも機能主義とかを敵視しすぎたために、希薄になっている気がする。

機能主義と構築主義

岸　いくつかこんがらがっているところがあると思うんです。その機能主義自体が、前の素朴な進化論みたいな、生態学的なものに対するアンチテーゼとして出てきた。けれども、そのときに価値中立っていうか、価値をいったん切り離してしまう。たとえばマートンなんかそうですよね。一見するとすごく悪いような、ストリート・コーナーのギャングなんかがいるんだけど、じつは秩序立っているものなんだよ、みたいなかたちで。まあ顕在的機能とか潜在的機能っていうことを言うようになったのは、まずパッと見だけで価値判断はしないんや、っていうところで始まったはずなんですよね。

北田　うん。

岸　だけど、いつのまにか、もういっかい価値みたいなものが入ってきた。秩序は守られたほうがいいというか、説明の方向性が大きな物語のようなものとして、「秩序が守られてシステムは存続する」っていう方向に、まとめられていったわけですよね。

だから、もともとの発想、たとえば人類学者がいう機能主義の発想とは、真逆の方向にいったような気はするんですよ。とくに二〇世紀初頭の人類学者というのは、ものすごくはっきりした多文化主義、相対主義で、なんとか西洋の自分たちの道徳観とか、そういうものを切り離そうとしていた。「人類の規範とか文化っていうのは、それぞれ平等というか、ジャッジできないものなんだよ」っていうことを、言おうっていう素朴な信念が必ずあったと思うんですよね。マリノフスキーにしても。

なので、もともとの機能主義の出発点は、本来はそこにあるはずなんだけど、またある種の一周まわった有機体説みたいなのに戻ってくるんですよね。それに対して、その構築主義みたいなのが出てきて、完全に切断志向になったというか。一つには、まずいったん価値と切断したっていうこと、もうひとつは時間性みたいなのとも切断したということ。

北田　時間性？

岸 時間性というか、歴史というか。

北田 ああ。

岸 進化って言っていいんですかね。進化っていうか、ある方向に向かってなんか成長していくとか、ある方向に向かって収斂していくんだって話がひとつ。それと、それが良いとか悪いとかっていう価値の話がもう一つ。その二つを切断したかたちが、いまの構築主義になっている。だから、構築主義って、実はものすごく純化した機能主義なのかもしれないな、とも思うんだけど。

北田 うーん、もうひと声説明がほしいかな。

そもそも、その構築主義は――スペクター、キツセにしても、中河伸俊さんにしても――、まず最初にマートンがいてもらわないと困るわけでしょ。「マートンみたいにして見ると、みんな納得するよね。でも、それじゃ駄目だよね」っていう論法になっているから、そこに共存関係があるのはたしか。

岸 そうそうそうそう。

北田 そこらへんを。

岸 うまいこと拾えているかわかんないんやけども（笑）

機能主義では、なにかしら機能（ファンクション）があるという説明をしますよね。なにかしらのファンクションとか役割みたいなものを、みんなが持っているんだという言い方自体で、何かを説明するという図式――まあ機能主義の根幹になるんやけども――がある。でも、それは二つの方向で矛盾しているんじゃないかと思うんです。

そもそもは、価値についての話と切り離すために、機能っていう言葉を入れている。どうしてそうするのかというと、一見すると悪いこと、言ってみれば犯罪みたいなものも、全体社会にとっては機能的なんだよって言い方をすることによって、それは説明できることになるからなんですよね。

そうやって価値を切り離した説明をするときに、なんとかそのやり方を探してきた、と。トロブリアンド[1]かどこかにいって、現地の人びとがなんかやっている。それは、なんかわけがわかんないんだけれども、かれらの全体社会にとっては機能的なんだよっていうときに、そこにはある種の合理性がある、と考えられる。そういうような解釈になっているわけですよね。つまり、僕らはみな合理的なんだよ、と。

他者の「合理性」とはどんな概念なのか？

北田 僕は、だから岸さんのやっていることって、実は機能主義なんじゃないか……という、その腹づもりなんです。

岸 せやね（笑）

北田 そう思いつつ、さっきから話を聞いていました。

岸 機能主義は、生態学的な見方から切り離すために、価値中立をいれて機能主義になったと思うのやけど、でも機能（ファンクション）ていう概念が中心にある限り、やっぱりそれはなんらかの判断をしていると思うんですよ。完全にその判断抜きでやろうとしてるのが構築主義で、その系譜というか、なにか社会問題みたいなリアリティとか概念が立ち上がってきて、それが変化していくのをただ追っかけていくんだと。だから、構築主義ってね、説明のゴールがないんですよね。

北田 うん。最後には、レトリックを分類するしかない。

岸 そうそう。しかも、日本に入ってきたときに最悪の入り方をしていて、権力批判として入ってきたわけ。

北田 ああ、上のほうの世代のひとね。

岸 あと、僕らでいう「解放社会学」の方面ね。

北田 あ〜、そうそうそう。

岸 すごく不幸な入り方をしたんやけど、だからすごくねじ曲げられているんだけど、そもそも構築主義っていうのは、進化の方向もないし倫理的な価値判断もしないし、系譜だけを書きとめるものだったわけでしょう。すくなくとも理念的には。

たとえば、会話分析も、あれはその場で起こっている会話にはこういう規則があるんだよ、とか、そういうことをいうわけですよね。そうするとなんかそこには、別の水準の話を絶対にしないっていう根本ルールがあるのね。だからこそ有用だし、これだけ定着している。

僕は合理性とか機能っていう概念て、なんやろってずっと考えてて、とくに自分の研究のなかでいうと、合理性っていう概念。僕がとくに「合理性」って最近言っているのは結局なんなのか。どういうことやろなと思ったらあれは、サンプルから母集団を推測するときの媒介項やねんなあれは。

北田 合理性が？

岸 そう。計量的な文脈でいうと、それは確率っていう概念でしょ。

北田 うん。

岸 こういうことやねん。個々の生活史みたいな目の前にあるケースがある。参与観察とか、数人を対象にした調査とか……、ここからものすごい話跳びますよ？

北田 さっきからずっと跳びまくってるから（笑）

岸 そうか（笑）

僕らは個別のケースにものすごくこだわって、記述して、解釈している。そのときに、僕らはいつも暗黙のうちに使っているし、僕じしんはそれを明示的に「使うべきだ」っていま言ってるのは「合理性」なんですね。つまり、あらゆる行為は、合理的なものなんだよっていうことを言っている。

では、そこでいう「合理的である」というのは一体どういうことかっていうと、それが人間にとって普遍的な基準に照らして理解可能なものであるよね、っていうことなのね。

たとえば、目の前にいるホームレスのひとが、こういうことをしている。一見すると、それは自分ですすんで損をしているみたいな感じで、愚かで、とても不合理に見えるんだけど、ホームレスが全体でおかれている状況からすると、それはそれですごく合理的な振る舞いではないか、と理解することができる。

そういうふうに解釈するとき、僕たちは、個々の少数のケースから、たとえばホームレスなり日本社会なりの、「全体」の水準に問題をいったん変換しているわけ。「ホームレス問題」とか「社会問題」とか。

北田 うん、うん。

岸 だから、僕らは個々のケース、沖縄とか、部落とかで、ケーススタディをするときに、何を目的にしているのかっていうと、たとえば中範囲の社会問題にコミットして、それをなんとか解釈しようとしているわけ。いま沖縄の状況はこうです、とか、いまの部落はこうですよっていう実態調査と結びつけてものを言うと。そうすると、けっきょく抽象的な理論でなにやってるかっていうと、サンプルデータをもとに、母集団を推測してるんですよね。

北田 うー……ん、うん。

岸 計量調査では、「ある確率で、このサンプルのプロフィールは、母集団のプロフィールである」というかたちで考えられているわけですよね。バイアスや誤差は、そこでは受容可能なところまで統制されている。

質的調査で僕らがやっているのも、少数のサンプルというかケースから、レベルの違うものについて言及する、ということなんですよ。それを記述したり説明したりするために、たとえば「この行為はこういうふうに合理的なんですよ」っていうことを言うと、それは僕たちにとって理解可能なものになるわけですよね。個々のケースから、中範囲の社会問題について「一般的に」語るための回路になってるんです。

構築主義ってね、これをやめたんだろうなって思うんですよ。目の前のサンプルから、そのサンプルについてだけ言う、と。会話分析なんかは、ものすごく純粋なかたちでそれがあらわれるんだけど、たとえば医療現場とか、電話相談とかでこういう会話がされる、と。それでその会話をもとに、なにが明らかになっていくかというと、「会話規則」などの、日常的な相互作用の秩序のことだと。じゃあ医療現場じゃなくていいじゃん、と思ってしまう。

けれども、そのとき同時に、医療現場じゃなくていいやんて、なんで思うんやろな、っていうふうにも思う。その問いは正当な問いなのだろうかと自分でも思うんです。

構築主義からはみ出ているもの

北田 でもさ、お医者さんがね、患者に同意をとるときの会話分析とか、見物だよ。すごく重要だよ、どういうときに患者って同意してるのか、同意したことになっているのかってさ。

岸　うん、とても重要だと思う。たぶんそれは、構築主義から一歩踏み出しているんだとは思うんですよ。

北田　構築主義と会話分析を一緒にしたら、怒る人がいるけどね。

岸　怒られるけどさ。一緒にしてるつもりはないんですが、ごめんなさい大雑把な話ばっかりして……。まあその、なんていうんかな。僕からするとすごく同じような手法を使っているところがあるように見えていて。それは、どちらも、自分たちのおこなう説明を、なにか違うレベルのものに翻訳しないでやりましょう、みたいなところだと思う。

北田　なるほどね。うーん。それは、なんだろうね。そこになにか研究プログラムがあるのはよくわかるんですよ。実証性を担保するような、ある種のプログラムがあるのはわかるんだけど。

岸　そう。構築主義やＥＭ（エスノメソドロジー）は、実証性を担保している。それはとても実証的な、経験的な方法です。

北田　でも、それ以外に何があるの？　っていう問いにさらされると、うまく言い返せるひとはいない。怒るひとはいるけれど。

岸　だから、ものすごくね、やっぱり素朴な言い方のなかに真実がある場合があると思う。「それして、いったい何になるの」って。

北田　そうね……。

岸　そういう言い方って研究者のあいだでは絶対に反則やから、言わないいんだけど、言いたくなるときがある。

北田　うん、まあね。

岸　リジッドな会話分析とかに対しても、そういうことを思う。

北田　これは、たとえば前に言ったような「話法」や「話芸」を使って、「いま流行しているポケモンＧＯを社会学的に分析しちゃいました」みたいな、その種のくだらなさとは違う。

岸　そう。逆なんですけどね、それは逆なんですけども。でも、会話分析をしている研究が、「これが、医者の言い方ですよ」って、それで「これは患者の言い方ですよ」って言うときのカテゴリーっていうのは、さっきから言っているような類型化をしているわけではないですよね。

北田 本人たちがどう類型化しているか、とかね。あるいは、本人たちが類型をどう了解しているか、同意というものを何から読み取っているか、とか、かな。

岸 でも、僕らがそれを読むときには、医者と患者の会話として読むわけでしょう。それに、書き手もそれを意図しているわけでしょう、その読まれ方を。ほかでもなく医療現場で調査をしていますよ、それで医療社会学やりますよっていうことを言ってる以上は、それは過度に抽象的に感じられる方法です。

僕がね、じつは一九九四年に『ソシオロゴス』に書いた、まだ二〇代で書いた論文（「規則と行為——エスノメソドロジー批判の新しい視点」『ソシオロゴス』第一八号）のなかで、すでに同じことを書いてる。

北田 え、よく読む気になるなあ（笑）

岸 「いいこと言ってるわあ」って（笑）。そこでなにを言っていたかというと、まずエスノメソドロジーの議論には、具体的な個人と抽象的な人間一般しかいないことになっている、と。けれども、それ以外にも中間集団の——学校とか、会社とか、地域のコミュニティといった——カテゴリーを、ぼくらはなんとかして議論に組み込んでいく必要があると思うわけ。引用すると、「日常世界は会話や直接的相互行為によってのみ構成されているわけではない。ある学校での生徒同士の会話は、当然だがその学校の社会的位置や生徒の社会的出自などが反映しているはずである」。また、その意味で「現実的な社会理論は、ある一定の条件付きで社会的に形成された行為者の傾向性や戦略パターンを認めるべき」である、と。そんなことを僕は一貫して考えてきているように思う。

まあ、二〇代のなかばで書いたので、いまから読むととても拙い、素朴なことを書いてるんですが、この頃からすでに、なにか中範囲の、特定の社会問題や社会集団に対して、「その中身」について何かを述べることができるような、そういう方法を探ってたんだろうと思います。

そうやって、なんとかして中間集団に言及していこうと考えたときに、たとえば類型化したりとかカテゴリー化したりだとか、確率っていう概念をつかったりだとか、機能とか合理性っていう概念をつかうのは、すべて、特定の調査対象について「一般的なこと」を述べるための、「翻訳装置」なんだと思うのね。個々の具体的なケースから、抽象的なカテゴリーに対して言及するために要請されるものが、その種の翻訳装置である、というわけ。

だから、会話分析みたいな研究でも、「医者」とか「患者」とかっていうカテゴリー化された社会的存在に対して言及しているのであれば、それはおそらくそもそもの会話分析の目的からはかなり逸脱してるんじゃないかなと思いますよね。ものすごくリジッドな、原理主義的な会話分析というのは、特定の問題について語るのではなく、その特定の問題が「どのように語られているか」を分析する。そこでは抽象的な相互行為の秩序しか扱わないはずじゃないですか。具体的な問題の「中身」については何も言及しないところが、クールでかっこいいところだと勝手に思ってます。

「で?」という問い

北田 まあね。いろんな系統のものがあるし、やっぱりエスノメソドロジーでも面白いものは面白いと思うよ。なにが面白いのかっていうと、さっき言っていたのはさ、医者とか患者っていう役割に沿って、なにか発話とか、コミュニケーションがなされてるっていうよりは、そういうものから外れて、どういうかたちで、同意したことになるのかとか、今どういうかたちで同意を求めたことになったのか、っていうこととかなんだよね。そういうのって結構さ、たとえば具体的に治療方針とかを伝えるときとかの問題としてはとても重要で——串田（秀也）さんとかがそういうことやっているけど——、「これは役立つな」と思ったのね。

他方で、岸さんの言っていることもわかる。たしかに、方法論が先に立っていて、だから実証性はどうやっても担保されることになるんだけど「うーん、で？」っていう。その「で？」っていう問いがすっごく残酷でね。

岸　そうね。

北田　我々は、つかっちゃいけないことになっているんだけど。

岸　そう、そう。

北田　うちのゼミ生は、酒井泰斗さんの影響でエスノメソドロジーの人たちが多いんだけどさ。僕は「で？」っていう問いを言う係、というか「で？」と言ってくるであろう想定査読者みたいな役目をしてる。というのも、その問いをクリアしないと論文投稿先にしても、本の出版に臨むにしても、みんな同じこと言われるんだと思う。

まあ、これは、結構あとでも話になるのかな。「社会学ってなんだろう」っていう話とも絡んでくるのかもしれないです。

アメリカ社会学における「価値」

北田　少しだけ話を戻しましょうか。機能主義の話のところぐらいまで戻すと、「価値中立」っていう話がありましたよね。けど、価値中立・価値自由っていうのはないんじゃないかな。ないんじゃないか、というと語弊がありますが、ちょっと違う解釈をしているんです。

基本的に、一九二〇年代とか三〇年代までの社会学って、価値問題なんて考えてなかったと思うんです。世の中が非常に混沌としていて、みんなその混沌としているなかで生きているわけですよね。そんななかで目に見える社会問題をどうやって解決しようか、そのエキスパートとして社会学者が出てきている。だから、かれらにとっては混乱している状態が、まずデフォルトの状態だった。それがどうやったら治まるのか（秩序）という発想で、やってたと思うんですよね。

そこで生活環境を変えていけば変わるとか、教育すれば変わるとか、いろんな経験をするわけです。機能主義っていうかパーソンズって、そういうデフォルト状態＝混沌という図式から離脱して、はじめて「価値」「秩序」を（論理的に）先に見た人なんですよね――

ほら、今でもポストマルクス主義とかさ、秩序じゃなくて反秩序というかその、混沌としたなかのエネルギーみたいなものがあって、それを秩序が覆い隠している、っていう図式があるでしょ。

でも、そうじゃなくて「どんなにメチャメチャに見えても、我々は社会を成り立たせてしまっているよね」だとか「ある程度我々は社会を理解することができてしまっているよね。これはなんでだろう?」っていうふうに問いかけたのがパーソンズだった。

岸 だから、ものすごい保守的だっていうレッテルを貼られたわけよね。

北田 うん。レッテルを貼られたんだけど、ほんとは僕は全然逆だと思っているんです。それまでの社会学の伝統、つまり「混沌としたなかから秩序を生み出す」っていう方向性に対して、秩序の条件をまず設定して、逆算していくっていう。そういう思考をした人だと、僕は思う。

戦前アメリカって、価値判断論争がないんですよ。ほとんどなくて、ギリギリ出てきたのは一九三〇年代ぐらいに、オグバーンという計量調査系の人――コロンビア大からシカゴ大に行った人――を意識しながら、『ミドルタウン』のロバート・リンドが少し議論をしている。リンドがいわゆる「価値」みたいなものを重視しましょう、社会改良を重視しましょう、っていう主張をし、それに対してオグバーンの方は「とにかく数字だけ見ろ」っていう構図。バーナードも科学主義ではあったけれども、とくに価値自由みたいな発想を詰めて考えた形跡はみられない。それらはあまり意味のない対立だったけれども。ここらでようやく科学と価値の関係が議論の対象となっていく。それまでは科学=進化論、生態学で、しかもそれは社会改良を大前提としていたから、新カント派的な、あんな高度な論争は起きようがなかったわけです。

でも、そこに至るまでね、たぶん「価値」っていうものが社会にどのような意味を持っているのかっていう問いが、きちんと立てられていなかったと思うんですよ。トマスとズナニエツキにしても、「状況」「価値」「態度」でしょ。そこでの価値って、準拠集団の持つ伝統的文化のことですね。かれらにとって価値よりも態度のほうが重要な論点だった。価値とは言っても事実として存在する生活様式、思考様式みたいなものですよ。それで、そこをドイツ経由の議論を持ち込んで、整序したのがパーソンズなんだろうなっていうふうに思うんです。

僕は必ずしも、かれのやっていることは、まず記述として価値中立っていうのを考えたわけではないし、共有価値ってのを最終解決策として、保守的な主張をしたわけでもないと思う。むしろ、価値っていうものが、社会と社会分析にとっていかに重要なのかってことを明確に示した人だったと思うんですよね。

さっきの話とも繫がるんだけども、ちょうど同じぐらいの時期に、アメリカにおいて人類学と政治学と社会学と経営学、そこら辺で「文化」っていう言葉がものすごい流行るようになる。ボアズ派の影響は小さくなかった。いわゆる我々がいま考えるような生活様式、全体としての文化っていうものを捉えようっていう思考が、可能になったのがたぶん一九三〇年代なわけです。それ以前はそういう発想がなかった。だってボアズだってそもそも、頭蓋骨測定みたいなことやっていたバリバリの人類学者だったわけだし。いかにドイツ語圏出身とはいえ、そこから文化相対主義までたどりつくのには、やはり時間がかかった。

そういうところを考えると、僕はパーソンズっていうのはやっぱり偉い人で、その「文化」っていう概念と「価値」っていう概念が社会において果たす意味っていうのを、けっこう詰めて考えた人だと思うんですね。パレートの真似して一般均衡理論みたいなものを目指したり、たしかに抽象的すぎる方向に陥ってしまったんだけど、パレートを読んで価値・文化が「均衡」にとって大切だって、今の私たちならともかく、当時のアメリカではなかなか発想しにくかったはずなんです。そのプログラム自体は間違っていたというよりも、僕はわりと穏当だったと思うんですよ。

等価機能主義からみた他者の合理性の理解

北田 そこで、じゃあ「価値」っていうのが社会において重要だとパーソンズは言うけれども、その価値っていうものは、はたして人びとみんなに共有されてるものなの？　だとか、共有するってどういうこととか、その価値の共有範囲ってどこまで？　対立した場合にはどうなるの？　……っていう感じでもう一歩先に議論を進めたのが、

岸　マートン。

北田　だから等価機能主義っていうのは、まさしく今言ってきたみたいな問いをね、発したものだと思っているんですよ。さっき合理性の話が出たじゃないですか。合理性っていうのを、最大限抽象的にいうと「ある基準に照らして、帰結との対照において適切と考えられる選択をすること」みたいな感じかな。「有斐閣」的に言ってみると（笑）

そういうものだとすると、やっぱり、ある観点は必要なわけですよね。その「ある観点」というものを明示しないと、ファンクションを特定できない。つまり、「あるものに機能があるっていうときに、その寄与する全体が何なのかっていうことを明示しないといけませんよ」っていうのが、マートン機能主義の第一原理なわけです。この議論というのは、岸さんのいう意味での合理性とかなり重なっていると思うんです。同じような出来事でもどの観点から見るかによって変わる、合理／非合理というのがある。合理性っていうのは要するに合理と非合理を比較して考えられているわけだから、その比較の基準点がどこにあるのかっていうことを同時に明示することが必要になる。そして、機能（ファンクション）の寄与する全体というものを、どの基準に基づいてどの範囲でとってるか、っていうことを示すこと、それがまず等価機能主義に必要な第一点になると思うんです。

それから第二点は、合理的な選択は、他でもありうることです。まず比較の準拠点、すなわち合理性判断の準拠点を定めて、それから他でもありうるという機能的に等価な選択肢を考慮してみる。これを過去・現存の事象に当てはめれば「他でもありうるはずなのに、これになっているぞ」というわけです。この二点が揃うことが、僕はすごく重要だと思っているんですね。

もう全然冗談じゃなくて自分は機能主義者でいいやって思っている。

ここまで踏まえてみると、さっきの「少数のサンプルから」っていう話は、すごくおもしろかったんですよ。少数のサンプルからの媒介項・関数としての合理性。まさしくそうだと思うんですよ。その人はその人なりに社会の中で生きていて、信念と知識の体系を持っているわけだよね。その信念体系・理由空間を「この人を理解するためにはどの地点に設定するのか」っていうことを模索しながら、つまり、その人なりの発言や行為の推論の根拠を模索していく、その作業が合理性の分析だと思うんです。

岸 そうそうそう。そういうことですよね。ある行為が合理的である、ということは、それが行為者にとって広い意味で「ポジティブな」結果をもたらすものでなくてはならない、ということです。つまりそれは、ある機能を果たしている、ということですよね。そう考えると、同じことです。

北田 その人が、それしかできなかったわけではない、ほかにも選択肢があったかもしれないけど、それを選んだ。そしてその人はそれをどう理由づけているのか。それもいろいろな観点・基準でいえるはずなんですよね。それで、それを「沖縄って、なんのかんのいいところだし」とか、それもある観点から見たらそのとおりだし。同じ人に対しても、違う観点から問うていけば、異なる合理性が見えてくる。それを「どの合理性が正しい」とか「普遍的な合理性がある」とかではないところで指し示していく。

中間集団（準拠集団）を考える

北田 そういうことを岸さんはやっているんじゃないかと思うの。だからその理由空間を理解するためには構築主義が言っている「外的な文脈」は必要なんだよね。

岸 そうそうそう、だからどうしても「それして何になるの？」っていう問いが出てくるわけ。言うたらあかんと思うけども。俺も、北田さんが自分のことを「俺はもう機能主義でいいんだ」って言ったっていうのは、二人とも同じことを目指してて、たぶん一緒のことをやっているんやな、ということですよね。『責任と正義』を読んだときにも、同じようなことを思ったんだけども。合理性の話が続きますけど——今日は本当はね、理解できないことについても喋ろうと思っていたんですが、とりあえずそこは行かずに——、「ある観点に照らして」という言い方について。

ある観点に照らす、ってどういうことかというと、それはね、中間集団なんですよ、結局。

北田 準拠集団ね。

岸 そう、準拠集団。

北田 だから、ほとんど一九六〇年代までの語彙でできるんだよ、社会学って。

岸 もう構築主義いらんなあ（笑）。そうそう、準拠集団やねん。けっきょくそういうことやねんな。だから、ある観点に照らしてとかある基準にさらすときに、必ずしも抽象的な操作が必要とされているわけではなくて、で、僕は、あの、言いづらいんだけども、ブルデューが好きで（笑）

北田 ここは好みが一番わかれるところで（笑）

岸 すみません（笑）。ブルデューについては一切わからないとか、そういう難しいことについては一切わからないんだけども、書かれていることのイメージでいうと『ディスタンクシオン』とかね、ウィリスの『ハマータウン』でもいいんだけれども、その場で作動しているゲームは一個じゃないんだな、っていうことなんですね。これって、合理性や機能が「他でもありえた」ということの、ひとつの表現だと思うんです。

北田 うーん。

岸 ブルデューだと階級レベルで、ウィリスだと学校という場で、その場で作動している社会的ゲームが複数あって、どれで勝とうとするかはわりとそのひとなりに決まっている。そこは「差異化」とかって呼ばれている部分なんですけど。ひとつの場で、複数の社会的ゲームが走ってて、各自は自分が勝とうとするゲームに参加するわけです。同じ場にいたとしても、じつは違うゲームに参加していたりする。

たとえば教授会とかでも、すごく「規則フェチ」な人もいるけど、なんかあえて「型破りなおっさん」キヤラを出してくる、それはそれでうざいおっさんもおったりする。それはそれぞれで勝てるゲームをやっていたりするんですね。それをブルデューがすごく描いているな、と思っていて。

北田 なるほど。

岸 そこがすごい好きで。『ハマータウン』にしても、同じ教室のなかで複数のゲームが走っている。じつはその「どの観点から合理性を見るか」っていうことは「どのゲームに参加しているか」っていうことを見るかっていうことですよね。

北田 そうですね。

岸 もっというと、ウィリスが明らかにしたことは、「どのゲーム」って言ったときの「ゲーム」は、たとえば階級で分かれていたりとか、ジェンダーで分かれていたりとか、民族やエスニシティで分かれていたりとか。これはその、ものすごく乱暴な言い方をすると、社会学的な「中間集団」に対応しているところがある。たとえば、同じ「沖縄が好き」っていう言い方をするときでも、ナイチャーが言う場合と、ウチナーンチュが言う場合と違うし、沖縄の保守派が言う場合と、沖縄の革新派が言う場合でもそれぞれ意味が違うわけなんですよね。それぞれでどういう意味で「沖縄が好き」って言ってて、それぞれどういう問題があるのかっていうのは、結局そのひとのその場の会話、そのつどの相互行為の分析だけではわからない。

北田 わからない。

岸 そうすると、一度そのサンプルを中間集団に「翻訳」して、「沖縄の保守派のアイデンティティっていうのは、こうなんですよ」と。あれは別に日本に対する同化主義なんじゃなくて、日本政府と喧嘩してでも補助金を引っ張ってきてシマンチュに飯を食わしてきたんだぞ俺たちは、っていうような感じで、沖縄の保守派のアイデンティティに本土に対する抵抗が混ざっていたりするんです。「沖縄」っていう言葉の言い方にも、それだけの意味があったりするわけ。それを、この場合に合理性っていう言い方がいいのかわからないけれども、言葉の意味みたいなものを理解しようと思うと、やっぱり中間集団――いまの言葉でいうと準拠集団——を参照しないと、わからない。

複数のゲーム、複数の準拠点

北田 準拠集団は複数属すことができるから、そのひとがいったいいかなる準拠集団の観点からいま語っているのかは、広く文脈をとらないとわからないわけで——その辺が厳格派構築主義のおもしろくなさで、羅列じゃん、それって。それは説明でもなければ分析でもないと思うのね。そこはすごく気になる。実証主義のために実態を括弧に入れてどうすんねんと。

いまおっしゃったことはすごく納得していて「ああ、ブルデューをそういうふうに理解するんだ」と、勉強になりました。

岸 フィールドワーカーは、みんなそういうふうに読むと思うんだけどね。

北田 議論があまり対立しているわけではないことがわかったんだけど、社会って教室の中でもどこであってても、そうすると「どのゲームに参加するのか」っていうこともまた、メタゲームですよね。

僕がブルデューに対して批判的になっているのは、「ゲームって差異化じゃなきゃだめなの」って話。音楽とかにあらわれるテイストをめぐる闘争だけではなくて、ゲームってほかの水準でもなされているんじゃないの、ということなんです。あと卓越化というのをどういう水準で分析するか。いかなる記述の下でも意図的と言えないような行為をしたひとたちに「君たちは実は卓越化ゲームに参加しているのだ」っていうにはどういう手続きが必要なのか、とか。卓越化というゲームから降りてなされるゲームもあるんじゃないか。

岸 そうそう、もちろんそうですよ。いうまでもないですが、卓越化、差異化といっても、もちろんはっきりとそれを意図してなされる差異化なんて、ほとんどないんじゃないでしょうか。ただ僕たちは、信念と欲求に従って、場で作動している複数のゲームの、どれかひとつに参加している。でもどのゲームを選択するかは、広い意味で合理的に決まっていくんちゃうかな。

北田 いま、準拠点の話から複数のゲームがあるっていう話で連想したのは、朴沙羅さんが訳したアレッサンドロ・ポルテッリの『オーラルヒストリーとは何か』の冒頭の話です。無名の鉄工所で働いているひとが、デモかなんかで死んじゃったっていう話なんだけど、あのひとは稀有なフィールドワーカーだな、というかいい入門書だなと思ったのはね、この「無名の男の死」に関して、いろんな観点、複数の物語で構築されているんだっていう話――ここまでは誰でも書けるんだけど、とはいえそこまでも行かないひとも多いけど、まあいいや――、そこにいろんな立場のひとがいるわけですよ。当時街の中に住んでいたひとや、その場にいたひととか、工場のひととか、元管理行政のひととかがいたんだけど、そういうひとたちが、みんな日にちを間違ってた。

岸 そうそうそう。

北田 それから、場所も間違ってた。

岸 死に方もバラバラ（笑）

北田 それも新聞を見ればわかるし、もう確実に間違っている。確実に間違っていることを、ポルテッリは「メディアによる構築」とかは言わない。それが軸として決まっている。ひとつの出来事に向かって時間的スパンから事実の経過からいろいろズレているんだけど、それぞれについて複数の解釈を提示していく。どれもこれも「嘘」じゃない。すごく大げさに言うと、フィールドワーク上のアコーディオン効果というか。そういったものをけっこう明確に書いていた。時間の幅のとりかたが記述のみならず、出来事の幅そのものもかえていく。そんな感じで書いていたんだよね。哲学でいう出来事の同一性とはちがうけれども。これは複数の視点というよりは、合理的理解の準拠点の複数性を示しているんですよね。なんで準拠点というかというと、「（ある視点が）どういう立場から、どういう理由空間に立脚しているか」ということを調べることをしているから。そういう意味で、そういう準拠点、機能的等価物を複数書いていくというのが重要なのであって、たんに視点が複数あるからいい、というわけではないんですよね。

岸 そうそう。ポルテッリは断固とした実在論者ですよ。

北田　批判的・解釈的なんとかで僕がちょっと気にいらないのは、視点が複数であり、それらがせめぎあっている、じゃ話が半分なんだよね。そうじゃなくて、ポルテッリはそれらをひっくるめて、もう出来事の実在は大前提にして記述の幅っていうものがいかにして提示されるか、ということを調べていく。……っていうのは面白かったな。

語り方が「複数ある」というだけでいいのか

岸　ただ、ポルテッリには少し曖昧なところもあるよ。というのも、たとえば『ディスタンクシオン』をはじめ、ブルデューが言うことで僕がものすごく好きで、同時にものすごくあかんなあ、と思うことがあって。ポルテッリがいう「～の死」について、ブルデューだったら「こう解釈したほうが得だ」っていうふうに言うの。

北田　うーん……？

岸　たとえば「共産党のひとだったらこういうふうに解釈する」「労働組合のひとだったらこういうふうに解釈する」「現場のひとだったらこう解釈する」みたいな。

北田　ああ、なるほどなるほど。そうだね。うん。

岸　それぞれが自分の信念なり経歴を正当化していけるようなところで言うと。それで、さっき言い忘れてしまったんだけれど、「合理性ってけっきょくなんだ？」と言うときに——北田先生は「有斐閣的」な説明を与えようとしたけれども（笑）、僕はものすごく簡単に「功利性の最大化」とか「効用の最大化」というんです。行動主義者じゃないんやけど（笑）

なにかの合理性があるということは、なにかの効用を最大化することだと考えている。ただ、（伝統的な）経済学と何が違うかっていうと、効用は複数ある、それぞれの社会的ゲームで、ということ。といっても、経済学だって行動経済学ではやられているんだけれども。だからここでいう効用っていうのは、とても広い意味で使っています。まあ、だからわざわざ効用って言わんでもええねんけど……

北田　うーん……。個人の効用は、比較できないからなあ……。

岸　社会学的には、それが「複数ある」という言い方になると思う。ブルデューにはそういうところがあって。

北田　うん、ブルデューはそうだね。だから「○○資本」っていう言葉を使うんだし。

岸　そう。だからその辺を共通して嫌うひとは嫌うんだけど、僕は好きやねんけど。行動経済学も好きだし。だからデイヴィドソンも好きやし。

北田　うーん。

岸　まあ、ブルデューにはそんなところがあると。ただ、ポルテッリはポルテッリで、立場がすごく曖昧なところがあるのは、あのひとは構築主義者じゃないから、歴史的事実性みたいなものを絶対に手放さないわけ。

北田　そうそう。

岸　ストゥディアの教科書でも書いたんだけど、ポルテッリは、語り方は多様なんだけど、事実は一つなんだよ、って再三言っている。

北田　うん、イタリアっぽいなと思ったよ。

岸　ということは、でもなんのためにこの人はオーラルヒストリーを集めているのか、って考えてみると、歴史性の部分は文書資料で確定しておいて、語り方の多様性を集めるってことは、その事件が、その時代のひとにとってどう位置づけられたのかっていうのを見ていくわけでしょ。

北田　うん。

岸　でも、そこは接合してないんじゃないかと思うのね。翻訳を手掛けた朴沙羅さんはもっとベタに、資料の残っていないケースで、事実を確定するためにオーラルヒストリーを集めているんだと思う。でも、ポルテッリは、両方見ましょうって言ってるのね。でも、俺、両方見ましょうっていうのは相当難しいと思うねん、これ。どうやってやるの、と。

北田　うーーーん。

岸　たとえば「共産党のひとはこういう解釈をしていますよ」「労働組合のひとはこう解釈していますよ」っていうのをな、もう一歩、中間集団ごとに効用が最大化されるとまでは言わないけれども、そういう解釈をする必然性とか合理性というか、「内的理由」が、各集団ごとにあるって言ってもいいんじゃないかと思う。ポルテッリはそんなこと言わないけど、でも言ってもいいんじゃないか、と。

北田 僕、細かいところは覚えていないんだけど、みんな立場とあんまり関係なかったように思う。「労働組合のひとだからこう喋る」みたいなことはあんまりなくて。だから、出来事の幅みたいなことをこのひとは示したいのかな、と思った。

岸 でも、幅を示すことって、何かを説明したことになる？

北田 豊かだと思うけどなあ。

岸 ……文学やなぁ（笑）。まあ俺も小説書いちゃったけど。だから、私の言ってることも矛盾しているんだけど、これは自分自身の課題として言ってるんです。俺もようわからん、と。たとえばある歴史的事件が実在する。それがどういうものだったかを書きたい。だから質的調査をして一生懸命データを集める。でも、集めたところで、それはそれぞれの語り手が「合理的に」参加した複数のゲームのうちのどれかに沿って産出されてる。だから語り手によって幅が出てくる。その幅はランダムにあるんじゃなくて、たぶんそれぞれの語り手、あるいは語り手が属する中間集団にとって「合理的」で「機能的」、あるいはもっといえば「功利的」であるかもしれない。

そうすると、「いろいろあるんだよ」っていうこと と、「こういうことがあったんだよ」っていうことが、どうやって接合されるのか。これは私自身がもっとも苦しんで、悩んで、考えているところです。まったく見通しが立たない。

社会学で「事実を書く」には

北田 岸さんは、フィールドワークをプロでやってるからね、やっぱり。

岸 いやいや、それは。

北田 フィールドワークをやっているときに、事実を確定しちゃってから、やってしまっていいのか。それは

大きな問題だと思いますけどね。ポルテッリは、そうしてやっているわけだけど、でもじつは僕は嫌いじゃない（笑）

「ああ、そうかそうか。ココを一点定めると、人間ってこれほどまでに正しく勘違いをするのか！」と。

岸 それ自体がまず知見なわけね。まあそれはわかるんやけど。

北田 具体的に、人間はどれだけ勘違いしていて、さらにその記憶がそのひとの所属集団・準拠集団があんまり関係なかったりするわけね。そのひとの利害に応じているわけではないように私には読めた。そういうことを朴訥に書いているんだな、と。

岸 心が広いなぁ。

北田 いや、プロが見ると違うのかもしれないけど。

岸 だって、論文に「いろいろでした」って書いても、査読を通してくれないからね。それでいいなら、そう書くかもしれないけど。

北田 そりゃそうだよ（笑）。あと、ほら僕、ギンズブルグとかも好きだしね。アラン・コルバンの『記録を残さなかった男の歴史』とか、ミクロヒストリアが大好きだから。あれもいろんなタイプがあるんだけど、『チーズとうじ虫』っていうのは、異端者をとおして当時の知的世界を再現してみよう、っていう試みでしょう。デーヴィスの『マルタン・ゲールの帰還』はどちらかというと種村季弘『謎のカスパール・ハウザー』や阿部謹也『ハーメルンの笛吹き男』とかと同じで、奇妙なことがあったな、ダンナが入れ替わっていることに長いこと気づかない、そんなことがどうして可能だったのか、っていうことを、やはり当時の史料から再現する。『記録を残さなかった男の歴史』は、じつは一番つまらないのかもしれない。本当に匿名なんだけど、その当時の村の状況をただ書いているだけ。試みはおもしろいんだけど、思いつき一発なの。

岸 そうそうそう、あれは思いつき一発だね（笑）

北田 この三つって、ミクロヒストリアといって並べられるんだけど、その中でも事実っていうものを模索していこう、っていうのが『マルタン・ゲール』なんだと思う。他方で、フィールドワーカーに一番近い感覚を持っているのは、ギンズブルグなんだと思う。理由空間の再生みたいな。

岸　理由空間というか、ポルテッリでいうと「語りの空間」みたいな、ナラティブの空間ですよね。「それはいろいろなんですよ」っていうことを書いて、それで認めてもらえるのであれば、僕らとしてはそんなに楽なことはなくて。そうやって論文を書いて、本を出版して、ということを考えたときに、僕の悪い癖なのかもしれないけど、なにか一歩足らん気がしていて。

だから、なにかこう、多くのフィールドワーカーが書くもの見ていても、理論がないのね。手法に関してはものすごく勉強してて、対象に関しても勉強しているんだけど、あいだを媒介する理論がなくて。僕もぜんぜん大したことを書いているわけじゃないけど、『同化と他者化』でいえば「アイデンティティ論」っていうのは、全部を媒介する中心になっていて。「同化」と「他者化」っていうのもそれこそ。統一的というのかわからないけど、どうしても説明したくなる。

北田　やっぱ理論家なんだよね（笑）。三つ子の魂だね。

出身がウィトゲンシュタイン論だもんね。

岸　こないだのシンポジウムでも冗談交じりにさんざん言ってきたんだけど、ムカつくのね、質的研究は「文学でいい」って言われると。

北田　ああ。

岸　それをね、一番言うのは計量のひとなんだよね。俺が「質的調査から『事実を書く』のにはどうしたらいいのか」っていうことを必死で考えているのに、ゴリゴリの計量のひとにかぎって「質的研究が描く事実なんか、イマジナリーなものでいいんだ」とか言う。でも、査読とおされへんやん、そんなん（笑）。それが学会全体のコンセンサスになっているっていうんだったらいいけど、そうでもないくせに、質的調査はイマジナリーな空間みたいなところにおれ、と。

北田　まあ、そういうふうにいわれんのは嫌だね。

岸　たぶんいちばん「当事者に寄り添う」とか「語りの物語性を大切にする」みたいなことを言うライフストーリーとか、対話的構築主義とかって、いまいちばん広がってるのは、社会学よりもたぶん、看護学とか質的心理学とかですよ。これは勝手な推測なんですが、たぶんひとつは、医療業界でいちばん権力をもっているお医者さんに対して、それこそさっきの話でいうと「なんとか勝てそうなゲーム」を提供したんだと思います。もっとも合理的でないような、もっとも実証的でないような、もっとも「質的」で「文学的」なものをめぐるゲームなら、医者に勝てるかもしれない。勝てるっていうと言いすぎですが、勝てるというより、近代医学に対して自らが存在する意義を、それによってはっきりと示すことができる。

それからもうひとつ、矛盾するようですが、こういうのは、医者が許すんだよね。

北田　やさしいからね、お医者さんは。

岸　治療や回復について中途半端に医者とバッティングすることを言うより、近代的な医学とまったく異なる「物語性」とか言ってるほうが、医者も共存しやすいんですよ。医学の強大な権力に立ち向かうためにそうなるケースもあるし、逆に、そうであるかぎりにおいて医者はその存在を許してあげる、みたいなケースもあって。

……とまあ、なんかグダグダな話になりましたが(笑)、「いろいろあるんだよ」っていうことを書くだけでは、「対象の中身について言及する」タイプの研究プロジェクトには、なにかが足らんように僕には思える。ただ、やはりブルデューみたいに、それでみんなが得する方向で編成されてるんだよとかまで言い切る度胸は僕にはない。

理解し、記述をするための理論

岸　でもね、これはまた個人的な思いというかね、また叱られるかもだけれども、『ディスタンクシオン』に書かれていることには何の違和感もない。あれは大学二回生のときに夢中で読んで「俺の本だ！　俺のことが書いてある！　俺が全部いままで見てきたことだ」って思った。その辺の雑草みたいな家で育って、進学校入って、みたいな。自分が見てきた階層格差がぜんぶ書いてある、って。一言一句なんの違和感もないと思った。あの本に関してはね。

北田　うん。

岸　まあ、いま自分でああいう本書けって言われても書かないけど、というかああいう書き方はしないしできないけど。でも、どうしたら説明することになるんだ、とは思うんだよなあ。

北田　「ピエールは私だ」みたいなことは、何度も思っているし、僕もブルデュー好きですよ、生き方は。

岸　生き方は（笑）

北田　それにロジカルな面でいっても、僕がブルデューに対して持っている違和感は大した話じゃない。文化社会学的には重要だと本人は思っていますが。でも、それはかなり専門的な「稼業」の話であって、根本的な話では全然ないのでいいんです。でも、さっきのその合理性の説明の仕方としては、合理性を比較するための準拠点をなにか――逆に言うと準拠点として合理性の的となるなにかを――設定して、それでなにが見えるか、が重要なのだと思う。

岸　わかります。

北田　いっぱいあること自体が重要なわけではないのね。たしかにそう。でも、その複数の視点をみていくと、それぞれ理解可能になってしまうのだけれど、それがなにを意味するのか、っていうのは……なんだろう。理論なのかな。解釈なのかな。

岸　そこなんですよねえ。これがものすごく最大に引っかかっているところで。理論言語がないっていうときは、それがないんですよね。たとえば、行動経済学の考え方をもってきてもなんか合わないし。

北田　ああ、岸さんは、そういうのをつくりたいんだよね。

岸　うん、なんか、そこで使える公式みたいなもの。公理系というと言い過ぎですが。そんなかっちりしたものでなくても、もうちょっと、質的やってる研究者が共同で使えるような蓄積がほしい。たとえば、在日コリアンのアイデンティティ、沖縄の労働力移動、セクシュアルマイノリティの家族、被差別部落の新しい社会運動、ホームレスの生活戦略……みたいに、異なるテーマで調査をやってるフィールドワーカーたちが共通で参照できるものって、そう多くはないんです。

でも、なんらかの形で、異なるテーマや対象を持っているひとたちが「横に」つながっていかないと、生活史もエスノグラフィーも、未来はないと思ってます。

北田 ぼくはね、「文学でいい」なんていうことを言うつもりはないの。そういうことを言っているつもりはないし。「好きなように書いたらいいよ。バラバラ好きなように書くのが岸さんらしいよ」とかもね。

岸 あっはっは、それもし北田さんに言われたらムカつくなあ（笑）。まあ、たしかに、いま俺が言っていることと、俺が実際に書いていることとって、めっちゃ矛盾してますけどね……

北田 うん、だからそう言うつもりはなく、「機能の準拠点を出せ」っていうのに敏感なひとだなって思っているの。けれども、その記述をもって、さらにそれにまた理論言語を与えたいっていう欲望はなぜ出てくるのかな、とも思う。僕だったら、それが充分にできたら、それで凄いと思ってしまう。行動経済学とかもいらないし（笑）、パーソンズとかもいらないし。

岸 いらないね（笑）。まあ、構築主義はそういうところをバイパスしてるのかな。

北田 あれって理論じゃなくて方法論だからね。

岸 そうそう、あれって手法なんだよね。だから、「理論」ってけっきょく何かっていうと、たとえば「前近代から近代へ」とかね。それぐらいしかない。だから、それでええんかなって思っちゃうんですよ。

北田 それが切実な時代だったらいいんだけどね。

岸 行為論のレベルで言えば、こうするのが「得」だ、という言い方がある。すでに前の対談のときに出た話ですが、社会学者には大きく分けて二つの話法があって、「統一されていたものが崩壊していますよ」っていうのと「個々の行為者には合理性があるんですよ」というものしかない、と。

北田 そうか。そうすると「合理性が複数ありますよ」というのでは構築主義と変わらないっていうわけだ。

岸 そうそうそうそう。そういうことが言いたかった。

北田 うーん、そこは本当に同じかなぁ（笑）。でも、言いたいことはわかった。構築主義という「手法」とは違う、記述に使える「理論」が必要だ、っていうのもつながったと思う。

社会学に何ができるのか

説明になる／ならない

岸　手法だけでは説明にならへん気がするのはなんでかっていうと、やっぱりマイノリティの現場やったからです。僕はポスコロの悪口ばっかり言ってるけど、実はものすごく大きな影響が当然あって、ポジショナリティの話ですよね。

立場とか何やらいろいろある、準拠集団もいろいろあるんだけど、そのいろいろっていうのは、北田さんやったら当然わかると思うけど、なんか並列に並んでいるものがあって、それには強い弱いとか、大きい小さいがあるわけですよね。準拠集団同士の関係として。そうすると、いろいろあるんだよって並べることだけでは、その大きい小さい、強い弱いの関係性が描けないんですよ。

だから実在論の文脈でも言ったのは、なんかその、「複数のリアリティ」に還元できないところがある。これは理論以前の話で、強迫観念というか、もう僕自身が執着しているだけなのかもしれないけど、たとえば差別されたっていう体験を語るひとがいて、被差別の体験を語るとする。あるいは沖縄戦の体験を語るひとに会って話を聞く。そのときに、「このひとは、『差別をされたというリアリティ』を持っている」とか、「このひとは、『沖縄戦』の語りをこう語った」っていう解釈は絶対できない。「差別されたというリアリティが、語り手と聞き手のあいだの相互行為で、このように、いまここで構築された」っていうことは絶対に言えない。差別されたという体験、糸満を裸足で逃げている途中で米軍の艦砲射撃で母親が目の前で死んだという体験は、語りにも相互行為にもリアリティにも還元することはできない。それはもう、そういうことがあったのだ、としか言えないんです。調査の現場では。

インタビューの現場でも、こちらが聞きたいことを聞いているから、たしかにそれはこちらが聞き出してはいるんだけど、そういう意味では構築的なものだということは、理屈ではわかるんですが、しかし差別や戦争の体験を調査します、といって、差別や戦争の体験が「どう語られたか」だけを論文にする、ということは、私にとっては耐え難いことなんです。そこでは差別そのものとか、差別的な関係性、あるいは差別的な行為とか、差別された経験は、何らかの形で実在してるんだっていうことを、もっとも「固い」前提にせざるをえない。こういう領域でフィールドワークをやることによって、関わりとかコミットメントが生まれるんですよね。それは、前理論的かもしれないけど、ポジションとか複数の準拠集団という考え方もね、そうなんですよねえ。

北田 まあね、まさしく、いまどの問題を解決するか、っていうことに左右されてしまうよね。

岸 そうすると、いろんな語り方があるんだよっていうことを並べるのであれば、僕ができるのはせいぜい『街の人生』みたいなかたちになる。学問すら離れて、純粋に並べたみたいなものになる。

それを学問的な論文にするのであれば、説明はしないとあかん。でも説明を加えるってことはどういうことかなっていうと、なんとなくその辺で「語りの豊穣さ」みたいなところに楽観できないんですよ。

北田 全体として？

岸 うん。理論的というか、まあ。

北田 難しいね。理論って、なんだろうね。

社会学らしい説明

岸 行動経済学ではね、僕もそんなにちゃんと勉強してるわけではないんですけど、なんとなく「あ、このひとたちなりにちゃんと説明してるな」っていう実感がある。ちゃんと仕事をしようとしているな、と。「あ、これたしかにこういうふうにすると、なんかこのひとがこんな『愚かな』選択をしちゃうことの合理的な理由がわかるんだ」みたいな。

北田　うん。

岸　ただまあ、それ以上の対象やったらわかんないけど。やけど、なんか社会学にはそれがなくて。ずっと前から思ってるんですよ。

北田　必要かな？　いやいやちょっと、ちょっと難しいのはさ、心理学って山ほど理論があるでしょ。ピグマリオン効果みたいなやつ。

岸　あるある。でも、あれもおかしいと思うんだよね。

北田　「これは理論なのか⁉」っていうようなのがいっぱいある。

でもさ、そういう個別の語りから理論化して語ろうとすると――そして、実証性にある程度忠実であろうとすると――ある程度のレンジでしか言えなくなっちゃうんじゃないかっていう懸念はあるね。

岸　あるね。あるある。とくに数値化しちゃうとね。

北田　うん。だからそうでないかたちの理論化が必要なんだけれど、いま、まあ社会学者で「ある」って信じてるひとのほうが少ないかもしれない。そしたら社会学って何ができるのって話だよねえ……

岸　まあ、ある種の因果的説明があるでしょ。因果的というか、理由づけするタイプの説明。社会学ってわりとここ二〇年ぐらいでそういう語り方を体系的に除去してきたと思うんですよ。僕がじつはどっかで書きたいなと思って、ただ合ってるかどうか自信がないから書けないんだけど（はじめの対談でも紹介した）野口道彦さんは、部落研究を一挙に社会学化したひとなのね。UCバークレーに留学して、キツセとテニス仲間やったらしいねん。

北田　へえ（笑）

岸　それで、なんでこの野口先生が、その前の部落研究のひとたちと比べてこんなに社会学っぽいんだろうって思うと、因果的説明を一切しないんです。

北田　ふううん。

岸　それまでは結構されてたわけ。歴史学者とか、三位一体論[2]とか。たとえば「前近代の名残が部落だ」とか。共産党なんかもそういう言い方してたけど。そうするとそれは近代化すればなおるはずやと。要するに社会主義革命をおこせばなくなるんだ、みたいな。そうすると因果的説明と処方箋がセットになっていた。部落研究のなかには、そういうの多かった。

野口道彦は、それを全部ひっくり返した。計量的な質問紙調査をして、変数と変数のあいだの相関関係をみたのよ。万能というか、とにかく社会学的な部落研究を全部やったひとで。結婚差別もやってるし質的な調査もやってるし、実態調査もやってるし計量もやってるし、差別する側の社会心理学的な研究もやってるしね。ものすごく象徴的やなと思いましたね。

それで、野口道彦はなんでこんなに社会学的なんだろうなと考えてみると、「あっ、このひと『前近代から近代へ』って言ってないわ、一切」と気づいた。だから、野口道彦は「なんで部落が存在するか」とかいっさい言わない。

北田 うん。

岸 どうしたら差別がなくなるかも、運動論的な文脈以外ではほとんど言わない。近代化すればなくなるとか言わないんですよ。「いまどういう状況にあるか」しか言わない。「あっこれ社会学者がやってきたことやなそういえば」と思ったんだよね。

なんかね、筒井淳也さんが、因果分析を批判してるでしょう。因果じゃなくて相関関係でいいんだ、と。社会学ってなんか、世界が異なるセクターに分かれて、それぞれはぜんぜん状況も違うし話もぜんぜん通じないし、でもその間でなんとか言語をつかってコミュニケーションしていきましょう、っていう世界観があると思うんですよ。

だからね、もし社会学の話法、あるいは理論の新しい可能性があるとすれば、やっぱりそこから出てくるんちゃうかな。

社会学の研究プログラム

岸 学生とか若い院生でも、社会学って何やったらいいかわからん、っていうひとが結構いて（笑）

北田 わからないですよね。

岸 それが社会学のいいとこやっていうひとが多いんやけど。「何でもあり」のところが。

北田 僕はよくないと思う。

岸　僕もね、学問じゃないやろそんなもの、って思う。ちゃんとある程度プログラムが決まっていないと。だから、たとえば、けっきょく「賢い」ひとがエスノメソドロジーに走っちゃうのは、なんとなく研究プログラムがある感じがするからじゃないかな、と。実際にそうだし。

なんかそこに行けば方法みたいなのがあって、前のひとのやり方を真似すれば、なんとなく論文になるっていうような雰囲気をつくってきたのね。だから、やっぱり社会学に入ってきた賢い若いひとがね、計量以外で、読むのに値するものって、やっぱりエスノしかないんちゃうかと思う。これはほんとに、謙虚にそう思います。それだけやっぱり自分たちの方法っていうものにこだわって積み上げてきた。

北田　うんうん。

岸　やっぱりね、東大入ってまで、わざわざ地べた這ってるエスノグラフィーなんか読まんやろ（笑）。読んでも自分ではそれやらないだろうし（笑）

北田　東大の理論系の人がやっても碌《ろく》なものにならないから。

岸　いやいやいやいや（笑）。まあ、やってるひともいますけども。

北田　でも、どうだろう。なんかもう企画のそもそもの根幹に関わってくるところですけどね。ほんと最近社会学ってなんだろうって思う。

岸　なんだろう。

北田　わかんない。筒井淳也さんのやっていることは社会学だと思うんですが。

岸　おお、うんうん。

北田　ただ、社会学っていうより、もっと広がりのある social science って感じがするけど。

岸　そうそう、社会科学ですね。

北田　経済学、社会学、……って、いろんなものを学んだうえでやっている感じがする。じゃあ、筒井さんが何かの社会学理論に依拠しているかというと、必ずしもそういうわけじゃないでしょう。制度論の分析ではギデンズが出てくるけれども、はたしてギデンズがいなければ筒井さんが存在しえなかったかというと、そうではない気がする。だから社会科学者という肩書きがふさわしい感じがする。あんな逸材に誰でもなれるわけじゃない。筒井さん以外にもいっぱい計量社会学のひとはいるけれど、筒井さんは社会科学的な理論背景が強いわけで、統計学をしっかり勉強すれば筒井さんになれるわけではない。というか、統計的手法自体は統計学のひとが専門なわけでさ、社会学者は異なるところでそれを「使わない」といけない。じゃあ、それはどこなのか。

岸　前に冗談で言っていたんだけど、もし社会学がばらばらになったら、計量のひとは経済学で面倒見てもらって、エスノグラフィーはもう人類学で面倒見てもらって、みたいな（笑）。理論のひとは哲学に面倒見てもらって「かいさーん、社会学、解散！」って（笑）なったときに、どこにも引き取られなくて、真ん中に残るものがないんじゃないか、みたいな。それはやっぱり何やってるかわからんところが社会学のいいところや、何でもありなんや、っていうように言われてきたことの、当然の結果だよね。

それはね、前も言ったけど、なんか「脱常識ゲーム」とか「常識破壊ゲーム」っていうふうなのがいいんだ、っていう、ある種の団塊の世代のノリのひとつの帰結で、研究プログラムがはっきり決まってないし、真ん中に、ボディというかエンジンになる理論がない。逆にそれがいいんだって、その、なんか「手法自体を疑うのが社会学の手法だ」みたいなのになってたわけ。

だけど、僕は学生のときからそれがものすごい嫌で、大学生のときにブルデュー読んで『ディスタンクシオン』読んで強力に感動したのが、「差異化」っていうのはやっぱり「エンジン」になってるわけよね。なんかこう演繹的っていうか、「なんしか（とにかく）差異化するんだ、人間ってやつは」っていう、ものすごい普遍的で抽象的な法則から出発して、じゃあ個々の差異化はどうやってやっているのか見ていきましょう……ってな話になっているわけで。

なんか物理学みたいというか、真ん中にある公式っていうか、公理系っていうか、エンジンというか、理論を前に進めるエンジンみたいのがあるように思えた。

なにか駆動するものがある感じがしたんだけど、まあそれがダメだっていうひともおったけれども、僕はブルデューはそこがすごいな、と思っている。構築系のひとたちが書くものにはそれを感じない。まあ、だからといって自分らにも理論があるわけでもないですが。

北田 そうね。

岸 だから僕が合理性、合理性って何度も言ってるのは、ひとつの研究プログラムとして、わかりやすいんじゃないかと思っているからなんですよ。というのは、他者の集団におもむいていって、で、そこで自分とは全然違うことをしてる人びとに触れて、それはもう一見すると不合理なんだけど、それを自分で合理的な行為に翻訳しなさいよっていうふうに言うと、たとえば院生なんかはちょっとわかりやすいんちゃうかなと。

北田 うん。

岸 院生で、地下アイドルの参与観察やっているやつがいたんだけど、「なんでそんな先の見えないことやってるんだ、みたいなことを調べて書けば?」っていうたら、「あ、なるほどな」ってわかるんだよ、それは。人びとがしてることって、必ず理由があるから、それを聞いてこい、と。

だから、まあ合理性で理論をつくろうとしている。つくろうとはしているけど、なんかこう、大雑把すぎるし、なんか頭悪い感じがするよね、なんかそれはそれで。

北田 いや、ぜんぜん。

岸 簡単すぎるっちゅうか。

理論化の難しさ

北田 文化社会学の新刊(『社会にとって趣味とは何か』河出ブックス、二〇一七年。対談収録後に刊行)は、文化社会学ってちゃんと理論的に考えないと、お話にならないよっていう内容なんだ。

岸 ほんとそう。

北田 好きなものを素材に、適当な批評言語つかってなんか説明した気になってるようじゃダメですよ。そのためにひとつブルデュー先生がなにをしているのかよくみてみましょう、という。そういう企画なんで。その意味では、きわめて理論的な意識に立ってやっているつもりではある。
岸　なんかエンジンになるところがあるんですか？「差異化」に代わるような。
北田　いや、そこが弱い（笑）
岸　あ〜。
北田　だから差異化が効いてる趣味っていわれるものとそうでない趣味っていうのがあって、そうでない趣味っていうものの作動原理がどうなるんだろうかっていう分析になるんだよね。でも、それってスカッとしないでしょ？
岸　なんか、対案を出してない感じ。
北田　うん。すっごい、それは感じます。
岸　でも対案出せばいいのかっていう話もあるしなあ。そこが微妙だよね。出したら出したで疑われるのが社会学業界だし。
北田　だったら一九七〇年代までの理論でいいんじゃないか。そういう考え方もあるよね。あるいは、マートンやルーマンを参考に、ある手続きに基づいて、準拠集団を外延的にも内包的にも確定して、そのなかでどのようなコミュニケーションとか、権力関係とか、排除とか包摂がなされているのか、メンバーシップからの排除と、社会的な排除は一緒なのかとか。そういう観点から社会集団を見るっていう視点を共有できると、まだいいのかな。
岸　それは、すでに参与観察がやってないですか？
北田　うん、でも最近の参与観察はあんまり理論的じゃないんだよ。
岸　あ〜。
北田　たとえばさ、たぶんホーソン実験とか、最初に照明の実験から始まって、そのあとは生産効率のことをやっている、「疲労」研究なんだよね。だから、どんだけ休ませたりとか休憩時間とったりとか、集団でやらせるのがいいのか個別のほうが適切か、とかいうことを検証した挙げ句に、最後は人類学者がでてきて、「やっぱり、これってインフォーマルな集団がきいているよ！」とかっていう話になったのは、社会学の歴史をキュッて凝縮した感じがする。

その一〇年間ぐらいのあいだに、いわば人間工学的に、現場のインセンティブとか制度改革の基準を「照明」「賃金」「休憩」「監督」……までなんとかしようとしたあげく、説明の行き着いた先は「ひととひとのコミュニケーション」だった。それで、「で？」っていう話になる。いや、ホーソン実験はとても重要だったんだけど、社会学も一〇〇年以上の歴史があるわけで、最後が「社会関係資本でした」じゃ悲しいわけで、みんなそのあいだあたりの知見が欲しいんだよね。

岸　だから、そこをものすごくドライに行動原理みたいな感じで数値化したのは、最近の行動経済学のあたりなんだろうけどね。でもやっぱり、何度も矛盾すること言いますが、そういう原理とか公式とか公理系をつくろうとする社会学者がいたら、やっぱり疑ってかかるべきなんですよね。ある種の社会問題を扱う社会学にも、万能だけど説明になっていないものがあった。俗流フーコー主義というか、全部権力だ、とか。日常生活の微細なところまでぜんぶ権力が作用しているんだ系の。

北田　マルクス主義は守備範囲が広すぎたし、社会学はそもそもマルクス主義への牽制としてもあったわけだから、当然のことでもある。当然のことではあるんだけど、じゃあなにが、その「骨」なのか。「社会問題を扱うのだ」っていうテーマ設定で売れるのかもしれないけども、社会問題はいろんな学問でできるからね。

岸　なんだろうなあ。

北田　いまだにそう思うんですけど、社会学って、「公正か非公正（不正）か」っていうのを分析する、つまり比較するのは得意というか、制度比較分析とかはまだ経済学や政治学と張り合えると思う。他方で、「どうすればよくなるか」それから「どうすれば発展するか」とか、その発想がないでしょ。

岸　ないよね。

北田　どうやって組織とか集団が成長するのか、その成長のイメージが弱い。だから経済学に頼るしかないんだけど、でも本当はもっとそういう集団についての「学」なんだから、なにかがないと、おかしいよね。パーソンズはそういうことに気づいて「価値」「秩序」

という問題を設定したのだと思う。
　昔はある出来事に関して、ある特定の集団が差別を受けたりとか、そういう状況にあるということはこれこれこういう歴史的な原因があるというふうにいえたわけだよね。でも、いまの社会学だと原因ていうのが容易にはいえないわけで、かろうじて計量分析と制度分析が手をつないで政治学的・経済学的要因とは異なる制度的要因とかを分析することはできる。ある程度の要因はいえるけど、昔のような大きな原因はいえないわけだよね。さすがに。封建制が……とか（笑）

岸　封建制とか天皇制とかね。なんか統一した図式を使うことに対してすごく潔癖。

北田　政治学もそうかもしれない。

岸　政治学もそうだね。

北田　たしかにそうかもしれない。まあ、歴史学なんてわかりやすくね、マルクス主義が根を張ってたからさ。

岸　あれはもう生産段階論でしょう。発展段階論というか。

北田　でもそれへの反論・反抗っていうのはもう徹底的な実証主義、っていう構図だよね。それでいいんだけど。われわれは歴史学者ほど史料を読み解いたり、ディテールにこだわるスキルをもっていないからね。そうすると、やっぱり社会的なカテゴリーがどうやって運用されるのかとか。

岸　そうそうそうそう。

北田　それが運用されることによってなにが生じてるのかっていう話になるよね。でもそれって理論じゃないし。

岸　それ方法だし。理論なしでいくんやったらいくで、それをはっきり言語化するべきだし。もう理論はいらん、と。説明しない、我々は記述するんだ、と。

北田　まあ社会的な相互行為のなかで行われるカテゴリー化とか、意味づけの実践に気をつけて、とかぐらいね。

岸　まあ、模索中ってことですかねえ。

社会学の目的

北田　いや、そうだなあ。すごい暗い話になってきたな。

ええっと、ちょっとこれはたぶんね、岸さんと意味が違ってるからちょっと、その点留意で。比較だと思うのね、社会学の得意技は。制度の比較だと思うんです。

その制度の比較をどう書くかっていうことに関して手法がいっぱいある。ひとつは、まあ筒井さんのように、国際比較なり集団なり時系列の比較をして、その差がなぜ生じているのかということを、適切な変数を探って、適切なかたちで、その因果関係を推定する。

だから制度学としても、社会学っていうのはある。

岸 ある。

北田 ルーマンも基本的に比較のひとだから、自分のロジック一本で、あらゆる社会領域を語れるはずだっていうふうな信念のもとに、やっているわけでしょ。それで何をやっているかっていうと、けっきょく比較だと思うんですよね。そういう意味でルーマンのやっていたのは比較制度分析でもある。その制度っていうのは、経営学で前提とするような「内／外」ではないし、意味的な境界線とかとメンバーシップの境界線がずれていたりして難しいんだけど、基本は比較。

でも、それって何？（笑）っていう話になるわけだ。

岸 やっぱ俺、初学者にはわかりにくいと思うよ。結局、何がしたいのか。

ただやっぱりここははっきりさせておきたいですが、北田さんが制度比較にこだわるのもわかるんだけど、質的調査においては安易な比較には最大限慎重になったほうがいいです。なので、このあたりについては、むしろ比較しないほうがよい、それよりも徹底したひとつの対象を相手にフィールドワークをして、むしろその内部の多様性を描くほうがよいと、何度も言ってます。そこだけははっきりさせておきたい。

北田 比較に目的があるといいのよ。

岸 うん、まあ、そうだろうけども。

北田 たとえば「少子化対策をどうしましょう、どうやったら止まるでしょう」っていうときに、「じゃあ比較をしましょう」って言われると、やる気が起きる。だけど、それがないとよくわかんないね。

岸 うーん。なんか、なんやろなあ。

まあなんか、だから、ネタはたくさんあると思うのね。ものすごく、とくに、この話は繰り返してるけど、やっぱり大学院重点化で博論が増えたし、で、やっぱり博論書くやつは金ないからエスノグラフィーになるし。そういうのが全部、社会学の公理系とか理論を作っていく際のネタになると思ってるんです。その素材みたいなのがものすごく、この一五年で増えた。

北田 うん、うん。

岸 だから、メタアナリシスやるんだったら、そろそろ、その時期ちゃうかなって。稲葉振一郎さんにギデンズの『社会学』ぐらいのボリュームでそういうを本を書けって言うてんねんけど。サバティカル三年くれとか言われて。三年ぐらいやったら俺が養ったってもええよって言うんだけど（笑）。稲葉さんに、全部エスノグラフィーを、全国・全大学の院生紀要まで、全部サルベージして読め、みたいな。嫌だって言われたけど（笑）

北田 そりゃ嫌でしょう（笑）

岸 はっはっはっは（笑）

北田 難しいでしょ、だから、なんか決め文句とか新しい概念みたいなもので、攻めていくっていうのはちょっと難しいよね。

岸 難しい難しい。ていうか、自分自身が、そういう社会学者が出てきたらめっちゃ疑うわ。

北田 たとえば、ジェンダーという言葉が登場してもう三〇年ぐらい経ちますけど、新しい概念を発明してどうのこうのとかいう機会はそうそうない。問題は手元にあるもので、何をする学問なのか、と問うこと。

岸 何を実際にしているのか、だよね。我々は、いま現在、「何か」しているはずだよね。

北田 そっか。だから帰納的に考えていくと。

岸 そうそう。でも俺はほんとはそれは、北田先生とかね、学説史の方々のお仕事じゃないのかなと思うんですけど。俺はもう現場でね、地べた這いずり回ってやっていくのが仕事なので。でも、いま日本語圏の社会学者たちが「実際に何を書いているか」っていうことを、そろそろまとめるべきだと思ってます。特に質的調査。普通の生活史とかエスノグラフィーとして、何が書かれているか。

北田　うーん。そうだな、けっこうだからアメリカの学説史やってて面白いのは、このひとたちがなんでこんな調査しなきゃいけなかったのかっていう経緯が、見えてくるのは面白いし、理論がないって言っているときに、どういうものを理論として想定していて、「ない」と嘆いているのかとかね。

岸　あとまあ実際はあったりするよね、理論はね。

北田　うん、そうそうそう。

岸　背景理論みたいな。

北田　そういうところは、面白いところではあるよね。

岸　まあ、いま必要な作業はそれだと思いますね。

どうすれば他者を理解したことになるのか

岸　それで、理解できない他者の問題なんやけど。何をすれば、理解したことになるのかっていう話。

北田　あっ、そっちを考えたほうがいい。

岸　理解できないっていうときに、どう言うべきなのかっていうことなんやけど、具体的な対象から離れてね、あくまでも理論的なレベルに話を戻すと、やっぱり、最も広い意味においてですが、「効用の最大化」っていうところで考えてるんですよ。得するとか勝つとか、ブルデューみたいにこれで勝つ、みたいな言い方しないけど、なんらかの必然性というか必要性というか、理由はあるわけですよね。それを我々のゲームに翻訳するっていうことが理解するっていうことです。

たとえば、われわれ一般人の感覚で言うと、たとえば生活保護をせっかく貰ったのに、断ってアパートから出て公園に戻ってしまうひとの物語っていうのは、不合理に思える。でも、やっぱりアパートに住み続けて生活保護を貰って暮らすっていうことの「暮らしの全体のあり方」と、公園で住むことを比較したときに、そのひとが公園を選んだっていうことは、なんかそのひとの、そのひとの人生とか生活史に照らしていくと、すごく必然的なことで、要するに理解するっていうことは、そういう状況だったらそうするのが当然だよなみたいな。あ、俺でもそうするかもしらんな、っていうとこだよね。

北田 うん。あのう、それやっぱ効用とか言わんでいいんじゃない？

岸 なんて言えばいいんですか（笑）

北田 デイヴィドソニアンだったら、「その本人の持っている信念と欲求っていうものが行為の原因となっている」っていう態度で行為を分析する、というふうに言ったほうがいいような。

「欲求」のほうがフラットでしょ？

岸 そうやなあ。

北田 ポパーの「状況の論理」もそうだけれども、まあこういう状況にいたら、こういう信念と欲求をもっていればこういう行為・行動をとるよね、って話になる。そういうふうにして理解をしていく。そこで問題となるのは、普通、ある種の信念と欲求というものを帰属できるひとには、その意図を帰属できるんだよ。

岸 うんうんうんうん。

北田 意図を、あるていど読める。本人が意識しているかどうかは別として、「意図」というものをこちらが観察することができるんだけど、できないひともいるんだよね。そこが「理解できない」ということだと思うんだよね。

だから、意図っていうのは行動科学的にはよくわからん。だからしょうがないから、そのひとの信念がどういう信念の布置になっていて、欲求というものがそれとどう絡んでいて、それらが原因となってどのような行為がなされたのかを考えていくっていうことはできるとは思うけど。

岸 そうね。

北田 それでも僕はね、やっぱ意図っていうものを帰属できないひとに対して社会学者が、強く解釈をすべきではないと思うの。

岸 だからそれはほんまにそうやと思う。だけどやっぱり、ケースごとに見ていくとものすごく微妙になってくる。

強く解釈をすべきではないからこそ、「鉤括弧を外す」っていう論文を書いたんです。あれは、対話的構築主義の批判なんですが、被差別の当事者による「差別されてない」という語りをめぐって考えたことがその出発点になっている。当事者が差別されたことないって言った場合、その通りに受け止めると、実際に差別が、すくなくともそのひとにとっては存在しないことになる。逆に、それでも差別の実在そのものを固守すると、こんどはそのひとの語りについて、「いやそれでもやっぱり差別されてるはずだ」という、強い解釈をしてしまうことになる。

私自身が出した、非常に暫定的な、自信のない答えは、「差別という概念の意味を拡張しよう」ということです。この論文はもうすぐ勁草書房から出る『マンゴーと手榴弾』のなかに含まれるので、詳しくはそちらを読んでほしいですが、やっぱり、いろいろ微妙な話があるんですよ。

だから、強い解釈をしてはいけない、ということは、それはそうなんだけど、それにしてもね、じゃあ当事者の意図って何だろうって思う。解釈をしない場合でも、私たちはそれをちゃんと理解して記述できているのかどうか、ということがひとつ。そしてもうひとつは、どのくらいの解釈が「強い」のかっていうのは、研究者が「何を書きたいか」によって相対的で、それこそ相場感覚で決めていくしかないのではないか。

そもそも、「そのひとの意図はこういう意図ですよ」っていうことを我々が記述できるかどうかっていうのって、実はグラデーションになっているんですね。

北田 そうです。

岸 たとえば、通り魔とか、無差別殺人みたいなのは当然わかんないこともあるんだけども。たとえばね、ネトウヨぐらいの話やと、そのひとはなんか在日がすごく悪いもんだとかいうナショナリスティックな信念とか排外主義的な信念をもってて、そういう欲求があって、っていうとたとえば2ちゃんとかツイッターでそういうこと書くっていうことぐらいやったら。

北田 まあ、意図はわかるよね。

岸 統一した記述を与えられんこともない。

北田 うん。理解できちゃう。

岸 その部分だけはね。

だけど、やっぱりトータルとしては理解はできない。信念や欲求のネットワーク全体をとらえることが非常に難しいような気がする。そのとき、僕らが理解できないっていう気がするのは、「生活の文脈を共有できない」っていうことなんですよね。ヴィトゲンシュタイン的な生活形式、その生活の文脈っていうものの共有を、ものすごく真面目に考えたほうがいい。

というのは、たとえばそこだけ取り出すと信念と欲求と行為と意図っていうワンセットがわかるんだけど、でも、そういう信念をなぜ持つように至ったのか。そういうことがわからないわけよね。

北田 あるいは欲求と信念がわかっても、なんでその行為に帰結するのかがわからない。

岸 エクストリームな例でいうと、その意図すらわからないと。そういうことがありますよね。それで、ヴィトゲンシュタインの『ラスト・ライティングス』を読んでいたら、今までのヴィトゲンシュタイン解釈とやっぱり違う感じもすごいしていて。

『青色本』とかぐらいからずっとなんだけど、「痛いふりをしているひとと、実際に痛いひとの違いをどうやってわかるか」みたいなことを書いていて。その文脈から、エスノメソドロジーみたいな議論が出てきていたりする。内的に理解するという図式をやめて、「わかる」ということが達成されていくコミュニケーションに還元していくみたいな感じの議論の仕方で。

北田 うん。

岸 けど、僕は、ヴィトゲンシュタインはもうちょっと違う話もしているんだと思う。これは僕の解釈やねんけど、たとえば、ヴィトゲンシュタインはもう散々、これの違いっていうのは生活様式の共有みたいなところで、我々はすでに、その都度解釈しているんだ。だから、ひとつのケースについて、実は知らなあかんことはすごく多いよっていう言い方をしてるのね。

それで、僕の解釈では、たとえばあるひとがここに突然現れて、誰かわかんないけど「痛い、痛い」って言っている。そういう場合だったら痛がってるふりをしてるのか、本当に痛いのかはわかんないけれども、たとえば仲良い友達とか自分の連れあいだったらわかる、と。俺の連れあいはふだんから胃が弱いから、「お腹痛いお腹痛い」って言ってたら、ほんとに痛いんだなっていうことが生活の文脈でわかるわけ。

でもたとえば、くだらないたとえ話だけど、大学の教務課の窓口で、なんか「痛みを感じてる学生ほど単位が増えますよ」っていうルールがあった場合に、窓口で「痛い痛い」って言ってる学生がいると「それ痛いふりちゃう？」って疑う合理的な理由が出てくるよね（笑）

だから、痛がってるふりしているのか、痛みを感じているのかっていうのは、わりと大きなものを共有するなかで、その都度やっているんだと。それでまあ一個一個の理屈では、それはとうぜん区別はできないんやけど……ということを言っている感じなんですね。ものすごいベタベタな話ですが。

北田 いま思い出したんですけど、岸さんの論文で、根源的解釈とか、概念枠の話が出てきたでしょう。でね、世の中で、社会で生きてて、他者の行為を理解しようとする局面って、異常なんです。

岸 そうそう（笑）

北田 いま、僕は岸さんの言うことを理解はしているし、応答はしているけど、いちいち解釈はしてないよね。立ち止まって「このひと、他にも含意があってこれを言ってるんじゃないか」とかっていうかたちの、解釈はしていないわけです。すると、解釈するときって不自然なことが起こっているわけだよね。その解釈が多ければ多いほど、他者なんだと。

岸 そう、それが他者。だから、日常的な生活文脈を共有していると、そういう解釈はいちいちしないんだけど、たとえば調査にでかけて、それで自分の生活から「遠い」ところで暮らしている人びとの話を聞くと、それは普通にそのつどの解釈をやっていくしかない。そう考えると、やっぱり「強い」解釈になっちゃうときもあって、それが質的調査なんですよ。

「理解できない他者」と安易な解釈

北田 遠い他者に関しては、あの、なんていうかなそのひとの言っている言葉とか、理由とか、そのひとが吐露する信念とかが、少なくとも、「我々」のロジックと同じようには整合的ではない場合がある。

その意味で、たとえば、具体的な出来事とか事件についていて何かを言うのであれば、行為者の責任能力の問題が確定してからじゃないと物を言ってはいけない。

岸 うん。

北田「事実を、どう受け止めるのか」っていうことには、慎重にならざるをえないと思う。そしてそれを解釈していいのだろうかっていうか、解釈できているんだろうか、解釈するに足りる、体系性をもった理由空間のなかに生きてるのかどうか判断するのは、ためらうよね。

岸 他者の合理性を記述するべきだみたいなことを一方で言ってるんやけど、でも、他方でこれも矛盾する話になるかもしらんけど、なんか「マンゴーと手榴弾」のシリーズで書いてるのは、あれは解釈していないんですよね。

北田 うん。

岸 語りの、なんかディテールをぽんと切りとって、並べている感じ。手のひらの上に乗せて、「ああ、こういうことがあるんだ」みたいな。「こういうとき、こういうことあるんだよね」みたいな感じで言ってい るだけで。何かに還元して言ってるわけじゃないし、だから、なんかね。何やってるんだろう俺。

北田 そうだよ。そういう書き方しかできないというか、放り出すしかない瞬間だってある。ただ放り出し方っていうのは、じつは技術が必要なんだよね。

岸 まあ、技術っていうか、たとえば『街の人生』は、あれは自分ではコンセプチュアルな作品だと思ってますけども。あえてそういうことをやってみた、という。

じつは自分の最大の壁がここで、「理解できない他者」に関していうと、なんで壁になってるかっていうとね、自分がやっていることを全部掘り崩されるんですね、こう考えていくと。

さっきの準拠集団の話に引きつけると、たとえば、ただ「沖縄が好きだ」っていうひとつの同じ言葉でも、沖縄の保守派が言うのと革新派が言うのでは、あるいはナイチャーの沖縄病患者が言うのでは意味が違うわけ。そうやって僕らが意味を解釈するときにやっているのは、個人のミクロなその場その場の発言を、一回なんか中間集団みたいなものに結びつけて、そこで「こういう合理性があるんだよ」とか「効用があるんだよ」「機能があるんだよ」みたいな感じで説明することなんだよね。だから解釈や理解できるわけなんだけど、それは要するに社会的背景にいっかい還元するってことですよね。社会的背景に還元して、ここにはこういう因果的な、あるいは因果的じゃなくても何らかの結びつきがあるんだよとか、ある意味でそのひとなりに「得」をするんだ、みたいな感じで言っているわけです。

かつての沖縄研究って、ぜんぶ沖縄的共同性に還元しているのね。あらゆる沖縄の調査結果とかフィールドワークの結果は、「ぜんぶ沖縄的規範だ」と。「沖縄的共同性や」で説明してしまう。他ならぬそのケース、そのひとの行為を説明したことになっていなかったんやけど、じゃあそれは自分のやっていることと何がちがうねん、と。自分では沖縄の共同性を、階層格差という視点から相対化したりしてるつもりなんだけど。

北田 説明っていうのは、なんなんだっていう。

岸 だけどまあ、違うはずだと思ってるわけ。だからそうそう、違うはずだと思っているし、違わなければいけないと思ってるし、違ったやり方は絶対可能なはずなので、まあそこを探しましょうって話なんですけども。ただ、どんな解釈をしても、社会学のなかでは絶対疑われるんですけども（笑）。どうしろと……（笑）

まあだから結局ね、プラグマティックなものをもってくるのも反則なんかもしらんけど、やっぱりオープンな手続きで叩いてもらうみたいな感じでしか、おそらくそれは確保できないだろうけども。まあ、どっかでありますね、やっぱりね。自分の理解が「強すぎる解釈」とどう違うんだろうっていう、迷いみたいなのが常にありますね。

北田 うんうん。思想とかね、哲学とか好きなひとが直接、目の前のできごとをそれで解釈してしまうときに、まあそれが「社会批評」とかって呼ばれるものなんだろうけど、やっぱりね、「病」を感じるんだよね。自分もその病をもっていたのでわかる。だからその病を感じるときに、そのときに、何が助けてくれるかっていうと、ちゃんとエンピリカルなデータを処理する方法を明示できるかっていうこと。反証可能性までは示せないけれど、全体的には整合的であるようにデータを体系化すること。でも、「それはどこに書いてありますか？」って言われたら、学生に説明するの難しいんだけど。本当に紙一重だけど、決定的な違いだと思う。

岸　ほんとそう、ほんとそう。

北田　だから今の社会学がもっている、やり方っていうのは、まあ、非常に、ミドルレンジ（中範囲）なかたちでの因果帰属、比較、それから個性記述っていうんじゃないんだけど、インタビューの場から見えてくる、意味世界・理由空間っていうのを、記述していくこと。まずこのあたりで、問題を整合的に説明するしかないんだよねえ。

岸　まあ、そうやね。まあそのときに公式とか公理系みたいなのがあったらいいんですけど本当はね。理論のね。

「普通の人生」の社会学

岸　まあ、他者っていっても、僕らはそんなに「きつい話競争」をしてるわけじゃない。エクストリームな例を集めてるんじゃないのね。

北田　うん。

岸　特に僕らが今やっているのは、沖縄の階層格差の話なんだけど、僕自身がやっているのは、「安定層」が担当なんで、公務員と教員にインタビューしている。メールでアポが取れるし、話が聞けます。

北田　文章を書くひとたちだからね。

岸　「調査させていただきたいんですが」で通じる。社会学の「生活史」って言葉すら知っていたりするわけ。当然、インタビューするときに、理論的枠組みについても話をするんですよ。これまでの沖縄研究では共同性が前提とされてきたけど、階層格差という視点からそれを相対化したいんです、と言うと、ちゃんとわかってもらえる。「ああ、そういうことありますよね」とか言われる。

北田 それはすごい。
岸 まあ、それもまた逆の方向に極端な例かもなんだけど、そういう、「普通」のところで調査をしたいなと。そんなに極端な、「加害者の心の闇」とかじゃなくて、やっぱりね、僕らが、開放性、公正性みたいなものを確保しようと思ったら、「普通」の人に聞くというのがひとつあるんです。マイノリティも含めてもちろんね、マイノリティも含めてですけど。なんかその、ものすごくなんかどっか遠い奥地に行って絶対に会えない人に会うっていうことをするんじゃなくて。ある程度、たとえば僕も沖縄の調査なんかでいろんな人に聞くけど、まあ大変は大変なんだけど。
北田 うん。
岸 でも、僕が書いた本で、間違ってるところがあるとする。でも、たとえば本土就職した人は、いっぱいおるわけでしょ。本土就職した人いっぱいおるから、僕のほうが間違えてたら、追調査って言うんかな、再調査みたいなのをいくらでもできるので。
まあ、おそらく、ラディカルな人からすると僕の言っていることはすっごい保守的な、権力的なことやと思うねんけど。
北田 ……だろうねえ。
岸 なんかね、あの、うーんなんやろなあ。
北田 追試可能性までは言わないけどもねえ。そういうことができる可能性を担保しておくっていうことは、絶対に必要だよなあ。
岸 まあ、普通のルートで調査をやっても、書かなあかんことはいっぱいありまっせ。解釈もしないといけないし。
北田 普通のルートで研究するっていうことっていうのが――社会学にかぎらず――社会問題を考えるひとたちが、こんなに苦手なのか、ってのは、ここんとこずっと選挙で思うんだよ。
岸 (笑)
北田 どっかに原因を求める。マスメディア、新自由主義、アベノミクス、反知性主義……ってなるんだよ。いやいやぜんぶ違うから(笑)って。そういう冷静さを欠いてしまいがちな学問だよね、社会学は。まだ政治学はポリティカル・サイエンスの人たちが、目を光らせてるので。

岸　基本的になんかその、「普通の市民は洗脳されている」みたいな解釈でしょう。マスコミとかなんかに操られてるんだと。でそれって結局「大衆はバカ」っていうことだよね、それってね。だから、「普通などどこにもない」「普通という概念を疑え」「普通というものは権力作用にほかならない」みたいなこと言う学者って、結局のところはそういう一般の市民を見下してると思うんですよね。

北田　ただね、大衆がね、不勉強なのは本当。

岸　（笑）

北田　不勉強なのは本当なんですよ。知識はない。だけど、バカじゃないんだ。

岸　うんうんうんうん。

北田　かれらなりの世界観の中で、きちっと選択しているんですよ。なんでそれを「大衆はバカ」で理解しようとしてしまうのか、僕にはわからない。というか、「自分たちの言ってることが伝わらないということが理解できない」というのがわからない。それは伝わらなくて当たり前だよ、と。一八歳の僕に家父長制とか新自由主義とか言ったって、納得しないと思う。なんかね、その辺りの感度の悪さがなおらないかぎりは左派は駄目なんじゃないですかね。

岸　なんか、なんとなくハーバーマスの「システムに侵略されている生活世界」みたいな、なんとなくずっと連綿とこう繰り返す感じ。左翼も、社会学者も大衆を馬鹿にする感じの。

北田　うーん。だから大衆蔑視と、権力批判というのかな。権威批判とかがね、いかに権威主義に基づいているかっていうことに、なんでここまで鈍感でいられるのか。本当ここ一年ぐらいで思い知らされるというか、なんでみんなリベラルが選挙で負けてびっくりしているんだろう、って。

岸　負けてびっくりしてるよね（笑）。それで、負けて、絶望してるよね（笑）

北田　「勝つ気だったんだ？」っていう。なにをどう見ても無理だろっていう。

岸　負けて絶望してる（笑）

北田　社会学者が、そういうことが見えなくなってしまうのは怖いな。

岸　あの、さっきの話と繋がってるんやけど、パーソンズとかが保守的だというラベルを貼られたってこととかと。だから、「普通」とか「秩序」ということでも、それを対象にするとなんかすごく保守的で、マイノリティを排除する、ノーマライズするような権力作用だっていうようなことをものすごく言われるのね。だから逆に「普通」っていうことを考える言葉が奪われている。

北田　そうだね。

岸　そもそも、それも存在しないことになって、普通とはなにか、そんな奴は存在しない、とかって言われる。

北田　欧米圏だったらね、ノーマライゼーションとかインテグレーションとかってそんな悪い意味は、もってないわけだけど。日本で、ノーマル化とかノーマライゼーションて非常に悪い言葉になっていたりするわけで。

岸　まあ、全部じゃないけども。

北田　そもそも多文化主義が実現していない社会だから、警戒感を強くするというのはわかる。でも、なんかちょっと怖いですね。ここのところ。昔からね左翼って、大衆と解離してて、解離している自分に悩むのが好きな人たちだから。そこはほっとけばいいんだけど。

岸　（笑）

北田　なんだろうな。社会学にしても、もう壮大な理論がどうのこうの、とかじゃない時代なのに、「普通」を理解するんじゃなくって「なんで、わからないんだ、みんな」で止まるっていうのが、一番やばいんじゃないかな。

岸　まあ一方でね、その「普通」っていう基準を押しつけることで排除されるマイノリティがいたので。

北田　もちろん。

岸　そのへんはすごく危険ではあるんだけど。たとえばさっき言うてはったように、ルーマンがすでに社会システムは作動してるんだって言うのとか、あるいはデイヴィドソンみたいに、すでに理解というのは作動してるんだっていう言い方とか、ものすごく保守的な感じで思われてるというのはなんかありますよね。

僕は小川さやかさんの『都市を生きぬくための狡知』っていう本がすごい好きで。アフリカの都市人類学なんですけど。自分で行商人になったの。実際アフリカのタンザニアやったか、マチンガっていう行商人に自分がなって、古着を仕入れて道路に立って売るわけ。そうするとぼったくりはあるし騙しあいだし、かっぱらいもあるし……みたいな感じなんだけど、でも「全体として秩序が成り立っているよ」っていうことを言っている。すごい面白い本で大好きやねん。それぞれ騙しあいをしてずる賢くて、もう嘘ばっかりつくんだけど、でもなにかその、完全なカオスにはならなくて、「そこそこ」信用できる相手はいるし、「そこそこ」成り立っていると。その「そこそこ」っていう部分が、めっちゃ面白くて。あれはね、もう、経済学や社会学の人がみんな読むべきやと思う。

だからなんかね、それ読んで僕はすごい、痛快というか快哉というか、気持ちよかったですね。上から統制しなくてもやっぱり下から秩序って成り立つんやけど、そのときに成り立つ秩序ってのは、騙しあいとかを含んでるわけよね。そういうのも含んだ、ほどほどの秩序とかそこそこの秩序っていうのが、すでに成り立っているんだっていうことをもし前提にできるとすると、社会学のいろんな問題を解決できるような気がしていて。質的調査の事実性とかね、方法論レベルでも理論のレベルでも。なんとなく社会学っていうのは、秩序が成り立ってることをすごく疑うのが好きだけど。

社会学に何が言えるか

北田 まあ、ある時期からだろうねえ。でも、もともと秩序をつくるための学問だったんだけどね（笑）。

岸 最初はね（笑）。そうそう。だけど、ファシズムに陥らへんぐらいの、カオスも含んだそこそこの秩序が成り立っていることを前提にして理論はつくれないかなと。

北田 そっか。「秩序ってのはファシズムに向かっていく」っていう発想なのか。で「帝国」とか「マルチチュード」みたいな話になるわけね。

岸 そうそうそうそうそう。秩序がそこにあるって指摘するだけで「全体主義」。

北田 でもシカゴ学派の連中なんて、いま岸さんが言ったようにさ、ほどほどの秩序を描くことばっかりやってたわけじゃない？ そこからなんとかこう、本当のほどほどの秩序になっていくにはどうしたらいいでしょうかって、政策提言したりしてた。それが社会学のもともとでしょう。ウェーバーとかのナチス前のドイツの文脈はあれ国民経済学や社会政策学だし、哲学でもあったわけだし。一番社会学が花開いたアメリカだと漸進主義的改良主義者。ほどほどの秩序を求めることがどれだけ切実なのか、という問題に立ち戻ったほうがいいと思うのね。なんだろう、低成長成熟とかの話もそう。あれに社会学者で乗っかる人がすごく多いのは、半分くらいはわかる。だって、社会学って制度比較、公正性の衡量の制度学だから、総量という概念も単位もないしね。だけど、脱成長とかなんとかの話は、経済が解体するとどれだけ秩序が失われていくかを本気で考えていないと思うの。経済だけではなく、法制度も、行政も、自治も。要するに秩序って、努力しないと維持できないはずなんだよね。

岸 ほんとそうだよね。

北田 努力しないと維持できないんだけど、脱成長の人たちにとって今の経済水準がデフォルトになってるんだよね。つまり「秩序がある」ということ——それは経済に限らず、法的・社会的な「秩序」——を、知識人がデフォルトと思っていて、危機を一生懸命見出そうとしている感じがする。その感覚がちょっと、なんていうのかな。ちょっと最近怖さを感じますね。

岸 暴動や事故が起きると喜ぶタイプの知識人、いますけどね。

北田 うん。それもそうだしね。秩序ってなんだろねっていうのを、まあんまり論理パズルの話じゃなくて、ほどほどの秩序ってなんなんだろうとか、考えないとマズいと思う。

岸 そうそうそうそう。

北田 もう、なんていうのかなあ、ほんとにどうするつもりなんだろう？　団塊ジュニアが六〇歳になったら地獄だぞっていうのは明白なのに、成長は要らないとか、あの無責任さを見てると、「ああ、この人たちって日本の高度経済成長による安定みたいなものを信じきってるんだな」って思うんだよね。それに対して、何が言えるのか。経済学は、いろいろと言えることがあるでしょう。問題は、社会学が何を言えるかだよねえ。

岸 一方で、「人権があれば経済はいらん」なんていうことを堂々と言う人がいるんだけど、他方で、なんかその今の社会はもう崩壊に向かってるんだ、みたいな。もうなんにも良くない、なんにも良いことがない。って、まあ大阪なんかほんと良いとこないけどな（笑）

北田 いや、そうは言っても街に出りゃ、普通に暮らしてんだよ。

岸 そう、そう！　そういうことやねん。そう、そうやねん。だけど「普通に暮らしてるんだよ」っていう言い方が、たしかに……

北田 ナチスの前のきっかけになるやつでしょ。

岸 そこだよね。もう、なんやかんや言って、いろんな社会学のいろんな言語が停滞しているところの根本的なところで、なんかあるような気がしますけどねそこにね。

北田 うーん、アガンベンとかもそうだし、うーんと、最近で言うと誰なんだ？　ネグリ＝ハートとか？　あんまり流行らなかったけど流行らせようとしてた人たち、一貫して言えるのは、大袈裟なんだよね。大袈裟すぎて、使いようがない。

岸 大袈裟やねんな（笑）

北田 夜中に、セブンイレブンにプリンを買いに行くと、ゾロゾロと子連れの親がいたりとか、まあそういう「普通」の風景が拡がっていて。そんなに無理矢理「例外状態」を見いだす方が危険だぞ、と。

岸 わははは。

北田 「例外状態」っていうと、たしかに、すごいことだとは思うけど、「例外状態」って終わってみないとわからないっていう面がある。あとやっぱナチスの場合には、そんなに簡単にすんなりいったわけではなくて。決定的だったのはクーデターだからね。まあナチスのほうの話は、適当なこと言うと田野大輔先生が怖いからやめておくけど（笑）

本当にいまの安倍政権が危険だと思うのなら——僕は思う——状況を見失わないために、つまり「普通」といわれるものがもつ暴力性にも敏感であるためにも、「えっ⁉　なんでみんなわからないの⁉　なんで選挙に負けたの⁉」って驚いたり絶望したりしている場合じゃなくて、「ああ、そう思うんだろうなあ。さて、」ってところから分析をスタートしたほうがいい。

岸　僕がすごい尊敬してる、在日の活動家の金光敏さんとか、部落の大賀正行さん・喜子さん夫婦とか、沖縄の大田昌秀さんなんかはね、簡単に絶望しないんだよね。

北田　そうだよね。

岸　そこに、マジョリティとしての僕がのっかると、なんか暴力的になるので、あんまり希望とか言わないようにはしてるんですけど。なんかね、あのへんの粘り強さっちゅうんかな。簡単に絶望しないっていうところは見習ってみてもいいと思いますけどね。社会に対する素朴な信頼ていうんかな。やっぱりその、もう、今まで七〇年負け続けてきたんだから（笑）

北田　そうなんだよ。絶望するなんていうのは、インテリの悠長な言葉だと思う。絶望を繰り返してる左派には「お前らにとって本当は何が絶望なの？」って聞きたい。「大衆がバカであること」？　それこそ愚か。

岸　まあ、「普通」って言葉で排除される人も多いからね。あんまり言えないけどね。

北田　「普通」というかなんというかな。まあただ「普通」というか「ほどほどの秩序」みたいなものがなにかっていうのは、ていねいに見極めておく必要があると思うな。

「普通」はこわい。「普通」はこわいからこそ、「普通」と付き合わないといけない。目をそらしちゃいけない。いや、ほんっとにわかんないのはさ、なんかこういろいろと見てると、なんていうのかな、まあネトウヨはともかくとして、「安倍支持者とかがわけわかんない」っていうひといるけど、「いや、わかるがな」と。だから、賛成しなくてもいいから、まず「わかる」っていう分析作業が、すっとばされているのは気になるなあ。なんか僕よりはるか「右」「保守」方向にいた人たちが、ブワアアアア！　っと、「左」に行ってるから、それが怖い。

なんか簡単に絶望しちゃってるんだよね。簡単に絶望しちゃいけない。

岸　絶望しない。漸進主義的改良主義者でいきましょう。

収録：二〇一六年八月三日、有斐閣会議室

1――トロブリアンド　パプア・ニューギニアの一部で、ニューギニア島の東に位置する島嶼群。著名な文化人類学者のマリノフスキーが長期にわたってフィールドワークをおこなったことでも知られる。

2――三位一体論　かつての部落研究では、部落の構成要素が三つ（系譜的連続性、地域的要素、職業）あると定義的に論じられており、それは「三位一体」と表現された。しかし、その後の社会変動と研究の深化により、三位一体のリアリティは失われ、「部落出身者が誰かという自明性が失われていった」（齋藤直子『結婚差別の社会学』勁草書房、二〇一七年）。

第4章

質的調査と量的調査は対話可能か

岸 政彦
筒井淳也

「ウェーバーやってます」の先に

筒井 ぼくと岸さんはなかなか、普段は会う機会が少なくて、こうして二人で話をするのははじめてですね。たぶんパーソナリティも違うし。

岸 同じ社会学の中でも、ぼくは生活史を中心とした質的調査、筒井さんは計量を使った量的調査をしています。

普段はあまり交流のない二つの分野ですが、今日は、お互いに思っていることを遠慮なく話し合ってみたいと思います。社会調査は、質的調査と量的調査にわかれていると、筒井さんは感じていますか。

筒井 分かれているんじゃないでしょうか。「あなたは質的の人? 量的の人?」という聞き方をしますよね。もちろん、共通点はありますが、質的と量的を両方やる人は多くないですし。

岸 今は学説をやる人ってほとんどいなくて、質的調査が多いですよね。日本社会学会の発表のプログラムを見ても明らかです。

筒井 そうですね。昔は相手の研究関心を尋ねるとき、「あなた誰やっているの?」と聞いていました。今は変わっていますね。

岸 「ウェーバーやってます」って答えたりしていましたね。よく考えたら、「ウェーバーをやる」って謎の言い方ですよね。

ぼくの勝手なイメージなんですけど、質的調査と量的調査で二分されている、という簡単な話ではないと思っています。

現実的には、社会調査というのがガバッとあって、その中に参与観察があって、歴史的なテクスト分析があって、総合的なエスノグラフィーがあって、生活史があって、そして計量があるんじゃないかなと。質と量で半分に分かれるというよりも、いろんな調査法があって、そのうちの一つに量的研究がある。実際にはそういう状況になってますね。

筒井 そうですね。質的調査が増えているイメージはあります。

岸 そこには、いろんな要因があって。たとえば単純な話、質的調査の方が数式を使わずにとっつきやすい。たぶん、社会学に入ってくる人って、「なんでも好きなことができる」ってイメージがあると思うんですよ。地道に計量を勉強するのが苦手なタイプの学生が多いんちゃうかな（笑）

そして、前に『αシノドス』でも書いたんですが、大学院重点化の影響が大きくて、三〇代前半で博士号を取る人が多くなって、しかも博論をそのまま出版することが多くなってきました。

三〇歳くらいでまとまったことを書こうとすると、現実的にフィールドワークが多くなるんですね。だから、社会学は今、質的調査が優勢だと思うんです。

「フィールド」で調査することの意義と評価

岸　筒井さんや、筒井さんが指導している学生さんは、質的調査についてどういうイメージを持っていますか。

筒井　いまの社会学者はよく言うじゃないですか。「あなた、どこのフィールド？」って。

岸　ああ、言いますね。

筒井　「フィールド」というのは「専門分野」という意味ではなく、ここでは「どこの地域に調査で入っているか」という意味ですよね。むりやり僕自身に置き換えてみたら、「カナダと、スウェーデンと、日本と……」みたいな答えになりますね。まぁ、岸さんなら「沖縄」って答えるかもしれませんが。ぼくらのような量的調査・研究をする人には、特定の「フィールド」がない。

つまり、そういう問いかけが成り立つ程度には、「フィールドに入る」ことが質的調査、ということになっていると思います。質的調査をしている大学院生たちをみていると、やはり「フィールドに入る」ことが大前提、そのフィールドの人たちから話を聞いて、そこが抱えている問題を拾い出すのが質的調査だと。

岸　だいたい、そんな感じでしょうね。

筒井　それはそれで、面白いと思うんですが……

学会とかにいくと、フィールドワークのデータを使った研究のなかには「レベルが低いかな」と感じる研究もあると思っています。

岸　おー。それはどのへんですか。

筒井　たとえば、これは研究者だけではなく学部生の卒論などでほんとによくあるのですが、特定の傾向の人、たとえば男性や学歴の高い人、の方がこういう考えを持ちやすい、というのを知りたいという研究テーマを持ってくるんですね。でも、量的調査だとたいてい学生からしかアンケートは取れないわけです。仕方ないからインタビュー調査をします、というのはありますよね。

岸　あるある（笑）。それはものすごくわかりますね。

筒井　量的な方法で決着をつけた方がいい問いに対して、コストがかかってしまうからと、インタビューをする。後ろ向きな動機のように感じます。しかも、論文の最後に「得られた結果は今後量的に検証する必要がある」みたいなことを書かないで、あたかも少数への聞き取りから「男性の方が◯◯と考えている人は多い」みたいな、量的な問いに決着をつけようとするものが、あふれていますよね。

岸　まぁ、ただ、行って見てきただけ、みたいな研究

も中にはありますしね。本来量的な問いなのに、簡単だからという理由でフィールドに行っちゃう。そういう質的研究にレベルの低いものが混ざっていることには同意できるのですが、量的研究にはないんでしょうか。

筒井　もちろん量的研究で、ひどいものをやる人もいますよ。でも、すぐに叱られるんです。

岸　誰が叱るんですか。

筒井　指導教官や、学会発表で厳しくツッコまれます。量的研究はレベルの差がわかりやすい分野です。だから、ある程度の水準を満たさないとすぐ叱られますね。他方で、質的研究だと止める人があまりいないのかって思ってしまうんですが、どうなんでしょう。

岸　若手の社会学者が個人で入ると、マイノリティとか人権の問題や差別の問題が多くて、「そこに入っている」というだけで、発言できるところがありますね。研究としては置いといて「このコミュニティに入れたんだ、すごいなぁ」となっている。

もちろん、一定の基準はあると思います。ぜんぜん

話聞けてへんやん、ぜんぜん現場に入って関係つくれてへんやん、っていう調査をして、それで学会とかでやっちゃうと、おそらく袋叩きにあうんじゃないでしょうか。そのへんは歯止めがきいてるかも。

でも逆に、現場での調査コミュニケーションがすごく上手で、「この人たちに話を聞けて偉いな」で終わってしまうことへの懸念はありますよね。

誠実な人ほど、そういうしょうもない研究でも、「行間」を読んでくれるんですよ。問いの立て方や仮説はダメだけど、ここに書いている記述からいろんなことが読み取れる、という褒め方ってよくあるんです。

筒井 質的調査では、よく見ますね。

岸 質的調査って、けなされ方とほめられ方が一緒なんですよ。「こんなの科学じゃない、文学だ」とけなされ、「人と理解しあって素晴らしい」とほめられる。なんだか、名人芸みたいなところがあって。でも、名人芸じゃだめだと思うんです。記述から勝手に読み取ってくれるんだけど、それはむずがゆいというか。

筒井 「記述しているだけだ」とけなされることもあるし、「その記述は面白い、よくその集団に入り込んだね」とほめられることもあるということですね。

岸 入り込むことで、ほめられることもあれば、入り込み過ぎだとけなされることもある。それと、質的調査だと、自分の師匠と違うフィールドに入ることも多いので、相談なんかしないし、「放し飼い」でやっているのが多いんです。だから、ひどいのが出てきてしまうんでしょうね。

相違点は「正しさ」の定義か、仮説の性質か

筒井 弟子が変な学会報告をして、指導教官が恥をかくこととかないんでしょうか。

岸 よくありますよ（笑）。でも、さっきも言ったように、だいたい指導教官とまったく違うテーマやフィールドでやるので、学会でもぜんぜん違う部会の違う部屋になっちゃうと、目が届かない（笑）

そもそも、質的調査は、一つのことを間違えて、そのことがその場で間違われて軌道修正していくというよりも、もっと広くて長いスパンなんです。

量的調査では、数字が出てきて、この処理はまずいとわかって、そうやって科学になって行くんですよね。質的調査にはそういうプロセスはない。では、質的調査が科学ではないかというと、そうではありません。

量的調査の場合、マートンの言い方でいえば「科学者共同体」が科学的な思想を共有していて、そのなかで揉まれる。そうするとどんどん科学的なものになっていくだろうと。

まあ、そこにはいろんな議論があると思いますが、一般論としては、科学者共同体の中で叩かれていくうちに、最適解に近いものに全体としてはなっていくだろうと。

質的調査にも、いわば「社会調査共同体」みたいなものがあると思うんです。そこには、研究者だけではなく、当事者、活動家、行政、メディアだったり、いろんな人が緩やかにつながっている。そういった人たちが論文を読むことはまれですから、たくさんくだらない論文や報告が出てくるんですが、そのままそんなことを続けていると、後から別のところで叩かれたり、

調査が出来なくなっていく。広い範囲でフィルターが効いているんじゃないかとは思っていますね。

ぼくもずっと質的調査を見てきて、ものすごくくだらない人はやっぱり消えていってます。いま四〇代ぐらいで生き残って前線で活躍してるひとって、ほとんどがみんな素晴らしいフィールドワーカーですよ。なんのフィルターもかかっていないように見えて、かかっているんじゃないかと思います。まあ、いまの五〇代以上はかなり怪しいひとも生き残ってますが……

よく、教科書などでは、「質的はおもしろいけどあやふや」「量的は面白くないけど確かだ」と対比されます。でも、まったくあやふやで自由ではなく、その場で言われないだけで、すくなくとも最近は、意外と規制がかかっていると思うんです。

筒井 じゃあ、質的調査の一団は、自然と流れに任せて進んでいくと、よくなっていくと。

岸 うーん。そう言われてしまうとちょっと自信なくなりますが、まあ、よくなればいいなとは思います。

ぼくは、量的と質的では、「正しさ」の定義が違う

気がするんです。量的な手法では、競合する仮説が複数あるときに、仮説を「減らす」ことをしますよね。ダメなものは棄却していく。たくさんある仮説を減らしていく、一番正しいのが一つだというのが科学的手法としてあると。

筒井 いや、必ずしもそういうイメージではないですね。一〇個あって一つ正しいものを選ぶなんてことはしません。仮説検定の設計上、二つあってどちらかを選ぶことは多いです。仮説検定というのはデータで「白黒をつける」ことなんですね。データがこうだったら白(仮説支持)で、そうじゃなかったら黒(仮説棄却)だと。本当は研究の流れでは白がよかったんだけど、黒だったのならいさぎよく諦める。

このいさぎよさが、我々が自らに課している制約なんです。そこを無理やり白にすることは、まぁ、不可能ではないですが、それはやっぱりいかんですね。

岸 基本的には、検証された仮説を残す、ということをしていますよね。でも、ぼくらは、仮説を減らすのではなく、増やしている気がしているんです。

たとえば、ハマータウンで労働者階級の子どもたちの研究をすると。たとえばこれをアメリカでやると、地域によって階級よりも人種の方が要因として強い、という結果が出てくる。どっちかを選ぶんじゃなくて、このケースにはこんな解釈があるけど、このケースにおいては、全然違う解釈をするのが好ましい、そうすることで「現実」に近づいていく、という感じです。

なんだか、やっていると、限りなく地図をでっかくしていっている感じです。限りなく、実物大で、解像度の高い地図を書こうとしている。地図としては役に立たないんですが。

筒井 質的と量的のつなぎ方に、質的研究から仮説を引き出してきて、量的なデータで検証するという連携の仕方がありますよね。質的研究の成果、岸さんの言い方だと「解像度の高い地図」の中から、検証するに値するような仮説を抜き出して検証するんです。

そういう意味では、量的研究というのは「地図を縮約して世界を記述する」というよりも、世の中で生じている現象の一部を取り出してきて検証する、ということです。この考え方だと、質的研究も量的研究もやっている作業は一緒で、段階が違うという認識も可能です。

ついでに、こういう作業をしていると、質的の人の立てた仮説を量的で研究しようとしたら、その仮説がうまく支持されないってことがよくあります。

岸　そうですね。

筒井　でも、それは質的研究から引き出された仮説が「間違っていること」を意味しません。われわれは「仮説を棄却する」と言いますが、今回のデータからはその傾向がうまく見つかりませんでした、と言っているだけです。別の時代や、別の地域や、別の要因を組み込むとたぶん出てくる。おそらく一部の集団だけ取り出してみると、仮説は支持される。しかし、均《なら》してみるとたぶん統計的に強い効果はない、ということです。

教科書に書かれていないこと

岸　経済学には「金利を上げたらどうなるか」「金融緩和をしたらどうなるか」といったことが教科書に書かれていて、学部の一年生でみんな基礎的知識を身につけます。

ですが、社会学って、定説や基礎的な公理を学ばない。一年生の必修の授業では、だいたい「社会学とはなんなのかわからない」という問いかけからはじまっていくと思うんです（笑）。ぼくは量的の人に、そういった教科書を積極的に書いてほしいと思うんです。ものすごく範囲を限定して、ある特定の時期などでもいいんですが、少子化の原因はこれだったとか、そういった蓄積はあると思うんです。

筒井　蓄積はありますし、ある程度整理されて絞られていますね。

岸　でも、それは、教科書になってないですよね。「質的の教科書って何？」って言われたときには、けっこう出せるんですよ。でも、量的の教科書って、分析のやり方ばっかり書いているんですよ。多変量解析法はこうだとか。

筒井　そりゃそうやろう（笑）。教科書なんだから。

岸　でも、日本で量的調査でこんなことがわかりましたっていう教科書はないですよね。

筒井　ああ、それはあまりないですね。今までそれが作られなかった理由は「（研究の新しい成果を知りたいなら）論文読めばいいじゃん」って思っているからなんですよね。

岸　怠惰な！　なんて怠惰な人たちなんだ（笑）

筒井　でも、学部生が論文を読むことは少ないので、計量社会学の主要分野の到達点はこうなんだという教科書として出そうとしています。

岸　おお、そうなんですか！　それは楽しみにしています。

筒井　ええ、書こうと思えば書けるんですが……すぐ古くなるのがいやなんですよね。

岸　なるほどねえ、まあ、古くなるのは質的も同じで当たり前のことですが、わかります。

筒井　一〇年経過するとすぐに要因は変わっていきます。だから、教科書を書くモチベーションが湧かないんですよね。

岸　経済学も、理論をアップデートしながら作っているので頑張ってくださいよ。ぼくたちが量的に期待しているのはそこなんですよ。「答え」を持っているはずですよね。

筒井　持っていますよ。

岸　一回でええからそんなこと言ってみたいわ（笑）いま、筒井先生の研究で持っている答えってなんですか。

筒井　女性の労働と少子化についてですね。今まで、女性が労働することは少子化につながるとか、つながらないとか、さまざまな議論があったと思います。以前は女性が雇用されると子どもをあまりつくらなくなるというマイナスの関係、最近は逆にプラスの関係があるのでは、と考えられています。これには一応、決着がついています。

つまり、女性が外で働くと子どもは減ります。しかしシカゴ大学の山口一男先生の研究などをみると、育休などの制度を充実させると、このマイナスの効果が緩和されるという結果が出ています。

さらに、ここからはぼくの見方なんですが、先進国で少子化を克服した国というのは、若い人の失業率が高くて苦労している国なんです。

岸　よく聞く話と逆ですね。少子化を止めるためには、若年者の雇用を支援して結婚させると言われますし。

筒井　ヨーロッパの国をみると、若者が苦労しているときにも出生率が回復しているんです。むしろ生活が苦しいから、若い人同士がくっつく。一人で生活していけないから同棲・結婚する。しかもこのとき、女性も働き続ける見込みがないと、カップルをつくらないし、さらに子どもを作ろう、ということにはならない。

岸　なるほど、面白い。たくさんの答えがあるのに、もっとメディアにも発信してほしいと思います。

筒井　うーん。ぼくたちからすると、メディアの人たちに聞かれないから、と言いたくなるときもありますね。新聞社の人から「これ、どうなんですか」って聞かれたら誠実に答えますけど。でも、研究の最前線でやっている人だと、ブログなんかで情報発信する暇がないこともあるし、ウェブに書いたら書いたで叩かれたりするし。タイトルだけ読んで炎上してしまうケースもありますからね。

量的調査のブラックボックス

岸　量的調査の教科書でもっと取り上げてほしいことがあるんです。アンケートを取って、生の声から数値に変えていく際に、調査者の判断が入ってくるじゃないですか。よく、質的調査は、インタビューで相手から話を聞き出して名人芸ですね、みたいに言われるんですが、量的調査にもそういった調査票をどう判断するのか、という名人芸なところがあると思うんです。

筒井　その部分は教科書に書きにくいんですよ。言葉にできない微妙な作業が無数にあるので。

岸　ぼくが以前アンケートを取ったときに、こんなことがありました。屋台のたこやき屋さんなんですが、雇用状態を尋ねる質問で、「正社員」のところに○をしていたんです。たぶん、「一人前の社会人」のような意味で、正社員と答えたんじゃないかと思います。でも、どう考えても「自営業」なので、調査チームみんなで相談して、それを書き換えちゃったんですよ。

質的調査は主観的で、量的調査は客観的と言われますが、量的調査にも人の判断が入ります。学生が、最初に量的調査をやるときに、そういうのってまったくわからないんですよ。処理の方法は書いていても、その前の話がどこにも書いていません。この話は、「量的調査のブラックボックス」という論文に書きました。

筒井 そういう微妙な作業はいつもやっているんだけど、教える立場からすれば、ついつい「体で覚えてください」と言ってしまうところなんです。たしかにその微妙な作業の内容を教科書に書いたら面白いのかもしれんけど、なんだかんだで実際に何回か調査をやったらできるようになる作業なんですよ。

「たこやき屋」のおじさんの職業を「正社員」から「自営業」に書き換えると。多変量解析と違って、そういうのは日常的な常識の範囲内で作業できるやろう、と思ってしまうんです。

岸 それを、どうやって判断しているかって、すごく面白いじゃないですか。

筒井 うーん、そうかなぁ。

問いの重点と「解釈」

岸 やっぱりアレですね、私たちは、問いの立て方が違うと思うんですよね。量的な問いの立て方って「〇〇な人ほど、××だ」ってことですよね。

筒井 そうそう。それと、昔と比べてどうなっているのか、変化も研究します。

他方で、経済学者って性別や学歴、年齢にあまり興味がないんですよね。たとえば、子ども手当をつくったらどうなったかなど、政策で介入して結果どうなったかに興味がある。集団としての異質性・多様性にはさほど興味がない。社会学者はむしろ、集団ごとの人びとの傾向の違いに関心を持つことが多いです。

岸 人がそれぞれのグループに分かれているというイメージなんですね。

あのね、学生の卒論を指導するときに、「居場所とは何か」みたいな問いを立ててくる子がいるんですよ。

筒井 ああ、それは量的には決着がつかない問いの形式ですね。

岸　アンケートをとっても無理だから、「○○な人ほど××だ」という疑問に変更しろ、と指導しています。たとえば、「友達の多い人ほど居場所感がある」とか。これでもまだ大雑把ですが（笑）。それだったら、友達が多いのか少ないのかをどうやって数字にするのか、携帯のメモリが何件入っているのか、とかいろんな方法がありますよね。

筒井　研究自体は量的な研究ですよね。でも、量的な調査を行う前提作業として、質的な作業が必要になる。たとえば「居場所を求めるのはどういう集団か」であれば量的に決着がつく問いです。

しかし「居場所とは」「友達とは」といったことについての理解は違う。なので、調査者が勝手に「居場所」の内容を想定してしまうと、実際に人びとが思い描いている「居場所」とはずれてきてしまって、そうなるといくら厳密に量的調査をやっても的はずれな、妥当性のないデータしか得られなくなる。なので、概念をきちんと理解して質問文や選択肢を作りこむために、質的なインタビューデータを活用するという手順はよくあります。

ただ、それは「量的研究に組み込まれた質的研究」ですよね。さっきから言っている「質と量のよくある関係」。そうではなくて、これはかねてから関心があったんですが、「量的研究で決着がつかない問いの立て方」が質的研究にあるとしたら、それは何なんでしょうか。量的研究の準備やその結果の解釈としての質的研究ではなくて、量的研究ではそもそも答えが得られないような質的研究の問い、ということです。

岸　中範囲の社会問題に、非政治的な意味で「コミット」することがそのひとつだと考えています。

筒井　うーん。それだけ聞いちゃうと、それは量的でもできるように聞こえちゃいます。もう一声お願いします。

岸　「○○な人ほど××かどうか」ではないですね。「Xとは何か」あるいは、「Xであるのはなぜか」という、対象そのものについての問いが多いです。

たとえば、量的調査だと、一〇〇〇人くらいAV女優を集めて、アンケートを取る。「どうして仕事を続けているんですか」という問いに対して、答えが「お金の為に」「やりがいがあるから」みたいなカテゴリーでしか聞けないわけです。

『「ＡＶ女優」の社会学』（鈴木涼美、青土社、二〇一三年）という（質的調査の）本がありますよね。そこでは、ＡＶ女優に聞き取り調査をしていて、彼女たちが仕事を続けていく理由が細かに書かれています。

年齢が行ったＡＶ女優が人気がなくなってもらえるお金も減っているのに続けている。何が楽しくてやっているのか。いろいろあるけど、たとえば、仕事に慣れてスタッフと仲良くなって、仕事に居場所ができてきてやっている面があるんだよ、と、そういう理解の仕方をするんですね。それは、量的ではたぶん無理ですよね。

筒井　無理というよりは、熟練した量的研究者だったら、自分たちでそれを知ろうと思わないんです。それは、質的研究者に任せる。量的研究者ならば、たぶん次のように問いを立てる。「今までは特定の職業は学歴の低い人がやっていると思われがちだったが、量的なデータを取ってみると、そんなことないのではないか」とか、「実は今と昔で違うのではないか」みたいな問いです。それは、量的調査じゃないと絶対把握できないですよね。

ついでにいえば、世間の思い込みと事実が異なるとわかったときには、なぜそういった傾向が現れるのかを「解釈」します。そして解釈自体は検証されていないので、あらたな仮説になります。

話を戻すと、たとえば仮に自殺した人に質問できたとして、自殺の理由について「経済的な理由だった」とか「さびしくて」とか返ってくるかもしれない。でも、そういった「聞かれたら自分でそう答える」ような主観的な理由とは離れて、性別、年齢、世代、学歴、そして職業が自殺行動に影響していることがあると思います。それはアンケート調査じゃないとわからないですよね。自殺率はたいていの国で男性の方が高いですが、かといって自殺の理由を個々の人間から聞き取っても「男だから」とは答えないでしょうから。

岸　問いを限定しているんですね。

筒井 限定というよりは、我々はそっちの方が大事だと思っているんで。それこそ、客観主義と主観主義の話だと思うんですよ。

いくら人に深く聞いてもわからないことってあると思うんです。人間は自分が思っているより、その考え方や行動が、性別、年齢、職業といった要因、量的調査だと基本属性っていいますが、そういった社会的要因に影響されているかもしれない。そんな傾向が実際にあるのかどうかは、量的調査でないとわかりません。

岸 なるほど、「解釈」の意味が違うのかもしれませんね。（私たちは）特定のことを深く理解することが解釈だという認識でしょうね。

「比較」の意義を問い直す

岸 あと、量的の人って、やたらと「比較しろ」って言いますよね。ぼくの連れあいの齋藤直子は被差別部落の研究をしているんですが、学会で発表したときに「在日と比較しろ」といわれたそうなんです。それで激怒していた。

筒井 ああ、たしかに「比較しろ」と言いたい気持ちはわかりますね。

岸 そんな、部落と在日とを比較しろなんて、それ自体がステレオタイプですし、簡単に比較できるわけがない。全然違うものを恣意的に並べているだけになっているんです。

筒井 その問いには意味がないということですね。ですが、不自然な問いではないと思いますよ。ものすごく簡単な理屈なんですが、Aとはそもそも何か、というときに、Bと比較することで、Aと違っていることがわかるのは、日常的な感覚だと思うんです。

岸 全然そんなことないですよ。たとえば、焼き肉が食べたいときに、バナナと比較しませんよね。

筒井 そんなことぼくもしませんよ（笑）

岸 それぐらい、違うものを比較しているような気がするんですよ（笑）

筒井 たとえば、差別A、差別Bがあったときに、なぜそれが焼き肉とバナナくらい違うのか、ということについては、その説明責任はそちらにあると思いますよ。

岸　安易すぎるという感覚があるんです。部落の話題を出しているのに「在日と比較しろ」っていうなんて、それ自体が暴力とすらいえる。そんなこともわからないなんて、説明するのも徒労に思えてしまいます。

筒井　でも、そういった問いが実際に多いんだとしたら、ぜひこっちにもわかるように説明してほしいわけです。レベルの高い質的研究に対して安易に「比較したらどうか」といった質問をぶつけるのはムダであるというのはわかるとしても、もしかしたら質的研究をはじめたばかりの人にとってみたら、比較したらどうなるのか、というのは意味のある質問かもしれませんよね。

ぼくの指導している院生が、中国からの結婚移民の研究をしているんです。まずは、歴史記述をやり、ある程度量がたまってきたら、中国からの結婚移民がどういう理由で移民してくるのかインタビューをしていく。昔は金銭的な問題だったけど、今は日本人の文化的なものに惹かれているんじゃないか、というふうに持っていきたいようです。

そこで、ぼくは、「中国からの結婚移民を調べたら、東南アジアからの結婚移民を調べて、比べたらどうか」というアドバイスをします。これって、よくあることだと思うのですが。

岸　いやぁ、どうでしょう。俺だったらそれは言わないな……。中国からの花嫁と、東南アジアの花嫁を比べる準拠点がないじゃないですか。

筒井　海外からの花嫁というのを根拠にしています。

岸　うーん、なんでわからないんやろ。

筒井　そこが、「壁」なんでしょうね。たぶん、ぼくたち量的調査の人は単純に物事を考えているのかもしれませんが。

岸　比較しろって言うけれど、それは、ベッドのシーツの片方がずれることに似ていると思うんです。三つの隅っこを合わせてみても、残りのひとつは絶対ずれてしまうようなかんじでしょうか。

筒井　うーん。あんまりいい喩えじゃないような（笑）

岸　ライフヒストリーをやっていると、比較することの重要性をあまり感じないんですよ。人生って生きなおせないでしょう。

筒井 そりゃそうやね。

岸　ライフヒストリーじゃなくても、沖縄の本土就職について、比較のためのある一点だけ違うようにして、あとは全部同じ条件でもう一度やり直してください、なんてできないですよね。

筒井 でも、やり直せないから比較するのでは。

岸　特に質的調査をはじめたばかりの人は、比較しない方がいいとぼくは思います。まずはフィールドに入り込んで、その問題を徹底的に調査した方がいいです。二カ所同時にフィールドワークするなんて簡単にできないですよ。一カ所入るのに何十年かかります。ちょっと、人間の能力を超えている。

ぼくは、沖縄の集団就職について調査をして、それだけで一〇年かかりました。でも、その発表をすると、「集団就職は沖縄だけの話じゃないから東北も調べてみたら」というアドバイスが来ます。

筒井 怒られるかもしれませんが、そう聞きたくなってしまいます（笑）

岸　質的調査をやろうとすると、どうしても数に限界があります。そこから解釈していかないといけませんから、いろいろ総動員するんです。『同化と他者化』では、ありとあらゆる本土就職のデータを載せて、間接的な証拠を集めることをしたんですよ。そこからやっとのことでなんか絞り出していくんですね。乱暴な言い方をすれば、ちょっとあやふやなところから手探りでやっていっている。

そこから、比較するために違う領域まで手を出そうとすると、どうなるか。そもそも、比べるものを何にするのかも難しい。ものすごくあやふやなものに、さらにあやふやな比較対象をかけ合わせて、あやふやが二乗されているような感覚があるんです。

ぼくたちは現場でいつも、「お前には何がわかるねん」と言われ続けているんです。一〇年、二〇年かけて、やっと歴史的背景も知れて、関係性もできてきて、話をしてくれるようになった。それなのに、急に「他と比較したら」って言われると、それは違うだろうと、なりますよね。

筒井 なるほど、仰りたいことがわかってきました。だんだん納得してきました。

岸　あと、中国人の結婚移民を知るために、東南アジアの移民を使う、っていう発想そのものが失礼な感じしますしね。沖縄の本土就職にしても、東北と比較しろとか言われたけど、なんかそのへんの「田舎なんだからだいたいおんなじやろ」っていう雑な感覚が苦手です。あと、もし東北と比較できたとしても、今度は四国や九州となんで比較しないのと言われる。あるいは海外の移民と。「なんで○○と比較しないの」っていう問いって、無限に言えるんです。

筒井　じゃあたとえば、うちの院生がこれから長く研究を続けていくとして、安易に比較する方法を取っていたら、もしかしたら、どちらもわからない、となってしまう可能性があるということなんですね。

岸　一つのことを極めた方がいいですね。安易に比較するよりも、ひとつのケースの内部にある多様性を描いた方がいいです。

筒井　そう言われると、我々は「ざっくりでいいじゃん」って思っちゃうんですよね。

岸　ぼくらは、量的な人に答えを出してほしいんです。そのためには、比較しないといけないのもよくわかります。それは、やってほしい。でも、比較するのはぼくたち質的の仕事ではないと思います。

「使える教科書」の要請

岸　ああ、これも言いたかったんですけど、量的の人って、質的研究をしている人を材料提供者くらいにしか思っていないですよね。

筒井　まぁ、そういう人もいますよね。

岸　すごく、質的研究を褒めてくださる量的の方でも、「ここから、仮説を引き出して……」なんていう。「どうせ使ってくれへんくせに！」（笑）って思ってしまうときがあります。

筒井　えっ、そうなんですか!?

岸　そりゃもちろん提供できればうれしいですが……

筒井　そう思う気持ちがわからないですね。その地域、その時代では言えているけど、他の地域では全然言えないことってあるじゃないですか。そこを、量的研究が引き継いでできると考えているのですが。

岸　うーん、質的では仮説を増やして、なるべく、大きな地図を書こうとしているんです。西側の地域ではこう言えた、東側の地域では違ってこう言える、というのでいい。

あとね、ひがみがあるんですよ。ぼくの調査の結果を誰も仮説として使ってくれない（笑）。使ってほしいのに……（笑）

筒井　まぁ、たしかにわれわれは「使いやすいやつ」をやってしまうんですよね。立派で分厚いエスノグラフィーの本から「つまみ食い」するわけにはいかないので。厚みのあるエスノグラフィーから仮説をつまみ出そうとしても、ひとつつまみ出すと一緒にいろんなものがついてきそうですしね。

岸　そりゃそうですね。「そんな簡単に仮説として使ってええんか。いろいろ、くっついてくるで」って思っちゃうんですよね。でも、矛盾するようだけど、もっと使ってほしいすばらしい調査っていっぱいある。このあたり、そもそも分断されてるんですよね、量と質が。

筒井　それは、不幸な分断ですよね。いい研究があってもどれがいい研究かわからない。一方で、ぼくたちにも、沢山の蓄積があるんです。それは、質的の人にどんどん使ってもらいたいと思います。でも、なかなか伝わらない。もったいないと思いますね。

まぁ、ある程度は仕方ないのかもしれません。質的調査の人が複数のフィールドに同時に入りにくいとすれば、たくさんの量的手法を習得しつつ、質的にも立派な調査をするってのはなかなかできません。人間には限界がありますから。

岸　だから、ぜひ量的の人にはどんどん教科書を出してほしいと思うんです。

筒井　そうですね。必要ですね。

岸　あと、やっぱり、質的調査って何の役に立つのかって問われていると思うんですよ。ぼくは昔、「黒木のなんでも掲示板」（第1章注4）で活動していた時期があったんですが、そこで経済学や理系の人たちから「社会学って何してるの？」ってよく言われたんです。

筒井 ああ、それ見てました。ぼくは書き込みませんでしたが。

岸 そこで、他のディシプリンのひとからみて、社会学は何の役に立つのか、すごく考えるようになりました。ですから、フィールドワークをちゃんとまっとうな実証的な科学として、社会問題を蓄積していく学問にしていきたいんですね。

ちょうどぼくもいま教科書を書いているのですが、このエスノグラフィーの結論はこれです、こっちのエスノグラフィーの結論はこうでしたと、それぞれの結論を簡単な仮説のかたちにして並べていきたいと考えているんです。結果を出していかないとダメだと思うんですよね。そして、量的の人もそれをどんどん仮説として使ってもらいたい。なんかさっき言ったことと矛盾してますが……

筒井 そうすると、質的研究の同分野の人からは「単純化しすぎ」という批判があるかもしれませんね。

岸 必ず言われるかもしれませんが、いいじゃないかって思うんです。単純化してやろうと。質的調査ってなんか名人芸というか職人芸というか、魔法使いのようなイメージがあると思うんですよ。フィールドに入り込んで、なにか一子相伝の不思議な技法のインタビューで、相手の心の奥底にある話を聞き出してくる、みたいな。

筒井 そのイメージは変わっていないですよ。一〇年続けてフィールドに入ってやっと心を開いてくれる、とさっきおっしゃっていて。やっぱりそういう世界なんや、って。

岸 統計だって訓練を積むでしょう。

筒井 まぁ、五年はやんなきゃ外に出しちゃダメ、と言われることもありますが。

岸 一緒なんですよ。当事者に寄り添ってとか、主観に入り込んでみたいな話ではないんですよね。

だから、教科書を書いて、質的調査を世俗化して使いやすくしたい。いい調査は結論もしっかりしていますから。難しい話ではないと思います。

収録：二〇一四年一〇月一七日、バー「ソンリサ」

第5章

フェイクニュースに騙されないための《社会調査》のすすめ

岸 政彦
筒井淳也
進行：荻上チキ

「量的調査」と「質的調査」とは？

荻上 本日は二人のゲストをお招きしております。まずは家族社会学と計量社会学がご専門で、統計データから社会を読み解く「量的調査」を行っている、筒井淳也さんです。よろしくお願いします。

筒井 よろしくお願いします。

荻上 もうお一方は、沖縄、被差別部落、生活史などがご専門で、当事者にじっくり話を聞く「質的調査」を行っている、岸政彦さんです。よろしくお願いします。

岸 よろしくお願いします。

荻上 まずは筒井さん、フェイクニュースやネット上のデマなどに注目が集まる最近の動向をどうご覧になっていますか。

筒井 以前から量的調査を行う研究者の間では、統計データを正しく読み解く能力、いわゆる「リサーチ・リテラシー」の重要性は指摘されてきました。最近は、「フェイクニュース」という言葉にもあるように、情報に対する不信感はより増していると思います。データの裏取りをする「ファクトチェック」という動きも注目されていますが、日本の報道界ではそれができる記者は限られている印象があります。取材による裏取り同様、統計に関する事実確認もしっかりできるようになるといいですね。

荻上 岸さんはどうでしょうか。

岸 ネットで広がる情報というのは、非常に単純化されてしまっている印象を受けます。全部こいつのせいだ、こうすれば全部良くなるんだ、という流れになってしまっている。そうではなくて、一人ひとりにちゃんと話を聞いてみれば、一つの事柄についてだっていろいろな事実があるんだという発見があります。僕が質的調査を通して発信しているのは、「物事をより一概に言えなくしていく」ということなんです。もっと「世の中いろいろなんだ」という見方を大事にしてほしいなと思います。

荻上 今お話に出てきた「量的調査」と「質的調査」ですが、この二つはどのような調査なのでしょうか。

筒井 イメージしやすいと思うのは、政府がやっている国勢調査です。一軒ずつ家を回ってアンケートに記入してもらうというもの。社会学者が行っているのは、それよりもっと詳しい内容を聞いていくもので、一〇ページくらいのアンケート用紙の中で、職歴、学歴、所得、その人の意見などを聞いて、データを数値化し、「こういう人はこういう傾向がある」ということを明らかにしていきます。

岸　僕がやっている質的調査は、フィールドワークでも、参与観察でも、インタビューでも、基本的には直接人に会って話を聞くことだと思っています。そういう意味では、量的調査で直接アンケートに答えてもらうのと大きな違いはないかもしれませんね。

荻上　筒井さんはどんな調査を行ってきましたか。

筒井　日本の計量社会学者が行う最も大規模な調査である、「社会階層と社会移動全国調査」（SSM調査）というものがあります。一〇年に一度行われ、一回の調査に数千万円のお金をかけて、一万人分くらいのデータを取るんです。

他にもいくつか大規模調査がありますが、こういった社会調査から何がわかるかというと、たとえば、最近は恋愛結婚が大多数を占めてきて、お見合い結婚が五パーセント程度になっているというデータが出ています。しかし、恋愛結婚といっても必ずしも親が口を出してこないとは限りません。親が相手の職業や経済状況を気にして反対する場合もありますよね。

なので、もう少し詳しく調べるために、「恋愛結婚かお見合いか」という項目のほかに、「親がどれだけ口を出してきたか」という質問も入れたんです。すると、男性よりも女性の方が口を出されているという結果が出ました。やはり、男性が稼いで女性は家に入る、女性の幸せは結婚相手にかかっているという考え方が根強いんですね。つまり、まだまだ日本はピュアな恋愛結婚になりきれていない。

また、親が結婚に口を出してくる場合、おそらく相手の出自や家柄を気にしているということもあると予想されます。言ってみれば結婚差別が強く残っているなと。ただ、そう解釈はできても、差別意識があるかどうかをデータで確かめるにはなかなか踏み込めないところがある。ここは量的調査の限界だと思います。

岸　結婚差別の問題についてずっと質的調査を続けている齋藤直子という社会学者がいるのですが、被差別部落出身の人びとにひたすら会って生活史を追っていくうちにわかったことがあるんです。それは、いまだに部落の中では結婚するうえで親の意見がものすごく強い。結婚差別とはそもそも親が子どもの結婚に口を出すということです。日本は個人主義になってきていると言われていても、実は結婚に関しては家族主義的な傾向が強いのかなと考えたときに、筒井先生が本の中でそのことを書いてくれていて。社会に関する一つの知識を見出した瞬間でした。やはり、量的調査と質的調査は一緒に共同して作業できるものなんだなあと思いましたね。

その時代の統計はその時代にしか取れない

荻上　筒井先生は家族社会学の研究をされていますが、「少子化対策はどうするべきなのか」「なぜ少子化が進んでいるのか」についても、量的調査で研究されているのですか。

筒井　そうなのですが、なぜ少子化が進んでいるのかについては、これまで蓄積されたデータの中からはわからないところがあるんです。

たとえば日本の少子化は一九七〇年代から始まっていて、結婚しない人が増えたことが第一の原因です。ただ、そのときに、なぜその人たちは結婚しなかったのかについてきちんと聞いている調査はないんですね。一九八〇年代後半になってようやく聞き始めたのですが、今から当時のことを思い出して書いてくださいというのも難しい。その時代の統計はその時代にしか取れないんです。

今は使えないと思っていても、将来使えるかもしれませんし、ファクトチェックをしたいときにできないとなると困ります。一回の調査をするにはお金もかかりますし、個人情報の問題もありハードルが高くなっていますが、より多くのデータを蓄積していくためにも、今一度、調査環境を見直さなくてはいけません。

荻上　量的調査は「比較する」ということが本質なのに、

よくメディアでは現在のデータを取っただけで安易に「○○化する若者」と言っているのを見かけます。このような報道にも注意が必要ですね。

少子化対策としては、調査を重ねていくうえで必要な政策はある程度絞れてきているのでしょうか。

筒井 まだそこまでは収束していないですね。典型的には、やはり日本は性別分業社会なんだから男性の雇用を安定させるのが第一だ、という意見があります。

しかし、一九八〇年代の欧米社会を見てみると、男性の失業率が非常に高かったのにもかかわらず、比較的、出生率が回復した国が多いのです。つまり、自分一人では生活していけないので共働きにならざるをえなくなっていく。そこで子育て支援があれば出生率が上がっていく、という転換が生じるんです。結婚のメリットが相対的に上がったことが原因です。日本社会はそっちにいくべきだと私は思っているのですが、なかなか転換は難しいですね。

荻上 政府は「一億総活躍」を掲げて、なおかつ保育所問題にも取り組もうと動き出してはいますが、手遅れではあるけれど、しないよりはマシなのでしょうか。

筒井 お金の使い道としてはもう少し思い切った方がいいでしょう。日本でありがちなのが、お金を小出しにするんですね。もっと大胆にお金をかければ意外とうまく変われるのですが、難しいのでしょうね。

一概に言えなくしていく

荻上 岸さんはどういう調査をされているのですか。

岸 現在進めているのは、一昨年くらいから始めた沖縄戦体験者の方への聞き取りです。今のところ、学生や他の研究者とも協力して四〇人くらいに取材して、具体的には戦後どのように暮らしてきたのかについて聞いています。というのも、戦時中の体験については県内でも多くの記録が残っているのですが、戦後についてはあまり聞かれてこなかったんです。

考えてみれば、戦争を生き延びた方がたの努力が、今の一四〇万人の沖縄を作っているわけですから、戦後の沖縄の生活史についても、今のうちに記録を残しておきたいと思っています。いま筒井先生が言われたように、将来それを知りたいと思っても、当時行っていない調査は永遠に残らないわけですから。僕ら社会学者がジャーナリストの方がたと違うのは、一回一回の調査を商品にしなくていいということだと思っています。だからこそ、一〇年、五〇年という長いスパンでなるべくたくさんのものを残したいという気持ちは強いですね。

荻上 研究者がバトンリレーのように、自分の研究をしっかりやりきって次の世代の研究者に託すということをされているのは、理系だとイメージしやすいかもしれませんが、社会科学の分野でもそういう面が強くあったりするんですよね。

聞き取りの際に、意識すべきことはありますか。

岸 いや、僕は自分のインタビューが上手だとは思わないですし、コツとかはわからないですね。ただその都度、誠実に聞くしかないんじゃないでしょうか。僕自身は、「本当の語りを聞き出してやる」みたいなことはまったく考えずに、たまたま出会った方にありがたくお話ししていただく、という感じでやっていますね。

荻上 質的調査の場合は、結論としてこれが明らかになったとか、こういう政策が必要だとか、導き出せるものなのでしょうか。

岸 僕個人の考えとしては、質的調査で生活史を聞くときは、新しい事実の発見を目指さなくていいんじゃないかと思っています。

たとえば、以前調査をしていた沖縄の階層格差の問題でいうと、ジニ係数を見てみると格差が大きいことが示されているんですね。貧困で生きていくのが精一杯という方もいる一方で、琉球大学を卒業して公務員になって安定した暮らしを送っている人もいると。しかし、安定している人も決して楽をしているわけではないんです。どんな人でも一生懸命生きている、それを描けたらいいんじゃないかと思うんです。一人一人の事実をとにかく積み重ねていくことが大事だなと思います。

荻上 一方で、岸さんは『同化と他者化——戦後沖縄の本土就職者たち』（ナカニシヤ出版）という本の中で、「沖縄は基地があったから経済的に発展した」という説に対して、データを使って否定されたりもしていましたよね。

岸　はい。あれはまず、沖縄戦を経験した方にインタビューしたところ、復帰前はものすごく景気がよかったという話が多かったんですね。それで数字と照らし合わせてみると、実際にほとんど完全雇用の状態だったことがわかった。質的調査から明らかになったことが量的調査の結果とぴったり一致する瞬間は、ほんとうに楽しいですよね。

ダメな調査って？

荻上「ダメな調査」というのはどんなものだと思いますか？

筒井　基本的に、メディアが行う世論調査などはダメなものが多いという印象です。なぜなら「こういう結果が出てほしい」という願望があるから、質問の仕方によって誘導してしまう可能性があるからです。また、調査のプロセスがきちんと示されていないものが多いので、真偽の判断ができない。

ただ、量的調査は意外と難しいところがあります。たとえばアンケートの質問項目の中で聞いておくべきポイントが抜け落ちていたり、回答に困るような質問が入っていたり。プロの研究者でも間違えることがあるんですね。

僕も一回、大きな間違いをしたことがあります。それは女性の職業に関する調査だったのですが、「正社員か非正社員か」だけでなく、「正社員の中でも一般職なのか総合職なのか」、どちらかを選ばせるような質問をしたんです。ところが返って来た結果を見てみると、多くの人が未回答だったんです。というのは、一般職と総合職の区別がない企業で働いているケースを見落としていたんですね。

ですから、アンケートを作るときに一番大事なのは、想像力だと思います。対象者の生活をある程度思い浮かべないといけない。

荻上　土地勘みたいなものですよね。アンケートを作成する際には、当事者やその世界のことを知っている人に話を聞いたうえで一緒に項目を作成していくと、よい量的調査になる。一方で、メディアの人は記者目線でアンケートをとることが多いですよね。

筒井 お金をかけて調査をする場合はプレ調査といって、事前に何人かにヒヤリングを行ったうえで、対象者が迷わず答えられるような質問項目を作っていきます。ただ、お金や時間がないと難しいですよね。

荻上 誰に聞くかという問題もあります。ときどき、有名な大学教授の方でも「私のゼミ生五〇人に聞いた結果、今の若者の傾向は……」なんて言っていることもあって、一体そのゼミ生が若者全体の何を代表しているのかと、げんなりします。

岸 それは、そもそも代表性という概念をちゃんと理解しないと浮かんでこない疑問ですよね。つまり、その調査自体を疑う。それができるのが、量的調査を学ぶ一つの利点だと思います。

一方で質的調査というのは、代表性がもともとないんですね。ただ、描き方には注意が必要です。たとえば貧困をすごく悲惨に描いてしまうとか、戦っているたくましさを際立てて描いてしまうとか、描くスタイルがすでに決まっている調査や作品は、読んでいてもったいないなあと思いますね。あるいは、逆に構築主義者の、ごく一部の方で、差別と戦ってきた経験を語る人に対して「それはありきたりのモデル定型的なストーリーだからダメ」と言う人もいる。でもそれはそれで、一方的な解釈のゲームになっているところがあるんです。もちろん、研究者の解釈を完全に除外するのは無理ですが、なるべく一概には言えなくしていくことが大事なんですね。

荻上 特に質的調査では、調査をする人の価値観がより反映しがちな面があるので気をつけないといけないですね。

岸 どれくらい現場を見ているかによると思うんです。わかりやすいストーリーに落とし込んでいく人は現場をあまり見ていないような気がします。深く関わっている人ほど、簡単な語り方を絶対にしないんです。

荻上 たとえば弁護士の方が、自分の事務所に相談しにくる人の傾向だけを見て発言している場合もありますが、自分が社会的にどう見られているかによって、すでにサンプルが変わっているんだということも考えないといけないですよね。

岸さんがこれはダメな聞き方だ、と思うことはありますか？

岸　うーん……逆に教えてほしいくらいです（笑）

ただ、学生にいつも言っているのは「一問一答になるな」とかですね。『質的社会調査の方法』（有斐閣ストゥディア）に詳しく書いたのですが、大切なのは「ピントを合わせない集中」だと思います。その時々の語りに集中するんだけど、同時に全体も見る。また、あらかじめインタビューの準備はするのだけど、その場になったら全部捨ててアドリブでやりなさい、とも言っています。

荻上　これまで質的調査をする中で「これは失敗したな」と思ったことはありますか。

岸　失敗とか成功とか、あまり考えたことはないですね。もちろん人間対人間なのでトラブルはありますが、それでも毎回、勉強になったな、いい話聞けたなと思っています。ただ、ここ二〇年くらいの社会学では「語りはストーリーだから事実じゃないんだ」ということを言い過ぎてきたので、これからは愚直に事実を蓄積していこうよ、と言っていきたいですね。量的調査をされている研究者や、歴史学者の方がたとも一緒に研究を進めていきたいです。

社会調査を学びたい人におすすめの一冊

荻上　ここからはゲストのお二人に、社会調査に興味を持った方のためにおすすめの本を一冊ずつ紹介していただきます。まずは筒井さん、いかがでしょうか。

筒井　量的調査に関する本は教科書だけでも一〇〇冊はあるかと思います。その中で、とっかかりとして読みやすそうなものといえば、谷岡一郎さんの『「社会調査」のウソ――リサーチ・リテラシーのすすめ』（文春新書、二〇〇〇年）という本です。

統計の嘘を見破るためには、やはり統計を学ぶしかないです。そして、「意外と調査って面倒くさいんだな」「こういうプロセスで調査をするのか」と、内実をある程度知る必要があります。それを含めて学ぶことのできる本だと思います。

荻上 嘘を見破るためにしっかり調査するのは意外と大変で、だからこその発見のすばらしさに気づかせてくれる一冊ですよね。岸さんの推薦する本はいかがでしょうか。

岸 上間陽子さんの『裸足で逃げる――沖縄の夜の街の少女たち』（太田出版）という本です。これは今年（二〇一七年）に出版されるエスノグラフィーの中でも大事な一冊になると思います。沖縄に住むシングルマザーやキャバクラ嬢など、非常に厳しい状況の中で生きている若い女性たちの姿が描かれています。ただインタビューをしているというより、彼女たちと共に暮らした記録なんです。

登場する女性たちは経済的にも厳しい状況だし、暴力に満ちた地域や家族の中で生きているのですが、この本の描かれ方は「かわいそう」でも「たくましく頑張っている」でもないんですね。非常に深刻なエピソードを重ねながらも、ものすごく描き方が優しいんです。被害の話よりも、一五、一六歳の女性がその中でどうやって一歩を踏み出し、今を生きているのかが書かれています。

それに、これは沖縄で行ったフィールドワークなのですが、上間さんは女性たちの中に深く入り込んで、関係性をしっかり作ったうえで書かれているので、普遍性が出ているんです。沖縄だけの話ではなくて、世界中でこういう女性がたくさんいるんだろうなと思わせる本だと思います。

荻上 リスナーの方からこんな質問が来ています。

「私は美容室で働いていますが、お客さんとの会話の中から学ぶことが多々あります。特に、戦争を体験した方から体験談を聞くことがあります。お店に何度も通っていただくうちに信頼感が生まれ、お客さんから何気なく話をしてくれることが多いです。こういった会話を社会調査として成り立たせるためには何が必要でしょうか？」

岸 すばらしいです。ぜひ、自分だけのノートにでもいいので、書いて残しておいてほしいです。僕はいつも学生に、自己流でいいので、出会った人びとや自分のおじいちゃん、おばあちゃんから生活史を聞いて、とにかく書き残しておくように言っています。

荻上 まさにこのメールの方と同じような状況で、介護現場で働きながら聞いた話をまとめた『驚きの介護民俗学』（六車由実、医学書院、二〇一二年）という本があります。これもすばらしい本です。ぜひ、聞いた話を書き留めることから始めてみてほしいですね。

他にも、こんなメールが来ています。

「ネットを利用した社会調査は、信用に足りる結果を導き出しうるのでしょうか？」

筒井 やり方によります。とにかく、正しい情報を導き出すには、お金も時間もかかるんです。とりあえず、ネットなどによる調査結果が出てきたときにやってほしいのは、判断留保です。ひたすら、データが蓄積するまで待つことが大事だと思います。

荻上 最近は「スローニュース」といって、ゆっくりニュースに触れ合おうという提言もされたりしています。研究者によるデータを待っても遅くはない場合もたくさんありますからね。そうした意味では、自分が調査をしていなくても、調査は意外と難しいんだと知っておくことも大事かなと思いました。筒井さん、岸さん、ありがとうございました。

収録：二〇一七年三月一三日、TBSラジオ

第6章

社会学の仕事の実際

北田暁大
筒井淳也
ゲスト：前田泰樹

「社会学は何をやっているのか」という問い

北田 しばらく論壇向けの仕事を多くやった時期があって、そのあとでアメリカの社会調査の歴史に興味を持ち始めたんです。調査というのは、歴史的な分析対象としては面白いと思ってきたけれども、同時並行で『社会にとって趣味とは何か』（河出書房新社、二〇一七年）の調査を実際にやりながら、やはり調査というものが社会学の中心にあるだろうと。

筒井 なるほど。

北田 とはいえ、私はどうしてもフィールドで調査をするのが苦手なので、やってはいますけれども、岸さんのような感じにはとうていできない。そういう状況のなかで社会学ってなんだろね、という話から岸さんとの対談を始めたと思うんですね。

考えてみれば不思議な学問と周りから言われても仕方がないというか、就職活動のときに学生がみんな苦しむ、っていう話がありますよね。

筒井 「大学でどんなことを学びましたか？」って、絶対に聞かれますからね。

北田 「何それ？」って（笑）。考えてみれば学問の扱う範囲を対象で縛ることもできないし、方法もいま量的、質的、あと理論とか学説史みたいなところまで大きく裾野が広がっている。けれども、それも果たして共通理論みたいなものを打ち立てられるかというと、ちょっとそれも違うだろうと。

筒井 そうですね。

北田 共通理論をつくろうとした人は何人もいるんだけれど、実現できそうにない。そういう認識が共有されてきたわけで、それはそれで悪くないという気がするんですが、ともかく扱う範囲を絞るのが難しい。対象で縛るのも難しいし、方法縛りもやはり難しい……というわけで、難しいし、理論で縛れるかというとそれも学生さんたちに「社会学ってなんですか？」と聞かれたときに答え方に迷う、という類いの問題がある。

それに対して「とりあえず、やってから考えようよ」とか、あるいは「誰それの背中を追いなさい」みたいな言い方をし続けるのでは、さすがにちょっと無責任なのではないかと思う、そんなお年頃にさしかかってきたと思うんです（笑）。伝承可能な通常科学とまでいうと強すぎるかもしれないですけど、これまでバラバラに見えていたものの共通点とか、協力できる場所はどの辺りか、というところで社会学という学問をどういうふうに展開していくのか。

こうした問題意識に対して、共通点をこうしましょうみたいなことを話し合ったというのが、岸さんとの最初の対談でした。そこで「普通」の学問としての社会学という言葉が出てきています。メディアで活躍する社会学者もいましたが、それはほんの一握りで、実際には共同的な研究や調査というのを主流とする学問だったと思うんですね。たとえば、東北大学なんかは典型的ですけど、それと理論や学説史がワンセットになっているというイメージです。そういう伝統的な流れの中に、自分たちの研究をもう一回位置付け直さないと、ちょっと歴史的蓄積と切れてしまうような気がする。そこを少し埋めていく必要があるんじゃないの、ということが、まず一つですね。

それから、社会学がこのままなんらかの形でまとまりを見せたとしても、果たして将来も今やっていることと同じことをやっていくのでいいのだろうか、と。大学の中は人文社会系でいろいろと動きがあり、最近もけっこう話題になっていましたけど、そういう研究の居場所がきわめて限られてきている状況のなかで、社会学独自の持つ固有性とは一体なんだろう。かっこ付きの「普通」の学問としての社会学というものがあるなら、どんなものなのか。そういったこともざっくばらんに話してきました。少なくともそれは、なんかの理論を携えてばさばさと世の中の現象を切っていくというタイプのものではない。

調査から浮かび上がってくるものにおもしろみを覚える読者が、岸さんのおかげでだいぶ増えた感じもしますし、いまが狙いどきなんじゃないかという感じがしているんですね。そのときに異なる理論や方法とかを背景に研究している人たちの間で、どういう連携可能性があるんだろうか、と。そういうことを今日お話しできればな、と思っています。

総合社会調査の視点

北田 まずはざっくばらんに筒井さんの現況というか、社会学を取り巻く状況についてどんなふうに見えているか、うかがえますか。

筒井 私もそんなに大局的な視点で動いているわけではないんですね。というのは、私がやっているような社会調査というのはとにかく資金ありきで動いているんです。だから、たとえば来年度の科研[1]をどうしようか、とかそういうことを私たちはまず共通して考えているわけです。このあいだ、ちょうど調査仲間と飲みにいく機会があったんですが、みんなそれぞれ悩みを抱えながら調査をやっているんですね。もちろん、最初は何か調査をしたいということで、そのために資金を取ってくるんですが、そのうちに継続すること自体が目的になってしまうことがある。つまり、いかに資金を取ってくるかというのが目的になって、なんのために調査をやっているのかがわからなくなる、というのが実は我々のような研究にはよくあるんですよ。

特に大人数のメンバーと大きな資金を動かすプロジェクトだと、そこに継続性を求められるということもあります。このタイプの調査は、いわゆる総合社会調査といわれているもので、特定の仮説を検証するためにやっているというよりは、幅広く情報を得るために行われる調査なんですけど、それが結局は何をやっているんだろうみたいなことになる。

そこで何をやっているかというと、その総合社会調査を行った結果に対して研究メンバーがそれぞれの好きな質問項目をピックアップして分析するんですね。でも、そのやり方で続けていった結果として世の中はどうなるのかなとか、我々は何か世の中を良くすることに貢献しているのかなとか、そこらへんが実はよくわからなくなることがあるんです。東大にいらした盛山和夫先生は、ある意味すっぽりその中（SSM調査）におられたはずなんですけど、しかしかれは社会調査というのが社会学のアイデンティティになっていることに対して全肯定をしていないというか、むしろ危機感を抱いているところがある。

北田 盛山さんらしいですね。

筒井 中にずっぽり入っちゃうと、意外と「これでいいのかな？」と思いたくなるのかもしれませんが、とはいえ私自身はそこまで危機感を抱いているわけではありません。社会調査というのは、継続的にデータを取っていくことで、ずいぶんと後になってその意味がわかったりもするので。

北田 まず、蓄積する、ということの意味ですね。

筒井 まずは蓄積していかないといけないと思っています。

他分野との違い

筒井 さっき、北田さんがおっしゃっていた社会学という一つのまとまりについて、という話なんですけれども。

北田 いきなり大きな話に入りましたね。

筒井 そうですね。大きな話にはなるんですけど、計量研究をやっていると、異分野の人との接点がけっこう多くできるんですね。特に経済学とか心理学あたりの人と話をするわけです。そんなとき、計量社会学者がやっていることがたまに話題になるんですけど、他の分野の人たちの頭が「？」になることがあるんですよね。「この人たち（社会学者）は何をやっているんだろう？」みたいな。

そこでその両方の分野の研究を見ていくと、調査のデータを分析するという計量社会学の特徴が何か、なんとなくわかったんですね。とりあえずこの辺りの話題からとっかかりにして進めたいと思います。

たとえばこういうことなんですよ。岸さんたちが書かれた『質的社会調査の方法』という本の序章で、「量的調査とはなにか」ということが一節割いて書かれているんです。ひと言でいうと量的調査というのは「○○な人ほど△△である」という仮説を検証するものだ、と。たとえば学歴が高い人ほどこういう考え方をするとか、そういうふうに書かれているんですね。私も同じように思うんですけれども、それが他分野の人にとっては「なんでそんなことをしてんねん！」ということになるみたいなんですね。

例を挙げてみると、社会学者は性別とか年代とか職業とか学歴とかでいろいろなことを説明したい、計量社会学者はそういうことで説明しようとするんですけど、それに対して経済学者はこう言うんですよね。「それは動かないじゃん」って。

たしかに、たとえば性別はめったなことで個人の中で変化しない、つまり動かないわけです。要するに他の分野の計量研究者は、社会に対する「介入」とその結果を知りたいんですよね。「こういう政策的な介入をしたときに、社会の状態はどう変わるか」ということを知りたいので、性別によって賃金が違うというのは分析の出発点であっても、何かしら学的な知見を導き出すものじゃない、と発想する。むしろ、差があるときには「こういう介入をしたら小さくなるのか、大きくなるのか」とかを考える。動かないものに対しては分析の焦点をあてない、という考え方なんだと思います。ずっと私も違和感というか、経済学者となんでこんなに話が合わないんだろうと思っていたので、「ああ、たしかに出生年って絶対に動かないよな」と、

あるときに思ったわけです。政策介入の結果によってある人の生まれた年代が動くことはないわけで、そこから何かを敷衍するとこういう発想になるんですよね。

経済学者は要するに「何か介入をして、その結果何か動くかどうか」という、いわゆる因果効果に興味を持つんですけれども、その前提となっているのは「同質的な人間」なんですよね。アメリカ人も日本人も一九六〇年代に生まれた人も八〇年代に生まれた人も。

北田 人間としては同じ。斉一性の前提ですね。

筒井 人間としては一緒なので、という考え方です。介入をすれば同じ結果が出るわけだから、介入の効果さえわかれば、世の中が変えられるじゃないか、と。多くの社会学者はそれとは違って、たとえば年代によって考え方が変わるのかとか、そういうことに関心があるんですよね。言ってみれば、社会学者は「異質なグループ」同士を比べる。これは、言ってみれば「癖」というか、そういう分析をやりたがるわけです。

経済学者だけではなく、これはまるっきり心理学者もそうで、同質という前提をおけないと困るんですよ

ね。

北田 心理学には「法則」という考え方がありますからね。

筒井 アメリカ人と日本人が本質的に違うと、心理法則が成り立たない。

北田 心理が帰属される間としての性質＝本質が見抜けないことになりますからね。特に認知革命以降はその傾向は顕著でしょうね。パーソナリティ論とかだと、ある意味で社会学的な比較・分類と近いことをしていた。

異質なもの同士を比較する

筒井 計量社会学をやっていて、「分野ごとに大きく違うかな」というか、少なくとも計量社会学の考え方と違うかな、と思ったのはそこなんですよね。社会学なら、異質性に興味を持つ。たとえば異なったグループに興味を持ってグループ間の比較を行うことをする。他方、経済学者なら同じグループを二つ準備して、片方にだけ介入をしたら結果が変わるか、といったことに興味を持つ。この違いは決定的です。

北田 ちょうど今、有斐閣でこれまで授業でやってきたことを元にした教科書をつくっているんです（『実況中継・社会学――等価機能主義から学ぶ社会分析』近刊）。そこでは、社会学が本質的にやっていることってある種の比較なんじゃないか、という話をしているんですね。

　どういうことかというと、比較をするために、たとえば質的研究にしろ、量的研究にしろ「何を数え上げるか」という問題からまずスタートしなければいけないし、それはどうやったら数えられるか、ということから考えていかなければいけない。だから、計量の人も実は質的な作業をかならずやっている。計量的な手続きで調査をするわけだから、フェイスシート項目なんかは当然あるとしても、最初から念頭にあるのは「人間で、集団で、違って当然だ」ということ。むしろ、異質なものを比較して関連があるかどうか、そういったことを調べていく手続きとして、質にしろ量にしろ調査の方法論を基本的に考えているんじゃないかな……と、そういう感じのことを書いているんですね。

筒井 なるほど。

北田 なにぶん「意味」という面倒なのが入りこんでくるので――昔の本能社会学のように――人間に関する本性みたいなものは社会関係についてはあまり前提にできないし、基本的に「前提にしない」のが社会学の考え方ですよね。そんなことはない、進化生物学、進化倫理学で説明できるんだ、というひともいるかもしれませんが、説明できたとしても、きわめて単純な協調行動の合理性ぐらいで、複雑な社会機構や短期的な制度（流行やファッション、国民国家、選挙制度……）となると、「ミームで説明できます」というしかなくて、じゃあ別に「文化」社会学や社会的意味論でいいじゃないの、ということになってしまう。多くの場合、社会学者が対峙しているのは、そうした単純な協調行動の「説明」ではないわけです。もちろん、各個人のもってい る常識・共通感覚みたいなものはあるとは思います。

岸さんが合理的というときの言葉づかいも多義的で難しいんですけれども、他者の選択連鎖に関する相応の理解可能性みたいなものとか、当人や分析者がある程度共有しうる理由を挙げることができるとか、そういう「理由をもった存在」として人間を想定しているんだと思う。理由や信念の配置というのは時代ごとに変わるし、同じ時代でも男女で違ったりもしますよね。その異同や連関を調査を通してたとえば他の国家のそれと比較をしつつ、どうやったら社会がベターになるかと問う人もいれば、問わない人もいる。

そのときに、社会学の差し出す行為者像って、人間科学・行動科学のモデルとしてはすごく弱いわけです。だからなのか、岸さんは合理性の話をするときに、「実は行動経済学みたいなものをやりたい」と言っていました。ああいうモデルを求めている。数理社会学の人が言うのならともかく、フィールドばりばりのひとがそういうこと言うのってすごく面白いのですが、それはかれが繰り返しライフヒストリーの聞き取りをするなかで獲得した認識なんだと思うんですね。

岸さんが「ブルデューが好き」というのも、意外なことに卓越化モデルみたいな資源があって、「こういう状況にいたらこういう行動に出るだろう」といったパターンを読み込むときに使える理論として機能するんじゃないか、と思ったからだそうです。他方で、それは岸さん自身がやっていることとはずいぶん違う方向性にも思える。たぶん僕のほうがそうした意味での理論への欲求は弱いんですね。rational にしても reasonable にしても、どうしたら社会学の問題設定に適った形で測定できるのか、僕にはなかなか想像ができない。合理的選択理論に吸い込まれることなく、話を進めていけるのか。三隅一人先生の古典理論のフォーマライゼーションというのも、たしかに美しいかもしれないけれど、私はどちらかというとウェーバーやデュルケームの社会分析のほうを再検証していくほうが楽しい。たんなる個人的な趣味なのか、学問内在的な問題なのかはわからないのですが……

　おそらく社会学者の中ではそういうモデルをつくりたいという欲望がずっと消えないとは思うんですけれど、ただ、経済学とか心理学が想定するような強いモデルを打ち出すというのは、社会学にはやはり難しいだろうと思います。そのぶん、理由や意味、動機の連関を考えたりとか、ある実践の前提となっているものをきちんと読み解いたり、あるいはなにかを数えるために操作的な定義とは異なるどういうふうな工夫をするか、そういう比較の土台を繊細にしていくことに興味があるんですね。

　岸さんは、たぶん rationality と reasonability とを媒介するモデルを構成したいのだと思います。「質的」な研究するひとがそういう志向持つというのはなかなか興味深い、その意味でかれがブルデューを評価しているのは理解することができる。私はルーマニアン（ルーマン読み）だからというわけではないけれども、どうしてもブルデュー的な卓越化、界の論理はモデル的に映ってしまい、「社会システムは存在する」という非モデル的な捉え方とうまく接合できません。その意味で岸さんは私とは違って、実に正統な理論家なのだと思います。

　それで私としては、探索方法としての等価機能主義のもたらす「比較」の検出力に立ち戻りたい。それは、何も実験群、対照群、統制群を分けて……というあの比較、つまり因果的説明のための比較ではありませんし、ましてや集団ごとの違いを端的に示すための比較でもない。準拠問題ごとの解決の与えられ方を観察し、現に存在している解決法とは異なる機能的に等価な、そしてもしかすると倫理的に優位な選択肢を提示することができるかもしれない。因果帰属のための比較というよりは、他の可能性を差し出すための比較ですね。

因果推論との距離感

筒井 私もよく、「なんのための比較か」ということで考えることがあります。計量社会学は、いま転機にあるといわれているんですね。ちょうど、今度、関西社会学会というのがあるんです。そこで、計量社会学のこれまでとこれから、みたいなセッションに私も呼ばれているんですけれども。その後、日本社会学会でもた似たようなセッションがあったりもする。

北田 どこもかしこも転機が訪れている（笑）

筒井 社会学っぽいですね。すぐ「自己反省」する。その後、同じ日本社会学会のシンポジウムで、今度は質的な方法のほうでも特集を組むのです。方法論に関してはいろいろ動きがあるようですね。

話を戻すと、計量社会学もやっぱりいま転機にあるのですが、そう言われているのはなぜか。計量社会学は、今まで「緩い比較」で本当にいろいろやってきたんですよね。男女とか、年代とか、国と国とか、異質なもの同士の比較をしてなんの問題もないと思われていて、そうやって来たのですが、他分野から因果推論的な考え方が黒船のように現れた。

因果推論の立場からすると、異質なものは比較するな、同質なものを比較しろ、ということになる。そこで、社会学者は混乱するんですよね。たしかに、いかにもそちら（同質比較）のほうが正しいかもしれない。いわゆる「科学」に近いというのかな。やっぱり因果推論は強力な知識なので、それはやらなきゃいけないと、ぱっと思い込むんですよね。そこで求められているのは今までやってきたAさんとBさんの比較じゃなくて、たとえばまずはAさんとAさんの比較をせよ、と。Aさんの一年前と一年後のAさんの比較、つまり縦断観察調査[2]ですね。そういう比較をしたら、よりちゃんとしたものがわかる、というわけですね。

北田 相対的にみて、社会学者は、あまり対応のあるｔ検定とかはしない感じはしますよね。

筒井 そこで私たちは混乱するんですよ。ＡさんとＢさんの比較をやっちゃいかんのかと。ただ、たぶん、これは計量社会学でそれを強く言っているのは私だけだと思うんですけれども、私自身は計量社会学者に「あまり混乱しなくてもよい」とちょっと言いたいところがある。異質なものを比較するのが社会学なのだとしたら、それを堂々とやっていればいいじゃん、と。

ただ、その異質なものを比較するということが、どういうことなのかを考えることも必要だな、と思っている。私自身、まだ、わかっていない感触が残っているんですよね。だから、北田さんの次の本を読んだら、もしかしたらわかるかもしれない。

北田 いやいや、全然そんな難しいことは考えてないので（笑）

筒井 あらためて考えたいと思っているんですよ。ＡさんとＢさんの比較をして一体何がわかるんだろう、という。日本とアメリカの比較をして何がわかるの、と聞かれたら、答えやすいんですけどね。北田さんもさっきおっしゃったかもしれないですけれども、とにかくやり方がすごく漠然としているというか、本当に解釈のところに引き付けられて、因果推論みたいな強力な知見、科学的な知見は得られないので、何回もそういう異質なものを比較していると、何をやっているのかわからなくなるのは確かなんですね。ただ、なんらかの知見が出てくるので、それを、「ああ、なるほど。そういう違いがあるのね、おもしろいね」とか「なるほど、前より日本のことがよくわかった」「ああ、なるほど、高学歴者というのはこういう特徴を持っているのがよくわかった」という感じで「よくわかった」というのが続いていって（笑）

北田 それぞれの知見がどう関係しているのか、というところまでは言うものの、

筒井 その場その場でつなげていくだけ、という。

北田 それに対して、因果的な説明を求める人たちから

すると、

筒井 おかしいというか。「じゃあ、どうしたらいいんだ？」と問いたくなるんだと思います。だから「社会学者がやっていることは出発点だろう」と常に言われ続けるんですよね。

北田 パネル調査ってどういう関係になるんですか。

筒井 パネル調査がまさにそれなんですよ。つまり、従来はＡさんとＢさんの比較をやってきた。

北田 それをＡさんＡさんにしろ、と。

筒井 ええ。それをＡさんとＡさんで比較するパネル調査にしたらよくわかるよね、と言われて。たとえば、ある女性が働く前と働いた後でどう変わったかということなら、因果関係がよりよくわかるというんですね。でも、社会学者はそこで一九八〇年代生まれのＡさんと、同じく八〇年代生まれのＢさんを比較したりするわけです。あるいは、八〇年代生まれの人と九〇年代生まれの人を比較してみたりとか。そっちの比較であれば、そもそもパネルデータは要らない。必要ないんですよ。社会学者からすると必要はないんだけれども、時代の要請におされるのか、なんかやらなきゃという感じになっている。

北田 パネル調査については、社会学的な分析に本当の意味で必要なときってどんな場面なんだろう、というのは僕もちょっとわからないと思っていたんです。それは別々のデータでいいんじゃないと思う。t検定でも対応関係がない／あるとか、心理学の人にとってはそこらへんが大切じゃないですか。たとえば教育効果が入ったかどうかとか、そういうことが言えるのかが重要になるのだと思うし、社会心理学者の橋元良明さんがやっているインターネットパラドックスの話なら、インターネットが入ると人々が逆に孤立するということを、同じ地域の、同じ人でパネル調査をやったりしている。そうすると、たしかに同じ人が、ある変数（あるいは時間）が入ることによって「変わった」とは言えるし、原因の特定も正確に思える。とは思うんですが、それでも私はよくわからないんですよね。ネット普及率が高い地域とそうでもない地域のデータを比べても、別にいいんじゃないとか思ったりもするんです。

とはいえ、因果的な推論としては弱まりますよね。
筒井 そうですね。因果なら、やはり同じものを比べるのが理想なんですけれども。
北田 地域差の説明をするには、ちょっと弱いですよね。
筒井 ちょうどパネル調査の話をしていたんですけど、パネル調査のプロジェクトは社会学の中でもいろいろ走ってはいるんですが、どこかみんな迷いつつというか、これで何ができるんだろうという不安もあるように思います。経済学者が聞くと、データが増えるからすごく喜ばれるんですけれども。
北田 喜ばれるんですね。
筒井 とくに計量経済学者には。経済学者にとっては基本的に因果がすべてなので。でも、社会学者は多少の迷いを持ちながらやっている。その迷いながらというのは、これはちょっと上から目線になってしまうんですけれども、計量社会学はまだ自己認識が足りていないと思うんですよね。つまり、自分たちが何をやってきたのかをちゃんと今まで考えてきていなかったので、迷っているだけだろうと思っているんです。開き直ればいいのに。
北田 おおお。
筒井 どう開き直るかというと、自分たちは異質なもの同士を比べるんだ、と。そう開き直ればいいのに、なぜか迷いが出てきて、「いいのかな、いいのかな」みたいなことになってしまう。

社会学の「アメリカ化」

筒井 ここでちょっと私は北田さんにお聞きしたいことがあるんです。『現代思想』（二〇一四年十二月号）の特集「社会学の行方」がありましたよね。前田さん、読みました?
前田 読みましたよ。
筒井 あそこで北田さんの書かれたテーマは、「アメリカ化」の話なんですよ。そういう意味では、私はめちゃくちゃ「アメリカ化」されているんですね。もっとも、前田さんと一緒に一橋大学大学院のゼミにいるときには理論研究をやっていましたから、全然アメリカ化されてなかったんですけども。ちなみに、そのころにちょうど初めて北田さんとお会いする機会がありました。千葉大でやった修論の検討会でお会いしたんですが、「なんかすごい人がいるな」みたいな感じで。北田さんは、前田さんと同じ代だったのかな。

前田 そうですね。私もその衝撃を鮮明に覚えています。

北田 お恥ずかしい。

筒井 その頃は、私も社会理論についていろいろやっていたんですが、いくつかきっかけがあって「アメリカ化」していったと思います。

計量社会学のほうに足を踏み入れた後は、一時期は本当にどっぷり浸かっていました。本当に一〇年とか一五年ぐらい、基本的にはその世界の中で生きてきているんですよ。そのときに、少しずつ周りとずれていくんですね。それまでにあった人脈というのかな。一番ひどかったのが、「君は理転[3]したのか」とか、「あっちの世界に行った」とか「裏切った」とか、そういう言葉もちらっとは聞いたことがあるんです。

北田 理転ですか（笑）

筒井 いやあ、そういうふうに見えちゃうのかな……という気持ちもあったんですけども、他方でいわゆる「通常科学」的なというか、心理学者とか経済学者と共通言語を持ちながら仮説検定とか仮説の検証をやっていく中にどっぷり浸かったからこそ、見えたこともあるんです。

どちらかと言えば、私の今いる環境というのはヒューマニティ[4]（人文学）の匂いが強いというか、立命館大学の社会学というのはそういうところなので、多少大袈裟に言うと、そういう先生たちに言わせてみれば仮説検証をやるような学問というのはレベルが低い、というような言い方をされたりすることもありました。そういう言い方も僕はある面で理解していて、しかし自分は一回どっぷり浸かっちゃったので、「ああ、そうか、そう見えちゃうな」と悩みながらやってきています。

今はどちらかと言えば、ちょっと計量社会学どっぷりというよりは、少し距離を置いて見てはいるんです。ただ、心理学者とか経済学者が当たり前だと思っているような方法とか、考え方とかに近いところで勝負していると、「あれ、こっちのほうが正しいじゃんか」という場面も他方ではあるんですね。そういうジレンマがあるからか、社会学の中に入ると、多少異物感を醸し出すこともあるわけです。

北田さんが「アメリカ化」の中で話をされていることですが、比較問題の解決はいろいろな方法があるんだけれども、ラザースフェルドあたりから、社会学というものがこういう方法をそこで見出していくというきっかけになった、と。それはなんなんだろうなというのが。私はあまり歴史のことはよくわからないのですが、どちらかと言えばその当時の雰囲気として、いわゆるサイエンティフィックなアプローチ、つまりデータを使ってあれこれする類の手法というのは、社会学の周辺領域（経済学や心理学）の学問では当たり前だとされていて、そして社会学もどちらかというとそれに同調していた。アメリカにはそういう雰囲気があったのかもしれないですけれども。でも北田さんは、どちらかというとラザースフェルドという人物が特殊文脈的な要因でそういう流れをつくった、と。そういう話をされていたので、実はそこがまだよくわかっていないんです。それってもうちょっとくわしく言うとどういうことなんですか？

北田 それを早く発表しろ、と酒井泰斗さんに怒られているんですけれども……、経緯から言いますと、元はと言えば、ラザースフェルドを調べようと思ったのはすごく外在的な理由で、前田さんにもお世話になった『概念分析の社会学2――実践の社会的論理』（ナカニシヤ出版、二〇一六年）という本になにか論考を書くように、と言われたんですね。でも、毎回持って行くたびに「ダメ」「違う」という感じで却下されていたんです。そうやって酒井さんと話しながら悩んでいたところから生まれた副産物なんですよ。

オーディエンスっていう概念がありますよね。

筒井 メディア研究ですか。

北田 オーディエンスって、リスナーでもなければリーダーでも、コンシューマーでもない。そこらへんを全部総括するような妙な概念である、と。で、さらっとラザースフェルドを読んでみたら、もう使っているんですね。すでに一九四〇年代には使われていて、そこにはオーディエンスという複合的な概念がある。だから、いまカルチュラル・スタディーズがどうのこうのとかを抜きにして、どうもそういう「メディア」といって僕らが一括するような何かがひとまとまりのものとして立ち上がっていた。それに対して、さまざまな「受け手」のことをオーディエンスと一括して呼び、さらにその概念をもとに態度変容を調べたり、逆に言うとどのような介入をすれば態度変容が起こるのかとか、そういうことを調査するシステムができていた。この奇妙なシステムがいかにして当たり前のようになっていったか、そこらへんをテーマにしていこうと。

筒井 システムというのは、学問的なシステムのことですか？　受容研究みたいなものがあった、と。

北田 そうですね。最初のイメージとしてはそんな感触でした。しかも広告とかでも「オーディエンス」が使われていたので。じゃあ、そこでなんで「オーディエンス」という言葉が選ばれたんだろうね、という問いをやろうと始めたんですが、案の定難しすぎてひとまずブレークダウンさせました。

その一連の流れの中で、ラザースフェルドを調べていたら、まずは面白い人だな、と思ったわけです。自分にとっては一番縁遠いと思っていた研究タイプの人ではあるんだけど、フォーマット化された知を一種のマシンのような形で生み出していくシステムというのを確立したのは間違いなくかれであろう、と。

そのときに思ったんですけれども、ラザースフェルドは、今の筒井さんの話を受けていうと、やっぱりそれ以前のギディングスとかオグバーンの世代の数量調査、今でいうと計量系といいますか、とにかく数字を愛する人たちとは一線を画していたと思うんです。これは、仮説なんですが。たとえば、かれはものすごく質問票のつくり方とか、調査のマニュアルをつくりたがったりとかするんですね。つまり、こう聞いたら、何を答えたことになるのか、と。『社会にとって趣味とは何か』でいうと、「あなたにとって、あなたの趣味はなんですか」と言われたときの「趣味」というのはどういうものなのか、ということを團康晃さんが分析してくれていますが、ラザースフェルドもその種のことについてやたらとていねいに考えていたりする。そのうえで、できればマニュアルもつくりたい、みたいな感じなんですね。オグバーンはそのぐらいにちょうどリンドと論争をしていますけど、その中身は「数字は偉い」対「価値が偉い」という、不毛というか、もう勝ち負けをつけようのない論争だった。そういう磁場とはちょっと違うステップにいたというか、次の段階の場をつくり出したのがラザースフェルドなんじゃないかという気がしているんですね。

ラザースフェルドの「アメリカ化」といったときに考えていたことは、およそそういうことです。単なる数量化とは違って、そもそものドイツ系の思考も入っているし、新行動主義などの心理学の素養がかなりあったというのもあると思います。偶然にもそうした要素が重なりつつ、他方ではとにかく儲けなきゃいけない、とも考えていた。かれはもともとマーケッターですから、打てる広告、そして勝てる広告をつくらなきゃいけなかったんです。そういう実績をつくるために、とにかく、今でいえば「態度変容」の要因を特定化できるようにして、その成果をクライアントに示さなければいけない、という切実さがあったような気がするんですね。なんとなく数えてみて、この地域に何人どういう人が住んでいて……という水準とは違う「効果測定」みたいなものを考えていて、ラザースフェルドはその精度を示す努力を、自分に強く課していた。

それと同時に、じつはかれにとっては、質的／量的という区別は、あまり強い意味をもっていなかった。行動主義といってもかなり目的論的な色彩の強いものですから、動機とかそういうことも一生懸命考えている。パーソンズが英語に訳したウェーバーの『プロテスタンティズムの倫理と資本主義の精神』の中に「アティチュード」という言葉が出てくるんですけれども、もともとのドイツ語では何にあたるのかと対応を調べて数えていて、これだけ多様な概念がこの一つの「アティチュード」に収斂されている、なんていうこともやっています。

つまり、介入操作みたいなのに関して、精度を高めるためにこそ結果をちゃんと予測できますよ、というためにそういう質問票や質問の仕方、実際の訪問員とかに至るまでかなり細かいことを考えていたわけです。逆説的ですけれども、商売人であったがゆえに、すごくていねいな調査をしていたんだと思います。有名な大統領選研究もパネル調査でやっているんですね。かれはいわゆる推測統計みたいなものにはあまり興味がなかったみたいで、むしろ「介入の効果」を知りたかったようです。それを含めても、ザ・社会学という感じの人ではあり、私が関心を持ち続けているのはそこらへんの話なんですね。

筒井 社会調査の中で使われたり、武器になったり、あるいは解決しなきゃいけないような概念の問題というものに関してラザースフェルドは敏感であった、というところが、おそらく他の分野と違うんじゃないかと？

北田 そうですね。他の分野というか、かれ自身を周囲から際立たせているものはそれで、社会学というものをつくる大きな契機となった。それまでのシカゴとは

違うスタイルの精度のある調査に必要なこと――意味とか動機とかそういったものを考えて、下調べしてから数えること――、つまり数えるためには何が必要かという条件を考える作業をしっかりしてくれた。また、態度研究におけるパネル調査を心理学から社会学に開いてくれた。それがストゥーファやラザースフェルドであった。その辺りでのマートンの貢献はよくわかりませんけれども、少なくともあの世代はかなりきちんとそこらへんを考えていたんじゃないかな。そこに立ち戻れば、おのずと社会学の方法的アイデンティティって出てくるんじゃないのかな、と思います。まだまだ思考の試行錯誤の段階ですが。

「アメリカ化」と現在の計量社会学

筒井 「アメリカ化」の中身がわかってきました。そうすると、その「アメリカ化」された流れというのは現在の計量社会学でも続いているという感じでいいですかね。

北田 現在のことは、むしろ教えていただきたいところ

です。計量社会学というものについて、「計量」と当時も言っていたかどうかは、あまり記載されていた記憶がないので、そんなに使われていなかったと思いますが、とはいえ、ていねいな計量研究をしようと当時の水準で考えられてはいたはずです。「ていねいな」というのは、たとえば質問票[5]づくりや調査員教育にかなり長い時間をかけるとか、そういうことですが。

筒井 これほど質問票づくりに時間をかけるというのは、他の学問ではあまりないことで、たとえば心理学者なら「尺度」をつくるときなんかはやるのかな。それとは別の意味で時間をかけているんです。質問の仕方とか、あとコーディング[6]ですよね。コーディングをやることについて、岸さんがよく話題にする「たこ焼き屋さん」の話があるんです。

岸さんたちが、とある地域でいわゆるアンケート調査をやられたときのことです。たこ焼き屋さんが自分の職業欄に「正社員」と丸をつけてて、岸さん的にはそれがおもしろい、というんですね。私はその話を聞いたばかりのときは、「計量社会学だったら、調査したあとで、正社員ではなくて自営に丸を付け直して、つまりデータ・クリーニング[7]して終わりますよ」と言ったんだけれども、よく考えたらそんな単純な話じゃないなと思い直したんです。

そのたこ焼き屋さんの場合はよくわからないですけれども、私たちも職業コーディングでいつも迷うんですよね。調査によっては、研究者が五〇人ぐらい集まってコーディング作業を一件、一件ていねいにやるんですよ。でも、どうしてもわからないときがあるんです。この人は、一体どういうところに当てはめればいいんだ、どういう職業に分類すればいいんだろう、と。五〇〇種類ぐらいある職業カテゴリーの中から選ぶんですけれども、結局わからないときには四人ぐらいのグループで「これどう思う？」と議論する。それでもわからないときは、その五〇人ぐらいいる部屋の一番前に最ベテランの方が座っていて、その人におうかがいを立てて。

北田 そういう世界なんですね。

筒井 聞くんですよ。それでその人が最終決定で「これは、これにしてください」と。

北田 ちょっとその風景は、私のいる世界と違い過ぎる（笑）

筒井 連綿とそうしてきたんですよ。そこまでは、ていねいにやるということですね。何かしらカテゴリー化しなきゃいけないので、多少は「えいやっ」ともやるんですけれども。できるだけ調査対象者のリアリティと一致させる、というところまではやる。それはおそらく政治学の人とか経済学の人からすると、なんでそんなことに金と時間を使っているんだ、と。

北田 でしょうね……。

筒井 研究者を五〇人集めてコーディング作業をやるわけですから、まずそれだけで「いくらかかっているんだ?」という感じですし、たぶん他の分野からしたら変態集団というか。

北田 何をそんなところにこだわっているの、という（笑）

筒井 他分野の人が「全然わからない」というところに、たしかにこだわるので。ここで重要なのは、そのときにカテゴリーを「質的に」決めているってことです。だから、ものすごく質的な「理解」と数量データとの間を、行ったり来たりしているのが計量社会学の特徴なんです。やっぱり概念にも敏感にならざるをえないということです。もしかしたら私がずれている可能性もありますけど、北田さんが「アメリカ化」と表現すること、ラザースフェルドがそういう雰囲気をつくったとしたら、それは今にも受け継がれているような気がしなくはないですね。

北田 私が「アメリカ化」と言っているのは、なにも計量がすごく主流になった、というわけではないんですよね。あるいは、それこそが今盛り上がってきているというのでもなく——太郎丸博さんたちによるとむしろ、そうではなく言説分析の方が増えてきているらしいんですが。

もちろん、計量社会学の主流派の流れは連綿とあるんだけれども、そこの「アメリカ化」というものに対して私はある種の肯定をしているんです。というのも、『現代思想』とかの「大学の危機」とか「純文学の危機」みたいなのになると計量的な共同研究ってけっこう全否定されるんですよね。

筒井 されますすね。

北田 数字とかを使うだけですごく悪しざまにいう人たちもいる。「そんな素朴なことでよいのかな」と不思議に思うようなことが多々あり、その意味で「アメリカ化」っていい意味で進めていったほうがよいと思っているんです。「資金を取る」「質問紙づくりに悪戦苦闘する」「調査員を教育する」、そういうのも立派な学問の流儀である、と。そういうのは外在的な要素ではない。あと共同的な作業、「この質問で何が聞けたことになるのか」をめぐる研究者内での議論というのは、それ自体も研究活動なんだから。

筒井 ええ。

北田 民間概念分析というか、この概念で何を聞けたことになっているのか、聞けていないことになるのか、とか。そういうのをいちいちきちっと共同でやるということが「アメリカ化」であれば、私はそのアメリカ化はどんどん進めていったほうがいいのではないかと思うわけです。

それにはお金も要るし、ちょっとやっつけ気味のなんちゃって研究だけじゃ済まなくて、やっぱりきちっと質的研究でやられてきたようなエスノメソドロジーやフィールドワークがやってきたことや、あと歴史研究も踏まえる必要がある。そこらへんをちゃんと組み合わせていければ、「アメリカ化」それ自体は悪いことじゃないんじゃないか。数えられるものは数えようよ。逆に言うと、簡単に数えられると思っているのは間違いなんじゃないの、と思ったりするんです。

前にあるシンポジウムでの話ですが、定年間際のえらい先生と中堅研究者が登壇していた。そこでえらい先生のほうが「あなた何をやりたいの？　ずっと数字を数えていたいの？」とか言っていたんですよ、シンポジウムの場で。「アンケート取りたいわけじゃないんでしょう？　もっとやりたいことあるんでしょう？」と。そのときに、何を質問しているんだろう、とすごく疑問に思った記憶はありますね。でも、そういうイメージって、ある世代より上だともう常套句なんだけれども、そのあとの世代の一部でもまだ反復されている印象があります。『現代思想』とかを読んでいても、そんなにお歳を召されていなくても「話法」としてあるんだな、というのは感じますね。

でも、「『数える』って大変なんじゃないの!?」って。

筒井 本当におっしゃるとおりで。今すごくすっきりしました（笑）。社会学会で数年前に私の研究仲間が計量の報告をしたときに、フロアの研究者から、「君、足し算で何がわかるというんだ」と言われたんです。

北田 ええええ（笑）

筒井 僕はそのときに二つのことを思ったんですね。一つは、まず「足し算」ができないと何をやってもダメなんじゃないか。もう一つは、「足し算」をするのはけっこう大変なんだぞ、ということなんです。ただ、そういうふうに言われちゃったからには、「数えること」は意外ときつい」というリアリティが、あまり共有されていないんじゃないか、という気がしましたね。

計量社会学だと、ベテランになればなるほど「これは数えられないぞ」という場面が増えていくんです。数えるのが大変な、あるいはどうしても数えることに無理があるような事柄が多いぞ、ということに気づいていく。それでも論文は書かなきゃいけないんですよね、また量的調査をするためには。だから、どこかで後ろめたい気持ちで書いているというか。「これでいいのかな、でも、もう数えちゃったもん」という。

北田 限定がかかっているということだから、いいんだと思うんですよね。

筒井 だんだんそうなっていく、という話ですけども。

北田 そこはすごく重要かなと思っていて、次に出す教科書は、学生向けに一般の入門書みたいなものをめざしています。

最初のほうでは、たとえば「DVが増えている」というグラフを見て「これをどういうふうに考えるべきか」という当たり前の「数える」ことの問題とか、「変化を調べる」ということはそんなに簡単じゃないよね、という話とかをしています。「数える」ということがどう質的な研究と関連しているのかという話なんですね。そこの難しさというのは、やっぱりその本のもとになる科研調査をしたときに、学生さんたちが何日もずっと議論してくれていたことに大きく教えられました。

やっぱり実体験しないとわからない部分もあるとは思うんですが、ただ、理論的に考えてもわかるはずの部分もけっこうあるとは思うんですね。構築主義とかかわる話でも、理論や方法論の応戦をするというよりは、もうちょっと実践的に「児童虐待のデータ（暗数の多いデータ）をどのように考えていきましょうか」というふうに考えていけば、そんなOG問題[8]とか難しい話にしなくても、もっとプラクティカルになんらかの対応ができるはずで。研究者の取り組む苦労は増えるかもしれませんが、そういう方向に向かっていったほうがいいのかな、という意味も「アメリカ化」に込めているんですね。

とはいえ、それだと「アメリカ化」という言葉に、あまりにも意味を込め過ぎなのかもしれないですね。ポリティカル・サイエンスみたいな方向性は、またちょっと違うとは思っているんですが、現代の社会学者がやっていることというのは、圧縮するとラザースフェルドがやっていたことを各方面に開いていった歴史かなと思うんです。かれ一人じゃなくて、あの時期のあの圏内にいたひとたちが、それぞれ課題として引き受けたまさにエートスでありモーレスではないかと思うわけです。

概念の明晰化／言説分析と「アメリカ化」の関係

前田 北田さんにおうかがいしたいんですけれども、ある意味で北田さん自身が行ってきた作業のある部分は、実は「概念の明晰化」を行うという作業であると、私は理解しているんですけれども、まずそれで大丈夫なのかということと、もう一つは、ラザースフェルドらがやってきたようなかたちでの、ある種の「アメリカ化」と呼ばれる明晰化の方向との関係を、どういうふうに捉えられているんでしょうか。

北田 難しいですね（笑）。概念の分析というほど精密に考えられているかはわからないのですが、たぶん我々の世代は基本的に「フーコーを読まなければいけない」というのが、共有されていたと思うんですね。私のいた環境がそうだっただけかもしれませんが。しかしそこから同時並行的にエスノメソドロジーとか、概念分析のほうに向かっていく回路が、私にはなかなかなかった。もちろん、出ているものは日本語で読める範囲で目にしていたつもりですけれども。

むしろ、概念の歴史や系譜学みたいなやつですよね。概念というか、言説と言ったりしますけど、その系譜みたいなものを描いていく仕事です。いま考えると、自分は時系列的に歴史的な比較社会学をやっていたんだろうな、と思っています。歴史家がやっているような歴史ではなくて、「何年から何年」というふうに操作的に区切った場合に同じ概念がこうやって変わってきている。その証拠はこうだね、その区切りの理由はこうだね、とか。あるいは、違うと思っていた概念がここで合流しているよ、とか。そういう変化が、モノの形態的変容でも示せたりしますよね。そういう問題意識が広告史や映画館の研究になっていった。

前田 なるほど。

北田 その後、酒井さんにいろいろともっと真面目にやれと言われ続けて、言説分析と概念分析の何が違うのか、みたいな話が一時期あったりしました。ハッキングも言説分析と言っているんだからいいじゃないか、といまだに僕としてはわからない気持ちもあるんですが。ただ、フーコーよりもハッキングぐらいの汎用性・精度を意識して「オーディエンス」を考え直してみたら、それまでやってきたようなメディア史の中にも位置付けられるかな、と思っています。

メディア論のなかでも、オーディエンスの能動性が大切だとか、アクティブオーディエンスがどうのこうの、という話はされるんだけれども、そういう話よりも前に、それを一括する概念みたいなものが出てきて、それが調査の対象になって、視聴率とかが指標になっていくという過程をきちっと追ったほうがいいんじゃないか。よく行動主義と批判されるけれども、かれらがやろうとしていたことはなんだったのか。さっきも述べましたけど、結果をちゃんと数値化しなきゃいけないがために、逆説的にどれだけの「質的な」仕事をやっていたのか……というふうに調べていくうちに、すっかりもともとの問いが消えてしまって（笑）、いつのまにか文献が一九世紀まで遡行してしまったという感じですね。

その途中で『概念分析の社会学2』に書いたようなソーシャルワークの話を考えたんです。アメリカにおけるソーシャルとリベラルについては、終生のテーマだと思っています。「アメリカ人は馬鹿だったからヨーロッパ式の区別がついていない」というのではちょっと説明にならない。やっぱりニューディールを媒介してどうなったのか。ニューディールの時期はものすごくたくさん調査が行われたときなので、ニューディール・フーヴァー委員会、最終的には一九四〇年代のアメリカン・ジレンマにいたる調査の中で、どうやってリベラルとソーシャルという独特のアメリカの用語ができてきたのか……こういったことを夢想していて、そのうちできるようになりたいねという大きな展望と、それからちょこちょこ見つけたソーシャルワークの中に出てくる「社会的な《ソーシャル》」という形容句の違いみたいなものが、アメリカにおける「リベラル」の語用に繋がっていくんじゃないか。そんな感じの予感をともなう、ささやかな「発見」をさせていただいたという感じです。

前田 そうすると、北田さんの中では両方の作業が一応結び付いている感じで見えているということではないんですか？

北田 そうですね。特に『概念分析の社会学2』で書かせていただいたのが、おまけだと思ってやっていたつもりのものなのに、意外にも重なってくるなあ、というのは実感としてありました。

概念の明晰化と計量社会学

前田 そういうのって、筒井さんのような計量研究の立場から見てどのように見えているのでしょうか。概念の明晰化に関して計量社会学が引き受けている部分と、それ以外の概念分析の仕事について考えることがありましたら。

北田 いろいろなのがありますからね。

筒井『概念分析の社会学2』については――もしかしたらカットさせていただくかもしれないんですけれども――どなたの指示かわからないですけれども、実は私に書評の依頼が来たので、読んでみたんです。

そのとき私はこう思ったんですね。『概念分析の社会学2』の書評を私に依頼をするのは、ものすごく高度な計量手法について書かれた本の書評を質的研究の人にお願いするようなもので、なかなかきついと。すごく時間をかけないといけないので、ちょっと無理だと思ったんですね。先ほど北田さんと話をしているなかで出たように概念について敏感であるというのは、表に出ないところでそういうところはあるな、というのはあるんですよね。そういう部分に関して、たしかに他の分野よりもこだわっている面がある、というのはよくわかるんです。

けれども、たとえば概念のルーツみたいな話はしないので、そっちに興味が向く人は、たぶん計量社会学からは出てこないのかな。あえて言えば、他の分野と違うということが頭の中に残れば、つまりなんで社会学の調査ってこうなっちゃったんだろう、というところに引っかかりがあれば、恐らくそういうところにも興味が向くかな、とは思うんですけれども。そういう意味で、私は今日のお話をしていくなかで一つ、疑問が解けたんですよね。

北田 えっ（笑）

筒井 この人たちがやったのね、という。たしかに他の分野の調査と違いますからね。それは間違いなくて。

北田 まず計量経済学とかをやっている人と扱うデータの質が違いますよね。

筒井 社会学者からすれば、ある意味ナイーブに調査設計をやってしまうこともあるので。社会学では、内在的にいえば、「価値観」とか「態度」とか、そこらへんのことを扱うから、概念に敏感にならざるをえないですし、あと、やはり職業のようなカテゴリーですよね。日常的に人びとが使っているカテゴリーと、どこかでつながりを付けたがるんですよね。完璧にはやれないんですけれども。

北田 そこがずれているのをすごく意識するじゃないで

すか。あまり経済の人とかは意識しないですよね。

筒井 経済学の人たちは、自分たちの調査と社会一般が、すごく直線的につながっているというか、つながっているだろう、という想定でやっている。その隔たりというか不透明感というか、「ざらつき」というか、摩擦を比較的ちゃんと見ようとしているのが、たぶん計量社会学なんですよね。

「最強」の中範囲の理論

北田 マートンがけっこうおもしろいことを言っています。ウェーバーは方法論的個人主義でデュルケームは方法論的全体主義だ、とかその区別がくだらないというのは誰しも言うんだけれども、マートンは両方とも中範囲の理論だと言っているんです。中範囲の理論という概念の無敵さと曖昧さには参るんですけれども(笑)

含意としては、入口と出口が違うだけでやっている作業工程は二つとも似ているんじゃないの、という話ですね。デュルケームがどうして自殺論のスタイルをとったかというと、官庁が出した自殺についての動機の分類が、自殺の原因を社会的に考えるのにまったく役に立たない、という背景があった。だから自分で集計し直して国ごとのデータにしてみたり、宗教ごとにしてみたり、そんなふうにデータをつくり直すところから始めないといけなかった。

つまり、かれは最初に「動機」という問題をどう数えるか、そして数え上げるためにデータをどう加工しなきゃいけないか、というところから入っている。方法論的に、これが全体主義なのか個人主義なのかといわれたらなかなか微妙な問題で、動機に着目しているという点では逆に非常に方法論的個人主義にも見えてくる。ウェーバーはウェーバーで、けっこう決め打ちを最初にしちゃっている人なので、「比較」の対照項がどーんと決まったうえで進めていたりする。もちろん方法論的な著作では、ドイツ人らしく概念規定みたいなところから始めてますが、「理解」を出発点にしているというよりは、比較をするための参照点を確定したうえで因果を考える、という順序になっているので。実は、ある意味で、ウェーバーのほうがよっぽど社会学主義というか、モノとして社会を見ているとも言えるわけです。

マートンは「そういう意味では、両方とも中範囲の理論だよね」みたいなことを言っていて。

筒井・前田 なるほど（笑）

北田 中範囲の理論っていうのは、これはこれで深く考えるとなんなのかよくわからないんだけれども、要するにかれが言いたかったことというのは、「入口はどこであれ、意味と数え上げと比較というのを両方やっていくしか説明にたどり着く道はないよね」ということなのかな、と私は解釈しています。マートン自身もよくわからない人ではあるんですが、『実況中継』は、ほとんどマートン推しになっています。マートンは構築主義系のひとたちにとって、壮大な仮想敵というか、偉大な反面教師なので、こわごわですが、ルーマンやＥＭ（エスノメソドロジー）とかよりは、マートンを出発点に据えたほうが、入門者にとっては経験的記述に近づきやすいと考えています。その問題点は、マートンを批判的に検討していく過程で深めていけばいい。

社会学と規範論

北田 今日、おうかがいしたいと思っていた大きな問題の一つに入りましょう。『社会学評論』に盛山先生が政策に対してどう社会学が関われるか、といったことを書かれています（「社会保障改革問題に関して社会学は何ができるか」二〇一五年、六六巻二号）。盛山先生は年金の話にも取り組んできたわけですが、福祉国家に対してどういうふうな政策提言ができるかということを議論するときに、盛山先生らしくばんばん斬っていくんですね。社会学者の議論は、幅がでか過ぎると。じゃあ、幅を小っちゃくすればいいのかというとそういう問題でもない。じゃあどうすればいいの、というような議論の形式になっている。

筒井さんは、政策提言的なものに近しい「知」の示し方もされていると思うんですね。規範的な問題とかに絡む話で、私自身は社会学者はそうしたコミットメントをためらうべきではないと考えています。これは、価値自由論とか存在被拘束性とかとはあまり関係ない話です。「社会問題が存在する。それを適切に記述し、他なる選択肢を示せ」というのが社会学の「社会的」たるゆえんだと思うのです。比較するというのも、ある条件の下ではうまくいっている制度が、別の条件の下ではうまく機能していない、という規範的含意を持つものだと思うのです。サッカーとコタツでどっちが強いか、なんて考えていても仕方ないわけですから。

ところで、ちょっと脱線しますが、そこらへんについて、前田さんが、むかし修論を書き終わった後、規範理論に向かおうと思っていたのだけれど、筒井さんに相談したら「そっちはやめておけ」「そっちは泥沼だ」みたいなことを言われて、そのとおりにしたことを「本当に心から感謝している」と。その話を思い出したんですが。

前田 なるほど（笑）。文脈が少しだけ違っていて、修論執筆後ではなく卒論執筆後、規範理論というよりは、倫理学ですね。行為論について倫理的に考える方向に進むということに関して「そっちには行くな」と、筒井さんに言われたんです。そこで「行為の記述」という路線で社会学を続ける道を選んだおかげで、今も社会学者でいられている。

筒井 それはなんとなく覚えていますね。

北田 これはいい話だなぁ、と。僕がそのまま倫理学に引きずられて、泥沼に入って成果もあげられないまま、抜け出せなくなっている間に、前田さんは着々と仕事をしているという……筒井さんはいい先輩ですね。

前田 本当に。今でも心から感謝しています。

筒井 いやいや、そんな（笑）

北田 話を戻すと、こういう志向は、社会学の強みですよね。つまり、社会学ならではの価値的なコミットメントの方法にどのようなものがありうるか、と考えていったときに、倫理学とか分析系の哲学とかに過剰に引きずられると、ちょっと元のやろうとしていたこととずれてきてしまう。僕の場合だとメタ倫理学の内在主義、外在主義のあたりで挫折してしまった。デイヴィドソンやクワインはいまでも愛好しているけれども、最近デューイを読みながら考えていたのですが、要するに私の場合は倫理学ではなく、プラグマティズムだったんだな、と。そこらへんの違い、倫理学的規範論と社会学的なコミットメントというのをどういうふうに見られているんですか。もちろん、交差する人はいっぱいいて、ギルバート・ライルなんかはどっちにも引っ張りだこなわけですが。

前田 それはそうだと思うんです。先ほどの政策の話ともちょっと関係するのですが、やはり社会的行為を記述する、という観点からずっと研究してきた身としては、何かが問題になっているのだったら、実際の場で、問題になっているはずだ、という思考法を取ってしまうんですね。

そこを何か変えたほうがいいとか、あるいは介入的に何かをしよう、ということであれば、そこで実際に起きている相互行為というか、現場の実践自体がそうなっているはずだろう、という方向で考えます。エスノメソドロジストは特にそうですけれども、そこの現場に近い人たちと一緒に共同研究をするというのが、いまは普通になってきています。そこで取り組まれている「問い」をもらいながら、改善の道なら改善の道を、提言の道なら提言の道を、消極的にではあれなんらかのかたちで開いていく。そのような形が、実際に起きていることだろうと思います。

北田 たとえば串田秀也さんの研究とかは、やっぱり医療関係者にもすごく有意義なものなんでしょうね。そういう関わり方もあるとは思うんですよね。

前田 串田さん自身が、日常会話における行為の記述に関して、非常に優れた分析力を持つ方だからできることですよね。あまり大きく政策提言をする方向に踏み込むというよりは、まずは一緒に記述をしてみるところから何が見えるか。そういうことを示すというのが、最初の一歩としてあるのかな、と思います。

社会調査と社会政策

筒井 今の話に引きつけると、社会学者がやっているいわゆる社会調査と社会政策の関係もちょっと似ている気がしています。社会調査の場合、「まず、どうなっているか見てみようか」というのが、すごく強いんですよね。経済学者はたぶん違うんですよ。かれらの調査の焦点は「本当に子ども手当が導入される前と後で出生行動が変わったのか」とか「保育所に関してこういう政策があるところとないところで本当に違うのか」なんですよね。社会学者はたぶんその前に「ちょっとどうなっているか、詳しく見てみよう」という姿勢をもっている。

ただ、そこらへんで止まってしまうところはありますね。それには、いいところもあれば悪いところもあります。というのは、直接的な政策提言に対して、あまりに踏み込まなさすぎる、という課題が一方にあるんですね。SSMとかJGSS[9]だとかの大規模調査、いわゆる総合社会調査に携わる人たちが、「いま我々がいるところ（社会の状態）をもうちょっと詳しく見てみよう」という部分に関してはすごく熱心に取り組んでいるんだけれども、その先にあってもいい「社会の人びとがどういうところで苦しんでいるから、どういうふうにしていこう」みたいな部分に対して、知見を示すことからやや距離を置き過ぎている。そういう癖ができちゃった気がするんですね。

そうなると、調査を進める面でもちょっとまずいことがあって、要するに、たとえば「社会が一〇年ごとにどう変化しているのかが見えれば、それでいいんでしょ」みたいな感じになっちゃうとか、「職業については、すごく詳しく聞くことを昔からやっているから、これからもそのとおりに続けようか」っていう感じに、傾向としてなっちゃうんですよね。SSMとかもそうなんですけれども。でも、よく考えたら、他方で日本人は職業をあまり意識しないんですよね。たとえば、大学生が就職するときに、どの職に就きたいとは考えない、と最近よく話題にしますよね。むしろ、どの会社に行きたいかを考えているだろう、と。

北田 そうですね、職種よりも会社名を言いますね。

筒井 よく考えたら一回会社に入ったあともちょこちょこ職種が変わったりするのに、なんでそんなに職業に対して力を入れているんだろう、という疑問は当然出てくる。

いまの日本で問題とされているのは、いわゆるサラリーマン的な働き方で、そこではどういう職業でも職務転換にも応じ、ついでに残業にも応じ、転勤にも応じ……みたいなことが求められてきた。その働き方が、女性がそこに参画していくのを阻んでいる、という議論があります。そういうリアルな社会問題に対して、何かをしようというのを、ちょっと置いてきぼりにしてしまったというところに反省すべき点はおそらくあるのかなと思うんですね。

これは私の意見ですが、量的な社会調査というものは、たぶん純粋な「理解」ではない、という気がする。おそらく前田さんも分析されるときには、何かしらそういう問題意識みたいなのがあって、そのためにこの記述は役に立つか、あるいは役に立たないのかみたいなことをなんとなく考えていると思うんです。そういう部分の欠点というか、多少の弱いところが、実は現在の社会調査にはある。それは、最初にお話ししたように、大規模社会調査をとにかく継続することに意味がある、まずそう考えてしまうところにきっかけがあるのかもしれません。もちろん継続することに意味はあるんですけどね。他方でそこにちょっと硬直性が出てきてしまった、ということもあるのかなという気がしていますね。

いろいろ悩みを抱えながら、大きな調査プロジェクトは進んでいると思います。ただ、あれほど大人数が関わるようになると制度化されちゃうので。

北田 項目一つを変えるだけでもなかなか……

筒井 ええ、たいへんなんです。それぞれの質問項目に「番人」みたいなのがいるわけですよね。

北田 いますよね。なんのためか今一つわからないけれども、継続性を失わせたら将来世代が困るかもしれないし。

筒井 そうですね。継続すること自体にはもちろん意味がある。けれども、現在の問題にも対応しなきゃいけないだろう、ということなんです。そこらへんのバランスを取っていけばいいのかな、と。臨機応変にかちゃかちゃ変えながら調査すればいい、とはまったく思ってはいないですから（笑）

前田さんが言ったことからなんとなく話をつなげた

つもりですが。でも、ちょっと私は意外だったんですけれども。だって、「行為の記述」というのは前田さんそのもののような気がするので。それと違う方向に行こうとしていたんだな、というのがいま考えてみると。

北田 あのころ、ちょっとした倫理学ブームがありましたよね。分析倫理学とかが流行っていました。

前田 同じような作業をする人が、どちらに軸足を置くかでアウトプットの仕方が違ってくると思っています。かつては、人が人の行為を記述すること自体を、倫理的な問題として問おうとしていたんですけど、なかなか厳しい道でしょう。先ほど北田さんもおっしゃっていましたけど、当時はそういう仕事もされていましたよね。『責任と正義』（勁草書房、二〇〇三年）につながるようなお仕事。この領域であれだけまとまった考察を提示することは、本当に大変だったと思います。

北田 いま読み返してみると、あの本を出す前までの仕事は、わりと自分なりに社会学を継承しようとしているんですね。シュッツの話とかを書いたりもしていますし。『責任と正義』でずいぶん遠回りしてしまったな、という。いや、行っちゃいけないというんじゃないんですけど、もうちょっと自分が社会学者であることに自覚すべきであったかな、と。たぶん、ああした抽象度の高い議論は、もうしないと思います。原点なので自分の思考に根を張ってますが、同じような規範的主張にしても、いまは別のやり方でやってみたいというのが強いです。社会情報学という毛色の違う大学院に行ったので、あまり社会学アイデンティティあるいはプレッシャーが強くなかった、というのもあったとは思うんですけれども。

社会調査の理論的方針

筒井 それで、僕はすごく聞きたいことがじつは一つあるんです。たぶん、私がいわゆる「アメリカ化」された社会学の世界にどっぷり浸かってしまったからかもしれないんですけど、「正義論」とかロールズ[10]とかの話って、すごく盛り上がった時期がありましたよね。

北田 盛山さんも『リベラリズムとは何か――ロールズ

と正義の論理』（勁草書房、二〇〇六年）という本を書いていましたね。

筒井 あの本は、一人の社会学者がそういうものを書いた、というのが一つの鍵だったと思うんです。つまり、それまでは基本的に社会学者はみんな知らんぷりをしていたんじゃないか、と。リベラリズムの話とかについて、たしかに知らんぷりだったんですよね。

それで、盛山先生が問題提起をされていたのは、SSM調査について、ひたすら父親の職と本人の職を比べて、それが連動しているかどうかみたいな検討ばかりを社会学者はやっているけれども、それ自体がいいことなのか悪いことなのかとか、つまり公平性をどう考えるかだとか、もうちょっと理論的に深いところまで踏み込まずにそういうことをやっていて、本当に意味があるのか、みたいなことだったんです。

僕もそのときは盛山先生の言うとおりだと思っていて。そういう意味では、たしかに現状の記述というのは大事かもしれないけれども、たとえば今の公平性とは何かだとか、リベラリズムは何かとか、そういうものに対して社会学者、とくに社会調査をやる人がぽかっと忘れているというか、ちゃんと勉強しないで、昔からやられているフォーマットだからといってずっと研究を続けていく、というのに違和感があったのは間違いないんです。

だから、いきなり規範的なほうにいくというよりは、そういうものをちゃんと横目でにらみながらやらなきゃいけないはずなんですよね。そうしないと、変なことが起こると思うんです。たとえば、本当に単純な話ですけど、父職と本人職が連動していないのが「いい社会」なんですよね。典型的なSSMの研究者からすると、ランダムなほうがいいことになるんですよ。でも、それっておかしくないですか。ランダムなほうがいいって。金持ち家庭の子どもの半分が将来貧乏人になれば、それが本当に「いい社会」なのか、みたいな。

北田 逆に言うとそういうことですよね。

筒井 それがランダムでさえあればいいのかと問われたら、「いや、そうではない」とかれらは答えるはずなのに、でも、自分がやっている分析というのはまさにそのフォーマットで進めている。とにかくランダムであるのが公平で理想的な社会なんだ、ということをやっているわけだから。やっぱり考えなさすぎなんちゃうか、と盛山先生が言ったのはよくわかったんですよね。

でも、そういうことを追究するのってどうやっていったらいいのかな、ということも思うんですよ。ちゃんと、いろいろ勉強してやれよ、というので終わるのかもしれないんですけれども。社会学者って調査にどっぷりはまっていると、なんかぽかっと忘れることがあるんですよね。

社会学的啓蒙へ

北田 調査の経験値があまりないので、あまり大きなことは言えないですけれども……。しかし、たとえばトランプの選挙予測がいろいろ出ていて、それが外れたときのいろんなひとたちの「分析」が印象的で、フェイスシート項目だけがバラバラと出てきて、批評家やネット論壇、メディアがそれぞれにそれぞれの分析をしていたと思うんです。でも、まだ早いだろう、というか。そこで語れることには、相当に限定があるはずじゃないか、まだデータが集まるまで立ち止まるべきだろうと思っていた。他方で、世の中的にはそういう早急な「分析」が求められているとも思う。つまり特異に見える社会現象を「説明」してもらい、認知的な複雑性を縮減してほしい、というか。そうした欲望も含めて社会なんだなあ、と思うんです。でも、あるポリサイ（ポリティカル・サイエンス）系の研究者が「外した」と落ち込んで「懺悔」とか仰っているのを聞いて、それには違和感がありました。だって「予測自体は、先生の本来の仕事じゃないでしょう」「落ち込んでいること自体がおかしい」と。それで何かしら社会に対する認識を深めるのならいいんだけど、予測を立てることそれ自体は社会科学的研究にとっては外在的なことです。逆に、当たる、外れるをやたら気にする人たち——メディアや批評家にやたら多いですが——は、じゃあなぜ投票行動なんだ、別に野球でも競馬でもいいじゃないか、と。後出しじゃんけんを精密にすることこそ、社会科学の仕事だと思うんですね。そんなふうに、予測を立てるということと、政策提言をすることって、似てそうだけれど、実はかなり違うのではないかな、と思う。

たとえば、筒井さんが家族や仕事についてやられていることというのは、国家や地域、時代、世代を比較することによって、現状の日本だと行きづまることがかなりの蓋然性で予想される「悪い」事柄への「他なる可能性」を開こうとしている。その「悪い」社会状態を、回避するにはいくつかの機能的に等価な選択肢があって、そのなかでも現実的に考えられそうなのは、どの路線かということを検討する。比較というのはそうした政策提言的な、そしてきわめて倫理的な知的作業だと思うのです。

だからこそ、安易に「……と比較せよ」とかいうコメントには辟易してしまいます。私の周辺でも国際性をうたうのはいいのだけれど、「それなら韓国と比較してみたら」「アメリカとなぜ比較しないの」といったコメントがたびたび聞かれて、特に論者が比較そのものを目的としていない場合、とても切ない気持ちになります。比較するためには参照点が必要で、その比較の参照点が「社会的」にいかなる意味で重要なのか、を示せない限り、「比較せよ」は「分類せよ」と同じくとても倫理的に暴力的なコメントであると思います。筒井さんのご研究は「なぜ比較なのか」ということの「社会問題」論的意義が明確であるからこそ、説得力があるし、いま盛山先生への評価を聞いてあらためて、その思いを強くしました。

そういう比較による社会学的啓蒙を新書などで一般の人に向けてわかりやすく説明するというスタイルは、筒井さんの前までは実はそんなに多くなかったんじゃないか。計量系の人は計量系の専門ジャーナルに書くし、計量がわからない人は意味がわからないまま「足し算引き算で何がわかる」と悪口を言ってみせたりする。そういう不幸な状況がまだある。その意味で筒井さんの存在は本当に貴重です。

これは僕のまごうかたなき偏見ですが、結局、因果推定を重視するポリサイの人とは、やっぱり考え方が違うなと思うんですね。そもそも、なんでそんなに「政治」が大きな変数なんだろう、というのが、どうしても僕にはわからないんですよ。世の中の事象、集合的行為領域の一つ、ワン・オブ・ゼムのはずなのに、なぜそれが重要なのか決まってしまってるんだろう、と。社会学の場合には何がいかなる意味で「社会問題」として重要なのかを考えていかなきゃいけないよねという自覚は感じるんですよね。それがデータの扱いとか、予測が当たるとか当たらないとか、政策提言にしても根拠の出し方の違いにつながってるのかな、と思ったりはします。

逆に、社会学に親和的な政治学者である田村哲樹さんが、以前、社会学者や文化研究のひとが「……の政治学」という言葉をよく使うけれど、その場合の政治ってなんなんだろう、と疑問を呈されていましたが、まったくもっともな話です。「政治」という変数の重要性の自明視と、「政治」という概念のインフレは相互にとって不幸なことですね。だいぶ粗削りな話で、申し訳ないですが。

筒井 そこらへんはたぶん考えることがいっぱいありますね。社会学のようにあらかじめ焦点化されていないところが、逆にルーティンワーク化した調査からそれ以上広がっていかない、そういう一つの悪影響が出ている可能性はありますから。でも、難しいですよね。

北田 ポリサイの人たちの強みっていうのはあるわけですよね。

筒井 あると思いますよ。

北田 がっちりと調べるべきものがある。

筒井 わかっているからこそ、そこで社会とつながっている、みたいなことがあると思います。自分からいうとなんか自慢みたいで申し訳ないんですけど、「社会調査協会賞」というのがあって、二〇一六年度はなぜか私が受賞してしまったんですね。そのときに、私の前だと吉川徹先生とか太郎丸博先生とか保田時男先生とか、調査とか計量研究を本流でずっとやられてきた方が受賞していて。僕はそのときに「自分はちょっと違うな」と思って。

というのも、社会調査だけではあかんな、と思っていたんですよね。地道に調査をやってルーティンワーク。本当にあれは制度化されちゃうので。自分の問題関心があってそれだけをやっていると、それは本当に中範囲よりももうちょっと狭いんですよね。狭いものに引き付ける調査分析だけをやることになる。政策というとちょっと堅苦しいんですけれども、社会問題とのつながりをどこかで断ってしまっているような現状が、実はあるんですよね。

たぶん、そこらへんを評価していただいたのかなと思っていて。けっこう大胆にそういう本を書いちゃったものですから、よかったのかなと思いつつ、でも、やっぱり自分は地道に調査だけをやっている人間じゃないんだな、とあらためて思ったりもしました。そのきっかけとなったのは、一つには福祉国家論を勉強したことと、もう一つがロールズだったんですよね。

北田 それもいい話ですね。

筒井 盛山先生がきっかけでロールズを読んだんです。盛山先生がやったから社会学者がやっているように見えるけれども、計量仲間とかに聞いても、ほとんどの社会学者はロールズやリベラリズムに関心を持っていないし、何を言っているのかわからないという感じの人もいます。そういう経験から、狭い問題設定だけでやっているとあかんな、という問題意識は持っていたんですよね。規範論みたいな方向には、私はもちろん行かないんですけれども。ただ、往復することの必要性みたいなのは感じています。私は、社会学者がいわゆる政治哲学とか公共哲学的な関心をどこかで失ってきたと思っているんですよね。それがいいことなのか悪いことなのかは別として、なんでそうなったのかといつも思っているんです。

北田さんはそういう印象はないですか？

北田 どうなんでしょう……たしかにそう思いますけどね。「なくなっているな」——あるいはあまりに素朴な政治主義に陥っている——というのが逆に自分はやりたいと思ったのが『責任と正義』の執筆動機だったわけですが。当時、社会学を俯瞰したうえで考えてやっていたことではなくて、思潮に棹さしてというのはあると思いますけれども。構築主義がホットなテーマとなっていた頃、たしかに社会学ってもっと何かできるはずという感覚はあったとは思います。カルチュラル・スタディーズなんかが移入されてましたが、かれらはいきなり海外ストリートの「べき論」の話に行くので。「べき論」じゃなくて「べきとは何か」「べきといえる条件とは何か」というのをじっくり考えてみたいというのはありました。

今でも、当時リベラリズム論をやっていて悪くなかったなと思うのは、何か調査をしようとしたり、調べものをしたりとか、あるいはネットとか本で拾える数字から組み立てて分析をしていくとき、けっこう役に立つんですよ。たとえばアマルティア・センのファンクションとか、ああいう概念をある程度念頭に置きながら分析をしてみようと思ったりするときに、比較のための条件設定みたいなことに関して、おそらくその知識がない場合よりは意義のあることがわかる、というか。社会学と倫理学と分析哲学を雑食していたことが無意味だったとは考えてないんです。ただ、理論的に勉強したことと直結させるのは、たしかにまずい。だけど、無意味ではやはりないんだろうなという気はしています。批判理論に行っちゃうと、ちょっともう結論が決まっているじゃないか、ということもなきにしもあらずなので、そうならないでやっていく社会学的啓蒙という考え方にはなじみやすかった。「暴露してやる」という暴露啓蒙でもなければ、「ユートピアを示す」という理性啓蒙でもないような、「他なる選択肢の可能性」を示す。他になりうるための条件を精細化していくためにも、暴露にも理性啓蒙にも走らず、比較という作業を丁寧にやっていく。そういうルーマン的な社会学的啓蒙ですね。

筒井 そうか――……

北田 なんとなく、やっとこの歳になって「ルーマンが言っていたことというのは、そういうことかもなぁ」というふうに思ったりもしています。

知識をフィールドでどのように用いるか

筒井 ちょっと前田さんに聞きたいんですけども。今の話の続きで、行為の分析をするとき、エスノメソドロジストは「概念を密輸入しない」みたいな言い方をするじゃないですか。そういう、北田さんがおっしゃったいわゆる「雑食系の知識」、そういう知識というのは、行為の分析に役に立てることはあるんですか？

前田 もちろん役に立ちますし、そういうことを勉強しているというのが、前提なんです。もちろん、本当に勉強できているかどうかは別として（笑）。やったうえで、それが本当にその状況にレリヴァントか（意味的な連関があるか）どうかを示すんですね。

筒井 それが後から示せていれば、

前田 よしとする、ということですね。

筒井 それは密輸入にならない、と。

前田 実際にそこで使われているということを、インストラクションとして示せるかどうか。重要なのはそこなので。たとえば、先に出たギルバート・ライルに由来する「厚い記述」という概念があります。行為の理解の問題を厚い記述と薄い記述の相対的な関係のもとで捉えようとする考え方ですが、研究をすすめていく作業においては、フィールドノートをつける最初の一歩から、会話における行為を特定するところまで、ほぼデータを見る態度の中に解消されています。そうした作業の中で、行為の記述を特定していくためには、現場にいたら現場の知識を知らなきゃいけないですし、歴史的な資料を分析するのだったら歴史的な流れを押さえなければできないです。なんにもわからないところで入っていきましょう、という話をしているわけではないです。

北田 そこは勘違いされることが多いですよね。うちの研究室ではたまたま前田さんとか酒井泰斗さん経由でEM（エスノメソドロジー）の薫陶を受けた院生が在籍していて、こわごわゼミでかれらの議論を聞いていると、そういうのを否定しているわけではないというのはわかる。今、ここでなにがいかなる意味でレリヴァントか、ということを精査しましょう、という話なんですよね。ただ、それが誤解されることも少なくない。

前田 そうですね。

筒井 それは、どういうところから誤解されるんでしょう？

前田　非常に潔癖に「中にあるものしか使わないんだ」と思われることがあるんですね。レリヴァンスを特定するという作業自体が、具体的にどのようなものなのかが伝わりにくいのかもしれません。

北田　一方で、レリヴァンスの問題をもって相互行為や会話を描き出すさいに、きわめて文脈の設定に厳格なひともいます。同じ質的研究とはいっても、厳格なEMや構築主義と、伝統的に蓄積されてきた「事実」や「過去の出来事」を知るためのフィールドワークというのはだいぶ趣き、というか準拠問題が異なっているともいえるわけです。

前田　そこでの連続性と差異の両方がわかればいいと思うんですよね。

筒井　あんまり、いない人のことを言うのは気が引けますけど、岸さんと話をしているなかで「エスノメソドロジーってどう思います？」みたいなことを聞かれましたね。そのときにかれは、たしか「潔癖」という言葉は使わないけれども、「焦点が狭い」って言ってたのかな。

他方、岸さんはいろいろな情報を多面的に使いながら総合的に知識を出す、ということに関して、そこまで抵抗を感じないほうがいい、と言う。相互行為場面を分析して、たとえば「痛みがわかる」というのはどういうことなのか、という前田さんがやっているような研究スタイルだと、たしかに沖縄問題は語れないよな、と思います。

前田　それは、そうですよね。ただ、私が遺伝性疾患を生きる人びとの経験を理解しようとするときも、病院で緩和ケアの実践を記述しようとするときとは、異なったやり方をとります。現象の側で問われている問いにあわせて方法が変わるのは、むしろ当然のことだと思います。理解しようとする現象にあわせて、フィールドノート、インタビュー、ビデオデータ、学術論文、こうしたものはすべて分析のための資料になりえます。「広い／狭い」のような表現は、よく量的／質的研究を対比するさいに用いられますが、そうではなくて、問いの立て方の違いと考えた方が良いように思います。

筒井　前田さんからすれば「それはそうだ」ということ

なんだろうけれども、前にも一度その話をしたのかな。そのときに、たしか双方の研究スタイルは「そんなに切れてない」という話をしたような気がしていて。つながっているんだけれども、たぶん焦点の当て方とか制度なんかがけっこう違う、という。だから、むしろ連続的であり、別にそんなにすごく違うことをやっているわけではない。

前田 ええ。

筒井 つまり、岸さんがやっているようなフィールドワークと、エスノメソドロジストがやっているようなことは、前田さんの頭の中では、すごく切れているわけではないということ？

前田 具体的な作業よりも、それをどうプレゼンするかということに関して、ここは立場が違うというか、噛み合っていないな、と思うことはありますけど、作業の部分に関しては意外と似たようなことをやっているんじゃないかと思います。

たとえば岸さんが「鍵括弧を外す」という話をされるとき、事実と物語を対比して進めるようなやり方を

されます。ライフストーリーにおける対話的構築主義の批判の文脈においては説得力があると思うんですけれども、他方で、別の文脈では、そもそも「物語」という概念が、正しい事実を語る方法を示すために使われることだってあるわけです。

複数の事実を結びつけて語る活動を実践においてなされていることとして分析できるのであれば、その活動に物語という名前を与えて困る理由はないですよね。それは、事実を軽視することでもないし、反実在論のような特定の哲学的立場にコミットすることでもない。こうした作業は、「物語」という概念そのものの分析を含むことになるわけですが、省略せずに一つひとつやっていければよいと思います。

北田 「そっちだけやれ」と言っているわけではないんですよね。だから、焦点というか、準拠問題の違いなんだろうなとは思います。

あとはその準拠問題の設定の仕方が「社会学的」にいかにして正当化されるかということで、岸さんもEMの重要性は十分に理解されていますよ。カテゴリー

とカウントの話などに異論はないでしょう。私もハッキングやダンジガーに倣って社会調査史をやっているので、カテゴリーの話は理解できているつもりなんですが、岸さんが対峙しているような「社会問題」においては、それはけっして一義的なものではないとも思う。仮に――というか僕はそう考えるのですが――「社会学とは社会問題の学である」とするならば、たしかに焦点のとり方は重要な理論的問題として現れてくると思う。

前田 現状の社会学を「社会問題」という観点から見通してみるということですよね。ただそこから一歩踏み込むと、では「社会問題」とは何か、という問いが生じ、拡張的な定義をゆるすなら、「社会的行為の学」や「社会的事実の学」に近づいていくのではないでしょうか。狭い意味での「社会問題の社会学」においても、社会問題を同定することの難しさが問題になってきたと理解していますし、社会問題の一般理論がなくても、社会問題に関わる人びとの実践は記述できるとエスノメソドロジーは考えてきました。そうした作業をするにあたって、フィールドについて調べてからやろうというのは、これは同意できることだと思います。ですから、そういう「調べている」という印象をエスノメソドロジストに持たれていないというのは少し困惑します。

北田 社会的真空状態でいきなりビデオ分析をしているというイメージを持たれてしまうとちょっと違う、と。岸さんはそういう誤解をしているわけではないと思います。その意味で「あなたは足し算をやっていていいの？」とかとは決定的に違う。その相互行為秩序の記述をもって、「社会問題の学」としての社会学が、なにを達成しているのかがわかりにくい研究もある、ということなんじゃないかと思います。数え方と計量調査という話であれば、私もついていけるのですが、いまだ「この研究はなにをしたいのだろう」「分析されている側はこのように分析されることをどう考えているのだろう」と思う研究もなくはない気もします。

むしろ前田さんや串田さんのように臨床的問題設定が明確なもの、教育や学習、介護にかかんするＥＭの研究は私も、そして岸さんもものすごくリスペクトしているわけですが、違和を感じるものもなくはない。泣きながら書かせていただいた『概念分析の社会学2』のソーシャルワーカー論にしても、だいぶ研究会で批判されて、酒井さんになだめられながらなんとか書くことができたわけですが、どの時点で「ただの事実羅列」から「概念分析」になったのか、いまだよくわかってないんです。

「質的な研究には代表性[11]はあるの？」という不毛な問いは当然として、質的調査の質的（準拠問題の）差異を丁寧に分節しながら、定番の質的vs.量的という構図をそろそろ社会学の学界では禁止にすべきなんじゃないか。禁止して、どこまで話せるかというのが真の勝負で、疑似問題にかかずらっているよりは、「社会学の根本問題」とはなにか、を突き合わせつつ、質的／量的それぞれに内包されている多様性を精査したほうがいい。そんなふうに思います。

社会学者の抱える「問い」

筒井 岸さんは今でも代表性の話を言うでしょう。かれは今でもどこか悩んでいると思うんですよね。僕にはなんで悩むのかがわからないですけど。その悩みの解決はまた次回ですかね。

北田 エスノメソドロジーとの関係でいうと、数えないタイプの調査ですよね。いっぱいあればいいとか、代表性があればいい、というのではない調べ方というのがあるんだという前提は共有されている。だけど、岸さんはどこか代表性とか一般性みたいなものに辿り着かなきゃいけないという気持ちもあるみたいで、質的研究の人としてはきわめて稀有で明確な問題意識を持っている。

筒井 岸さんがそれを気にしているのは、「突っ込み」がありうるからららしいんですよ。これは岸さんというより、たとえばいわゆる数人にインタビューするタイプの質的調査をやっている人に対して――私自身は一回もそういう質問をしたことがないので本当にそんな人いるの、とは思うんですけれども――やっぱりあるらしいんですよね。量的な人からの定番の突っ込みで「代表性は?」といわれる場合が。

それって言い換えると、「一〇人に聞いてこういう知見が得られました。でも、また別の一〇人に聞いたら別の知見が得られるんでしょう?」ということですよね。要するに、代表性の突っ込みから逃れたいのなら、それが突っ込みとして成立しえないことを言えばいい。

他方で、たしかに一部の質的な研究では、たとえば三人にインタビューして得た結果を一般化してしまうこともある。そうすると、当然「別の三人に聞いても同じような結論になるのか」と突っ込みたくなる。

北田 学生が書くものなんかでは本当にありますね。「それを問いとして考えるのなら、数えたら?」と言いたくなるものが。

筒井 そうなんですよ。それが大事で。数えることが理にかなっているタイプの問いを立てるのなら、数えればいいという話なんですよね。

北田 本人が数えるべきタイプの問いを立てていながら、フィールドワークと称して三人に聞きにいく、というスタイルの間違いは、たしかに学部生に一番多いパターンです。

筒井 私、実は北田さんとか岸さんが、「普通の社会学」と言い始めたとき、これは嘘じゃないんですけれども、本当に同じ時期に「(社会学は)普通でいいんちゃう?」と思っていたんですよね。その普通というのが、さっきの意味での「理にかなっている」ということで。数え上げなきゃいけない、そうしないとわからないよねという問いに対してそういう方法を使う、とか。あるいはそうじゃない場合には、その問いに合った別の方法を使うとか。エスノメソドロジーだったら数える必要がないと言われているんだから、代表性なんかは意識しない。そういうことって、すごく日常的な感覚としても「それはそうだよな」という場面があるじゃないですか。そういう感じでいいのかなと思っていて。社会学も「普通でいいじゃん」となんとなく今でも思っているんですけれども。

たぶん質的研究をやられている方で代表性について悩んでいるとしたら、やっぱりどこか踏み超えていると思うんですよね。そこから先は、実はまだ自分でもわからないんですけれども。そんなに簡単な問題じゃないと思っているので。

もしかすると、自分の中で、数え上げなきゃいけない問いにコミットしているのかもしれないですよ。だって、かれはそういうトータルな理解、あるいはそこまでは言わないかもしれないけども、たとえば、けっこう普通の人のやりとりのなかで「沖縄ってそうだよな」って言うときには、なんとなく数えたくなるじゃないですか。別の一〇人になったときの結論、沖縄の別のゾーンが見えてくるだろう、と。

北田 岸さんのこだわりというのは単純な代表性の問題ではないような気もするんですが、にもかかわらず、代表性というか、ある種の行為の一般的傾向の探究をたしかに重視しているようにも思えます。

この辺りのことについては、この先の対話でも掘り下げていければ、と考えています。

収録：二〇一七年五月三日、有斐閣会議室

1——**科学研究費補助金**　研究計画を申請し、採択された場合に国から支給される代表的な研究資金。

2——**縦断観察調査**　しばしば「パネル調査」とも呼ばれる、同一個体を継続的に（たとえば一年おきに）観察する調査方法。

3——**理転**　大学受験の専攻、大学での専攻を、文科系から理科系に変更すること。

4——**ヒューマニティ**　文脈にもよるが、英語圏ではしばしば科学（自然科学、社会科学）との対立概念として人文学（humanity）という概念を使うことが多い。

5——**質問紙**　いわゆるアンケート調査で使用する質問を集めた用紙のこと。質問票あるいは調査票とも呼ぶ。

6——**コーディング**　回答者の回答を、特定のカテゴリーに振り分けること。あらかじめ選択肢を準備して選んでもらう場合にはプリコード、自由回答を事後的にカテゴリー化することをアフターコードと呼ぶ。このあとに出てくるたこ焼き屋さんと正社員の例では、プリコードで調査が行われた。

7——**データ・クリーニング**　調査後に、調査者が回答の矛盾等に対して、回答を修正すること。

8——**OG**　Ontological Gerrymandering の略。オントロジカル・ゲリマンダリング、あるいは存在論的ゲリマンダリングなども呼ばれる。構築主義による社会問題研究に対してウールガーとポーラッチがおこなった批判を端緒に、構築主義は厳格派、コンテクスト派、脱構築派に分かれた。構築主義的な研究では共通して、言語実践が現実社会を構成するという側面に焦点を当てるのだが、その側面にどの程度の重みづけするかは論者によって大きく異なる。詳しくは『構築主義とは何か』（上野千鶴子編、勁草書房、二〇〇一年）や『社会制作の方法』（北田暁大著、勁草書房、二〇一八年）などを参照。

9――**JGSS**　「日本版総合社会調査」。アメリカのGSS（General Social Survey）調査をモデルに、二〇〇〇年からほぼ毎年調査が実施されている。

10――**ロールズ**　ロールズ（John Rawls, 1921-2002）は、アメリカの哲学者。政治哲学分野においてリベラリズムを再構築した。

11――**代表性**　調査データが、調査対象の特性（たとえば年齢構成や性別構成）を量的に適切に反映している場合、そのデータには代表性がある、と言われる。

第7章

データの正しさと〈相場感〉

岸　政彦
筒井淳也

はじめに

岸　本日は岸政彦立命館大学先端研着任記念、筒井先生と他学部ですが同じ立命館の同僚になった記念トークでございます。みなさんお足もとがお悪い中たくさんお集まりいただきまして。

筒井　足もと、そんなに悪くないですよ。

岸　そりゃ今日は悪くないですよ。ボケたんですよ。

筒井　ああ。

岸　みなさん、ありがとうございます。主旨といいますか、非常にざっくばらんにお話ししますと、親しくいつもお話をしていただいている筒井淳也さんをお招きしまして、お話をしましょう、と。先端研の大学院の授業の代わりに、という意味もあります。

なんでこういうことをしたのかと言うと、ちょっと説明しますと、有斐閣さんの本の企画で、まず、僕と東大の北田暁大さんとの対談の企画がありまして。『書斎の窓』という有斐閣のPR誌に連載で載りました。そのときは、質的調査と理論・学説史をやっているそれぞれの立場から、「社会学ってなんだろうね」ということを偉そうに、僕なんかはそんな立場でもないんですけれども、お話をしました。北田さんに声をかけたのは僕なんですけれども。それをまとめて本にしよう、という話になったんですね。

その次に、理論と質的だけじゃなくて計量の三つで社会学みたいなところがあるので、いま日本の計量社会学をがんがんリードしている筒井淳也先生とやりたいな、と。実はその前からシノドスなんかで対談をさせていただいておりましてお話する機会もあったんですけれども。組み合わせて三人が順番に対談するという「じゃんけん」みたいな企画です。

そういうことで、理論と質的と計量で社会学とは何かなと。社会学というか隣接領域も含めまして社会科学というか人文社会科学の研究をやるということはどういうことかなということで話を今しているところです。

筒井　どうも筒井と申します。このあいだ北田さんとち

左：筒井淳也　右：岸 政彦

ょうど一〇日ぐらい前にお話をしました（本書第六章）。そのときに終わりのほうで岸さんの名前がばんばん出てきて。岸さんは一体何を問題と感じられているのかなとか、何に不満があるのかなとか、いろいろ。

岸　不満があるとすると衣笠キャンパスが駅から遠いっていうことでしょうか……

筒井　（スルーして）何に文句を言っているんだろう、みたいな話をしていたんです。たぶん、最初に一つネタになるのかなという導入としていいかなと思ったのが、やっぱり「代表性」の問題かなという気はするんですけれども。そんな感じではじめていいですか。

「代表性」の問題再訪

岸　「代表性」ですか。僕はすごくたくさん勉強をして、がっつり読んで、地道に学者的に積み上げて議論をするタイプでは全然なくて。本当に勉強不足で、適当によそ見しながらバットを振り回しているだけで、それがたまーにまぐれ当たりをしてるだけなんですけれども。自信がないから、よくそれで僕は拗ねるんですね。なんか「質的」のエスノグラファーはすごく迫害されていると思い込んでいて。

僕らがやっていることは何かというと、たとえば、僕の博士論文は沖縄のUターン者の聞き取りから沖縄的アイデンティティを考察するぐらいの感じなんですけれども。かなりの分量になったんですが、それでも博士論文でも、おこなった聞き取りが一五人分ぐらいなんですね。それを一〇年かけて書き直して『同化と他者化』（ナカニシヤ出版、二〇一三年）という本にしたとき、そのうち七人に限定した。七人の生活史をがっと並べて、沖縄のアイデンティティはこうなっているということを書いたんです。「そういうことをしないほうがいい」という考え方の質的調査もありますし、それはそれでまた後から議論になると思いますけれども。とりあえず、そういうことがやりたいんですよ。

僕の本では、七人の聞き取りから「戦後の沖縄の本土出稼ぎでUターンした人というのは、だいたいこういう経験をしていて、こういうことを語るよ、そのときのアイデンティティはこうなっていますよ」ということをわりと素朴に大胆に書いたんですね。北田さんがよく「数えるタイプの研究」「数えないタイプの研究」って言いますけども、その区別でいうと、これはたぶん本来は数えるタイプの研究。質的な問いじゃないかもしれない。

それで、必ず言われるのが「代表性」の問題なんです。あの本の質的調査の部分に関して、実は僕の知っている範囲ではそんなに批判をされたことはないんです――僕の知らないところではいっぱい言われていると思うんですけれども。でも、そんなに叩かれているとかいうことではまったくない。むしろ逆で、よく読んで、評価していただいているんです。

それでも、七人の生活史を並べて、自分の中でこれでいいのかな、とも思う。みんな、ばらばらなんですよね。だけど、なんか共通する語りもある。それを抽出して「沖縄ってこうだよ」っていうところまで持っていったんですね。もちろん語りだけじゃなくて、統計データもいろいろ使いましたけれども。

他方で、自分なりに、たとえば次の八人目に聞いたときに全然違うことを言うかもしれないと。それは十分ありうるわけですよね。僕のやっていたことが表だって批判されているわけではないけど、自分がやっていることが正しいかどうか。どうやったら正しさを自分で保証できるんだ、主張できるんだろう、と。素朴に考えるんですよね。だから、自分が持っている問題意識なり問題設定って、「数え上げる（計量）」タイプのものなのかもしれない。

もう少し正確にいうと、自分でもあの本はよく書けたと思ってるんです。でも、わずか七人の語りから、沖縄全体についてなにごとかを述べることができた。でも、というか、さらにその先で、というか、それがどういう方法論的な根拠で可能になっているのか、そこを知りたい。

数量的な問い／質的な問い……？

筒井 直接お答えするのは難しいんですけれども。ちょっと整理をしたらいいと思うんです。

代表性を語ることに意味がある問いかけと、そうじゃないものがある、という話を北田さんとの対談の中でしたと思うんですね。たとえば、「京都市の住民のうち、高齢者は何パーセントか」みたいな問いかけには、質的には答えようがないわけです。当たり前ですけれども。これはインタビューしてもしょうがない。もう統計を取ればいいですよね。要するに「数えない と答えられない問い」というのは、そういう問いに対応した方法なんですね。数量的な方法というのは。

それに対して、「数えてもまったく答えが出てこない問題」というのが対極にあるという整理ができると思うんですよね。私の頭の中でそれをやっているのが、たぶんエスノメソドロジーとかで、典型的には行為の規則とか理解と言ったらいいのかな。

たとえば、北田先生との対談でもご一緒していただいた、前田泰樹先生というエスノメソドロジストがいます。前田さんは「痛み」の理解について研究されていたのですが、「痛みがわかる」というのはどういうことかとか、痛みを使って相互行為を成しとげるというのはどういう仕組みなのかというのは、たぶん三人目に聞いても、四人目に聞いても大体似たような話になるし、それによってすでに得ていた知見がひっくり返ることはないわけですよね。一定の理解とか文化を共有したなかでは、「まあそうだよな」という了解に、落としどころを見つけることができる。

それは、喩えていうと言語のなかの文法にあたるような話で。たとえば、日本語の文法がどういう構造かと問いかけをした場合に統計学的に答えは導き出せないですよね。統計をやるんじゃなくて、一人でもいいから日本語をしゃべっている人を連れてきてそれを分析すればいいわけですよね。そうしたら、大抵の場合、三人やって文法の構造を取り出して、四人目にしたらまったく違う答えが出ます、ということはまずないわけです。見込みがあるから、数える必要がないということだし、数えることに意味がない。

この対極になっている二つ、つまり数量的にしか答えが出ない問いと、数量的には答えが出ない問いのあいだに、いろいろな問いがある。大抵の場合、一般の人が社会問題だと思っていたりとか疑問に思っている

ことって、純粋などちらかではないことが多いと思うんですよね。

たとえば、日本が高齢化していくとどういう問題が生じるのかとか。そういう「問い」ってたぶん両方もちろん要るわけで。単純には答えが出てこない。たぶん、岸さんが問おうとしている沖縄人のアイデンティティという問題も純粋に質的には答えられないし、純粋に数量的にも答えられないから、混ぜてやるしかないんだけれども。そうした場合に代表性の問題というのは突っ込まれるわけで、その場合にどうしたらいいかということですよね。

岸　そうそう。

筒井　でも、私はシンプルな答えがあるような気がしていて。何を悩んでいるんだろうな、と思うんです。

つまり、こういうことなんですよ。一つは純粋にコストの問題だと思うんですね。だって無理じゃないですか。現実的に考えて、ランダムサンプリングをした人にディープなインタビューを続けるというのはちょっときついというか、たぶんやっている人はあまりい

ないはずなんですよね。まず、そういうことをやったとしても、聞いているのは質的な情報なので、検定をして何パーセントの人がこういうふうな考えでした、ということはやらないわけなので、漠然とした代表性ぐらいしか問題にならないわけですよね。なので、やれる範囲で、あまり常識的に考えてめちゃくちゃそれ選んでいるから偏っているだろうと思われないほどでやればいいわけですよね。

岸　うん。

筒井　岸さんが選んでいるサンプルは明らかに特定の答えを言いそうだから岸さんは選んだんでしょ、と言われなければいいわけですよね。まず、それが一つあると思うんですよ。だから、サンプルの選び方として、いかにも自分が思っている考え方と違うことを言いそうだなという人を選んでくればいいわけですよね。あえて言えばね。それをやっているかどうかは、私はちょっと気になることは気になるんですよね。

有利な人ばかりを選んでいたら、これは一部のマスコミの取材ですよ。この中にマスコミの方がいなければいいんですけれども（笑）。マスコミの方って、自分が最初から持っているストーリーと合致する人を選びがちですよね。社会学でも、普通の科学的な態度を持っている人は、むしろ自分が最初に持っているストーリーとは違う情報を持っていそうな反証事例を探します。それは質的研究でもできるかな、と。

もう一つは、たぶん北田さん的な答えです。別に少数で偏っていたとしてもその人の人生とか行動とか態度に対する理解が、何かしら深まって、そこに合理性が発見できれば、それで目的達成なんじゃないの、という。

岸　そうそうそう。

筒井　聞いているほうが、ああ、なるほど、そういう考え方を持っている人がいるのねと。岸さんの例で、基地の例があったじゃないですか。沖縄の基地で、なんであえて基地の近くに住むのかという。騒音問題とかあるのに。聞いてみると、ああ、なるほど、そういう理屈でやっているから、僕が同じ立場だったらそういう選択肢もありうるな、と思わせる調査ってあるわけですよね。それは別にたとえその人がものすごく例外的な事例だったとしても、その人なりの合理性があるわけだから、聞いているほうが「なるほど」と思うわけじゃないですか。それで目的達成と言ってしまえばいいのかな、という。二通りの答え方があるのかなと。

質的調査の自己言及

岸　なるほどね。ここでいくつかちょっと議論の前提を言ったほうがいいかなと思うんですけれども。まず、僕がこだわっているのは、別に批判を恐れているわけではないんですね。質的調査をやっている社会学者で、「代表性」の問題とか「妥当性」とか「事実かどうか」という、一〇〇年前からあるような古典的なことを今さらむしかえして考えているのは、今たぶん僕だけなんですね。僕ぐらいだと思うんですよ。普通の一般の質的調査をやっている人らはもっと普通に書いていますからね。そういうのは気にせず、普通に書けますしね。査読を通らないだろうとか、あれは冗談で言っているんですが、通りますから。当然ですからね。質的調査で代表性なんか確保して書くことできるわけないじゃんと。そんなのはみんな共通理解になっています。自分自身もそうやって書いてるし。

でも、あえてこれを問うのが、僕は「おもしろい」んですよ。「どうやって僕らはそれで理解をしているんだろう」と。すでに、それを僕らは今やっているんですね。普通のエスノグラフィーとか、普通の質的調査を実際にもうやっていて、それを書いている。今、いい作品がいっぱい出ているんです。若手が博士号取ってそれを出版している。そういう成果が先端研からもいっぱい出ています。なので、実は、僕が考えていることというのは、これを突破しないとできない、という話ではないんです。

代表性はそもそもなくても構わない。何らかのことは実際にすでに言えていると自負している。しかしそれが何に基づいてそう言えるのか。「すでにもうされていること」を、僕はあらためて考えているだけなんです。なので、これは誤解のないようにお願いしたいな、と思いますけれども。自分でもそういうことをやっていますしね。これが前提です。

「代表性を問わなくていい」の意味

岸　今、たくさんお話が出まして、どれからつなげていこうかなといろいろ考えているんですけれども。

僕が二五年ぐらい前に最初に論文を書いたときに、二〇代半ばだったんですけれども、『ソシオロゴス』にM2のときに書いたんですが。「規則と行為」というタイトルで、いま読むと恥ずかしくてしょうがなくて。書いたものはずっと隠していたんですね。でも、ネットで今はもう読めるので。黒歴史ですけれどね。

ヴィトゲンシュタインを使って、解放社会学系のエスノメソドロジーを批判するものだったんです。そのなかで僕はエスノメソドロジーって、特定の個人か抽象的な人類しかいないと書いたんですね。今年、五〇歳になりますけれども、わりと今でもつながっていることを書いたんだろうと思うんですよ。

代表性がまったくないとき、代表性をまったく問わなくてもいいというのは、基本的に人類が全部同じ場合ですよね。僕は学生のときに、実験心理学の教授の実験台になったことが何回かあるんですが、学生を七、八人部屋に集めて一斉にけん玉をさせるんですね。七、八人にけん玉をさせて、どういう論文を書くかというと、人間の心理はこう、メカニズムはこうだよということを書く。たまたまそのへんにいたゼミの七、八人の学生を使って実験をしたことで、あの世界というのは人類の心理そのものについて書いてもいいわけですよね。それは何人《なにじん》であろうが、何歳であろうが、男であろうが、女であろうが、全部心のメカニズムとしては一緒だ、ということが前提になっているんですね。

僕らが質的調査、エスノグラフィーで入っていくときに、抽象的な問いからは入らないんですよ。行為規則はどうなっているとか、総合行為の秩序はどうなっているか、という問いかけから入ったことはないんですね。たとえば、「沖縄というカテゴリーがどうやって語られているか」みたいなことを知るために沖縄にフィールドに行こう、という人はたぶんいないと思うんですよ。普通に基地問題があって、貧困問題があって、そこに入るわけですよね。あるいはアイデンティティの問題とか。普通の社会学者って、なんか抽象的な、相互行為秩序とかコミュニケーションの構造とかを調査するぞ！　っていって大学院入らへん。

これって他者性がまず一番前提になっていると思うんです。社会とか世界というのは僕にとってはあらかじめ分割されているんですね。僕は他者が理解できますよという教科書を書いて、たまにすごく誤解されているんですけれども（笑）、あれはそんな簡単に理解できるぞって書いたんじゃなくて、逆に、理解のハードルを下げたんですよ。他者のまるごとの理解なんか無理だけど、それでも行為の再記述ぐらいだったらできるだろうという意味なんですね。基本的には他者は絶対に理解できないけど、自分から見て他者って実際に存在していて、それについて知るためにそこに行くわけですよね。差別や戦争や暴力の経験そのものをわがことのように理解できなくても、そこで言葉をやりとりして、なんでこういう人生を歩んできたか、ということを聞いて、それぐらいは理解できるでしょう。

集団にそもそも最初から分かれてる世界で、私たちは調査していくんです。だから、たとえば「沖縄人」「障害者」というものが対象になるんですね。

筒井　いわゆる普遍的な人間みたいなものを最初から想定せずに。別々の集団、異質な集団ですよね。というのが最初の出発点にあるということですよね。

岸　そう。だから、なんかね、北田さんがいう「数えない調査」って、結局抽象的な人類一般、相互行為秩序一般の話にしかならへんのちゃうかと。異質な他者の存在を前提とした調査って、たぶん計量と近いんじゃないかと思う。

社会学は異質なもの同士を比べて、理解する

筒井　それは社会学の計量の特徴でもあります。社会学そのものの特徴に通じるのかな。計量社会学って実験をやらないんですよね。やらないというか、たぶんほとんどの計量社会学者は、実験をしようと思わない。計量社会学が問うていることに対して実験をしても答えが出ないと思っている。

心理学と経済学って一緒に共同研究してノーベル賞を取ったりするんです。[1]でも、社会学者はたぶんそこに混ざれない。どうしてかというと、彼ら（心理学者と経済学者）は両方とも「人間」を相手にできるからなんですね。広い意味での人間科学なんです。だけど社会学は、言い古された言葉で言うと歴史性とか特殊性とか集団での異質性みたいなのを出発点にする。計量社会学が導き出した理論的な結論が、たとえばアメリカでも通用するよとか、二〇年前でも通用するよとかいう発想にはまったくならない。むしろ計量社会学が気にしているのは、同じ「学歴」という変数も昔と今じゃ全然意味が違うだろう、アメリカであればもちろん意味が違うだろう、ということです。概念的に理解がかなり複雑化するので、そこらへんを気にしなきゃいけないよね、という議論になる。

そういう意味で、計量社会学だと、一般的な人間の傾向性とか、行動経済学者がいうような、人間はこういう利得関数を持っていて、「たぶんそれはどこの社会でもある程度そうだ」みたいな話にはならない。

ただ、エスノメソドロジストがそんなに普遍的な人間を相手にしているのかということは僕はちょっと言いすぎだと思う。たぶん、彼らが想定しているのは、さっきも言いましたけれども、一人、二人の相互行為分析をして適用されることは、たぶん少なくとも自分の周囲、たとえば日本社会とか、場合によってはアメリカ人も理解できるかもしれないし。そういう意味で、ある程度の広さを持っているので、数えても意味がないぐらいの話かな。

岸　そこで数えなくてもいい、数えなくてもできるという話ですが。実際にこれだけ世界中でエスノメソドロジーの研究が進んで蓄積がありますし、そういうことに成功したというのは、やっぱりなんかのトレードオフがあるような気がするんですね。対象としているものというよりも、問いの抽象度がやっぱりあまりにも高いと思うんですよ。そんなに完全に普遍的じゃないかもしれないけど、でも私にとっては普遍的すぎるように感じる。

みんなわりと実はすごくローカルなことをやってい

て。その場の会話を分析していって、その場の会話の、そのローカルなところでは、こういうふうに規則は作動していますよ、ということを記述するんですけれども。ただ、問いのレベル、問いの水準自体がものすごく抽象的であることには変わりはないわけですよね。あるいは、問いの水準が抽象的であるからこそ、徹底してローカルな「いまここ」にこだわることができる。

僕らの問いはもっと素朴なんですね。ハンセン病施設のなかでどうやって人びとは生きているんだろうとか。シングルマザーであるということで、たとえば子どもにどういう影響があるんだろうとか。部落の人と結婚するときに家族関係はどう変わるんだろうなとか。そういうところから出発をしているんですね。だから、ものすごく中途半端なことをしているといえばしているし。本来、それはもう量でやるしかないと言われたら、そんなこともないと思いますけれども、質的な問いをしているつもりではいるんですけれども。

「中範囲なもの」の代表性

岸　ちょっと話を戻すと、調査の出発点で集団が分かれているんですね。そうすると、調査の出発点で集団が分かれている以上は、相手の集団について言及するわけですよね。そこで、理論の「主語」がある程度「中範囲なもの」になってくる。ものすごくローカルな会話とか、あるいは抽象的な人間の心理一般とかではなくて、主語に来るもの、主語の位置を占めるカテゴリーが、わりと常識の範囲というか、中範囲のカテゴリーになる。「相互行為の秩序は」「コミュニケーションの構造は」ということではなく、「戦後の沖縄の女性は」「被差別部落で生まれた障害者は」みたいな主語になる。あるいは、「このハンセン病施設の入所者は」。そこがすごくおもしろいし、危ないというか、危険で不十分で曖昧なところになると思うんですけれども。

やっぱり沖縄人とか在日コリアン、もうちょっと限定してもいいですけどね、沖縄でUターンをした人とか、それが主語に来てしまうんですね。そうすると、そのときには代表性の問題はもう出て来ざるをえないでしょう。計量でもやっぱり代表性が問題になる瞬間というのは、その母集団を代表しているかどうかということですよね。

筒井 計量の場合はサーベイデータ[2]になるので、サーベイサーベイをした範囲ですよね。だから、国勢調査でいえば日本に住んでいる人、みたいな比較的明確な集団です。でも、大抵の場合、分析するときはサブサンプルだけに絞るので、何歳から何歳までの女性とか、場合によっては既婚女性みたいなのを主語にします。ランダムサンプルにしておくと、サンプルに代表性があるとある程度は想定できるので、やはり語りやすいですね。

岸 素朴な疑問なんですけれども、計量の人って、サンプルの調査を通じて、その結果から何をしているかというと、単に母集団の推定をしているわけですよね。

筒井 まあ、そうです。

岸 だけど、けっこう逸脱する人は多いよね。言うことがそのルールから飛び越えちゃって。社会ってこうだよとか。たとえば、岸和田市でなんか調べて、岸和田市が母集団になって、岸和田市からバイアスがないようにサンプルを取り出して、調べたときに何が推定できるかというと岸和田市ですよね。でもわりと、「日本人は」とか、あるいは「現代の人びとは」なんて言っちゃう。

筒井 おっしゃるとおりなんです。これは計量研究全般にいえていて、実験をやっている人も似たような理屈なんですよね。つまり、対象の範囲を踏み越えちゃうわけです。たとえば、ランダムサンプリングをせずに[3]学生バイトを集めてきて、それで心理テストとかいろいろ実験をさせて、結果を一般化しますよね。そのときの想定はこうです。「同じ人間だから」。この議論が査読で突っ込まれないとしたら、「同じ人間だから」という研究者の理屈には「合理性がある」と考えられているわけです。実際にはそうではないこともあるんですけどね。

つまり岸和田で調査をやって、それが日本全国にある程度当てはまると主張できるのは、岸和田という特殊な文脈がその結果に影響していない、と推察できる場合だ、ということです。

岸　これも脱線をはるかに重ねていくんですけれども。たとえば、産業構造一つとっても、街によってバラバラじゃないですか。所得分布でもそのはずだし。でも、わりとあっさりと「日本では」とか言っちゃう。

筒井　あっさりとやっているとしたら、率直にいうと、それは質が悪い研究ですね。

岸　補足しておきますと、筒井先生はまずそういうことは言わないんですよ。「この調査ではこれがわかりましたよ」ということを重ねていくので。

筒井　たぶん、どこかでやっていると思いますよ。

岸　「やっていると思いますよ」というのが僕はすごくおもしろくて。やっぱり抽象的なものに言及せざるをえないわけですよね。社会学という学問をやっている以上は。だから、これもたくさんのものが混ざっている話なので、どこから解きほぐしていいかわからないんですけれども。

これって、言っちゃいけないとか、言っちゃうやつはレベルが低いとか、それはそうなんだけど、でもひょっとしたら、もしかしたら、それは「言っちゃう」ものなのかもしれない。そういうことを一切言わずにできるのだろうか、完全に母集団の境界線から逸脱しないような調査って、量でも質でも、できるんやろか、と。

僕らがやっているのは、特定の対象を調べてそのことについて書いているだけでもない。何かもうちょっと一般的なこと、抽象的なことをしているわけですよね。あるいは、それを目指してやっているというか。計量の人も特定の母集団のサンプルを調べて、その母集団を推定するというだけではなくて、実はもうちょっと範囲の広いことを言ってしまっているし。それを言うのはすごく正当なことだと。もともとそれをするわけですからね。それをするのが目的になっているので、それをするのは当然のことだなと思うんですけれども。思うんですけれど、というだけの話ですけれども（笑）

代表性と相場感

岸　僕もトークとか対談によっていろいろ言うことが

変わるんです（笑）。いま本当に手さぐりでやっているところなので、自分でも考え方がころころ変わるんですけれども。

特定の社会問題で特定の場所に行ってそのことについて書くことを、質的調査の人は徹底的にやるべきなんです。けど、書いてあることを読んでいると、もうちょっと抽象的なことをしていますよね、一般的なことを。

要するにこれが一般化ということですよね。僕らはなんらかのやり方で一般化しているんですよね。できているはずなんですよ。してしまっている。これもさっきからもう前提で言っているんですけれども。僕が言っていることは、今、誰もできていなくてそれをしようよと言っているんじゃなくて、みんなすでにやっていることを立ち止まってあらためて何をやっているんだろうと言っているだけなんで。無駄な議論と言えば無駄な議論なんですけれどね。僕らはなんか一般化をしているんですよね。

筒井 それはしているでしょう。ただ、無茶な一般化をすると怒られるのはどこの業界でもそうですよね。

岸 まあ、そうですよね。

筒井 計量だって、たとえば特定の市町村を対象にした分析をして、それが「まず間違いなく日本全体に当てはまるだろう」みたいなことを書いちゃうと、たぶん「おい、おい」と。突っ込みを受ける程度には一般化ができないということですよね。

岸 たとえば、岸和田市を母集団にしてサンプルを調べると。そこから推定できるのは岸和田市のことだと。それでたとえば「日本人は」って語っちゃうというときに、本当はまずいんだけれども、それをみんな言っちゃうんですけれど。でも、厳密に考えると駄目だと。なんでかというと、岸和田市は日本を代表しているわけじゃないからですよね。代表性の問題がやっぱりここで出てくるんですね。

たとえばこういうことが沖縄でわかったと。岸和田市でわかったということで、僕らはそれで人間を語っちゃったりとか現代を語っちゃったりとかするんですけれども。それは当然のことでやっているんだけれども、やり過ぎると怒られると。やり過ぎるとなんで怒られるかというと、岸和田市は必ずしも日本全体の代表ではない、ということだからなんです。非常に素朴な事実なんですけれども。

　そうすると、みんな何をやっているんだろうと素朴に思うんですね。僕らはたぶん、正しさを「外部委託」しているんですよ。「なんか下手なことを言ったら叱られる」というフレーズでみごとに表されている。さっきから筒井先生もずっとおっしゃってること。それは量的も一緒ですけれどね。量的も質的も一緒なんですけれども。結局は業界の中の相場感覚みたいなものでやっているんですよ。

　正しさとか代表性があるかどうか、一般化できるかどうかというのは非常に慣習的なもので。本当にその場の構築というかクレームの言い合いで決まっていく、申し立てで決まっていくということではあるんですけれどね。

筒井　おっしゃるとおり相場感だと思います。代表性が本当に問題になっている場面では、代表性を確保するためにお金なり手間なりを使いなさいよ、という。そのお金なり手間なりというのはどれぐらいなんですかと言ったら、なんとなく業界の中で合理性があるかな、というぐらいのところで、その都度決まっているみたいなところがありますよね。

岸　本当にそうですよね。

筒井　僕はそれでいいかなと思っているんですよ。学会コミュニティの規模がそれなりに大きいわけだから、ある程度当てにできるというか、すごく非常識的な相場感だと通用しないはずなんです。なので、これは最初に私が言ったことなんですけれども、「ベスト・エフォート（結果の質を保証するのではなく、最良の結果を出すべくできるかぎりつとめること）でやっているんだからいいだろう」というところで、代表性の追求をやめればいいんじゃないですか。

質的調査の相場感

岸　本当にそうなんですけれどね。ただ、そこをいつまでもいじくり回して考えることが好きで。北田・筒井対談でも岸は何を悩んでいるんだろうみたいなところで、不思議だよねみたいな感じで終わっていたみたいなんですけれども（笑）
おもしろいなということしか言えないですけれどね。何をやっているんだろうなと。
一方ですごく人間って共通する部分があって、でもすごく異質な部分があって。異質だからそこに行くんだけれども、異質な人に話を聞いて何かがわかるというのは当然レベルの違うところで何か共通の同質性があるからだし。相場感ということによると、これも不思議なんですけれども。
当たり前の話なんだけれども、よく考えると不思議なんです。僕も先端研でもどこでも、授業でも言っているんですけれども、生活史の論文は一人でもええねん、と。一人にインタビューして聞けば書けるねん、と。別に数百人に聞かんでええと。ただ、一人に聞くまでに一〇〇人に聞いてそのなかから一人を出しているか、最初からたまたま会った一人だけでやるかで、なんとなく読むと違いがわかるんです。調べ倒した果ての一人で書くか、適当に楽をして一人だけに聞いてそれで書いちゃうかで、出てくるんですよ。わりとそのへんで、僕は質的でも量は大事だと言うんですね。素朴にインタビューを何十人かにやったほうがいい。なんかわかるんです。なんとなく出てくるんです。これもなんとなくなんですけれどね。

筒井　それは岸さんなりの比較的厳しい相場感みたいなものがあるわけですよね。

岸　僕はだいぶ厳しいと思います。

筒井　院生さんたちはけっこう苦労するかもしれないですね。

量的研究の確からしさ

岸　なんらかの一般化を僕らもしているとして、たとえば量的な研究って確率という概念が媒介になっているじゃないですか。母集団みたいなのがあって、ここからサンプルを抜き出す。サンプリングをするわけですよね。サンプルで調べた結果から全体を推定するわけですよね。まず、バイアスがないかどうかと。あと、有意性を確かめるというか、誤差を除去するということをしますよね。
　母集団からサンプルを抜き出して、サンプルで調べた結果から母集団を推定するときに、バイアスを除去してから、できた結果が誤差じゃないかどうかを調べてから推定するというのは両方とも確率じゃないですか。確率という概念が媒介になっていて。

筒井　正確にいうと誤差のほうに確率が関係していて、バイアスはモデルに関係するんです。[4] 細かいですね、すみません。

岸　すみません（笑）。なので、モデルとか確率とかという概念が媒介になっているんですけれども。僕たちはそれがないんですよね。まず、ちょっとおうかがいしたいのは、完全に相場概念、相場感とか相場感覚とか実勢感覚とか、完全にここの部分を社会に委託してしまっていいのかどうか、ということなんですけれども。

筒井　それしかないと思うんですけれども。

岸　ポジティブだな（笑）

筒井　それが普通の社会学かなと私は思っていて。

岸　そこですね。

筒井　よく岸さんとか北田さんが「普通の社会学」と言っていて。北田先生が最近出された『社会にとって趣味とは何か』の最後のほうで、普通の社会学でいいんじゃない、みたいなことを書かれている。ブルデューから普通の社会学へ、と。ちょうど私も「普通」について考えている時期がずっとあったんです。

岸　普通じゃない計量ってあるんですか？

筒井　普通じゃない計量。この人しかやっていない計量みたいなのはないですね。だから、岸さんがおっしゃるとおり、ここの手続きが比較的フォーマライズされていて、一〇人計量をやる人がいて、十一人目に全然違うようなやり方をするというのはあまりないんですよね。同じように、これは院生さんたちがたぶんそうだと思うんですけれども、計量研究をやっていて、教員からいろいろなコメントとか突っ込みが入るじゃないですか。大体、判で押したように似たようなコメントをもらうんです。だから、ある意味で大体どの先生も同じ突っ込みをするんだなというのもあるし。つまらないことでもあるし、信頼できるというか。ああ、なるほど、このコメントは「正しい」んだな、と思える。

ところが、計量じゃない場合って、たまにそうじゃないことがありますよね。ある先生はこの研究はめちゃくちゃいいじゃん、こんな感じで行きなよって言っているのに、別の先生はつまらないからやめな、みたいなことがよくあると思うんですよ。その度合いが、たぶん岸さんからしたら、計量というのはフォーマライズされているからそういうことは少ないんじゃないかという。

岸　そうそう。

筒井　そこについては、たしかに差はあると思うんですよね。我々は数えることによってそれを可能にする。数え上げないと確率は計算できないので。ただ、犠牲にしているものも多い。だって、数えられないものを無理やり数えるみたいなことも、なんだかんだでやっちゃうので。それぐらいはやらせてくれよ、というやつです。

岸　数えているんだから。

筒井　数えるのってすごく難しいんですよ。我々は、けっこう無理して数えてますし。計量社会学の「数える」というのは、カテゴリーの確定と一緒です。この人はこのカテゴリー、この人は正規社員、この人は自営業みたいに。どっちでもなさそうな人も実はいるんだけれども。カテゴリーを確定して数え上げて、代表性とか誤差とかいろいろ検討する。そのときに、これは北田さんと対談したときに言ったんですけれども、計量研究に熟達すればするほど後ろめたくなる。これは数えられないよな、と思いながら数えていたりとか。ちょっと無茶だなと思いながら、でも論文を書きたいな、みたいな。

岸　筒井先生のを読んでいたり、話をしていてすごく好きなところがそこで。計量の人って初期の段階で開き直る人が多いでしょ。そんなことを言っていたら論文が書けないじゃんとか言っていて。ばーっと書いちゃう人が多いので。わりとこのへんでうじうじ考える

ところがいいなと（笑）

筒井 データを扱えば扱うほど怪しさが見えてくるのが計量。

岸 計量でそれを言う人はなかなかいないですよ。

筒井 いや、みんなこっそりわかっていますよ。特にデータを触った人はクリーニングをやるときに。けっこう「えいっ、えいっ」とやりますよ。

社会学者としての相場感

岸 僕の論文でもえい、えいとやっているところを書いた。「量的調査のブラックボックス」という僕の論文で現場で「えいっ」とやっちゃったところを書いた。

筒井 そこでえいっとやるときに参照するのが、業界の相場感なんですよ。数え上げるときに、意見が分かれるときもあるんですが、そこで業界の相場感というか、共同体の「知」を利用する。良く言えばそう。悪く言えば、なんか曖昧、あやふや。もうちょっというと、我々は「数えること」を質的にやっているんですね。

岸 そうなんですよね。だから、やっぱりやっている

ことは質と量で一緒だな、というのはすごく思うんですよね。業界を割るとぱかーんと分かれているので、分かれているように見えるんですけれども。僕がよく言っているのは、社会学の調査で質と量の二つに分かれるわけじゃなくて、いろいろな調査のやり方があって、一個に統計があって、それはこっちもやっていることとすごく似ていて、はっきり分かれるわけじゃないと言うんですけれども。本当に実は量の中で質的なプロセスがあるし。

ここからぐっと話を先に進めます。僕は最近すごく思うんですけれども、質的をやっている中で量的な問いの立て方が絶対に出てくると思うんですよ。ここでさっきの話に戻るんですけれども、北田さんも筒井さんもわりとあっけらかんと「質的は質的の問いの立て方でいいじゃん」と言うんですね。でも、実際に沖縄にコミットして二五年も通っていろいろ勉強していて浮かんでくる問いって、質的な問いなのか量的な問いなのかって自分でもわからないときがあるんですね。「全部、量でやればいいじゃん」とも思わないし、「全

部、質でやればいい」とも思わないんですよ。なんか問いそのものが、実体を持って現れてくるときがあって。最初に「これは質的な問いなのか、量的な問いなのか」というフィルターをもうだんだんとしなくなってくる。現場のほうから問題がこっちに来る感じになってくるんですね。現われてくるというか。

沖縄の階層格差と共同体

岸　今やっている調査の話を、筒井さんにどう思うか聞きたかったんですよ。階層格差の研究をやっていて。まず、どういうふうに問いが現れてくるかというと、やっぱり自分のリアリティが変わってくる、自分の考え方が変わっていくという経験をするわけです。現場で何年も何年も関わっていくと。最初は手探りで入っていって、なんかわからないけれどもこれをするみたいな感じで入っていって。だんだんその問題に詳しくなっていくと問いのほうから現れてくる。

だからね、もし社会学の対象と方法というものが別ものとしてあるとして、方法を先に固定してから対象を見ると、そこでは量的な問いとか質的な問いを分けることができるんです。先に量とか質とかの方法が固定されてますから。そして、対象は、極端な言い方をすれば、何でもいい。何でもいいとは言わんけど、ある程度いろいろ変えることができる。同じ方法と問いで。

でも逆に、対象が先に固定されている場合。つまり、かなりの非政治的なコミットメントが対象に対して存在する場合、問いが生まれてくる前にそれを量的な問いと質的な問いに分けることはできないんです。ただもうそれは、生まれてくる、としか言えない。ここでは、方法はある程度「何を使ってもいい」ということになりますし、問いそのものも、そんなに量的質的にはっきり分かれるわけではない。

たとえば沖縄だと、沖縄の研究をするというときに、まず、やっぱり最初に入るのが共同体なんですね。在日でも部落でも一緒ですけれども、都市的でないもの、都市的でないところの世界に行くときには、社会学者はそこで共同体を発見するというのがもうクリシェみたいになっていて、逆に都市的なところに行くと共同体が解体しているぞということを言うのが話法になっているわけですよね。若者文化論みたいなところで。

ほとんどの社会学者でも教育学者でも心理学者でも人類学者でも、沖縄で調査をするときは共同体社会として描くわけですね。さすがにそんなベタベタなことを描く人は今は少ないですけれども、それにしてもやっぱり沖縄社会を描くときは、「新たに構築された共同性」みたいな言い方をするわけです。それ自体がテーマであることには変わりないんですね。

でも、沖縄に通って、月イチぐらいで行っていると、那覇って普通に都会なんですよ。僕は那覇って大阪よりよっぽど都会だと思うぐらい。流動性が高いというか。流入者も多いですしね。普通に都会だし。そこで会って飲む人はやっぱり研究者とか学校の先生とかミュージシャンとかアーティストとか作家とか編集者が多いので、そうするともうナイチャーもウチナーンチュも関係なしで集まっていて話をしてる。話題も大阪や東京と変わらんし、別にウチナーグチも使わないし。

普通に大学を出て働いている人らとしゃべっていると、沖縄の共同体ってなんだろう、どこにあるんだろうというふうにだんだんなってくるんですね。

そうすると、沖縄のいろいろな部分が見えてくる。ある地域ではものすごく、ヤンキーの地元の青年が青年会でエイサーをやっているところがすごくあると。だけど一方では、非常にきびしい貧困家庭で、家族も解体していくときに、共同体からも排除されて居場所がなくなっていく人もいる。そういう話を聞いているとだんだん、所属する階層によって、あるいはジェンダーによって沖縄的な共同体との関わりって変わってくるんじゃないかと思ってきた。

今、仲間と四人で、上間陽子と、打越正行、上原健太郎と一緒に、沖縄の階層を調べているんです。それも、こっちの個人的な経験から沖縄を「恣意的」に分けて。なんとなく安定層みたいな人がいる、と。琉球大学を出て県庁に勤めているみたいな。あと、なんとなく中間層みたいな人らもいると。高卒とか専門学校とかを出て地元でずっと家族や仲間を大事にして生きている人らがいると。それに、なんとなく不安定層みたいな人らがいる。日雇いとか風俗嬢とかをやって、すごく経済的に厳しくて流動性の高い人らがいると。「なんとなく分かれるよね」というところで、今度はその「なんとなく分かれた人ら」に話を聞いていって。そこで共同体との距離がどうなっているかを考えてみよう、と。なにかの基準や尺度に従って沖縄社会を「余すところなく」分割したのではなくて、この三つの集団に入らないひともたくさんいるけども、とりあえず「沖縄でよくみるパターン」みたいな、経験的な相場感覚みたいなものから出発したんです。よくあるパターンが、だいたい三つぐらいあるよね、と。先に類型を作った。

　僕は三五人の公務員と教員にインタビューを二年でしたんです。生活史を取ったんですね。ほぼ全員がやっぱり「沖縄的な暮らしをしていません」と言うわけです。「給料も入るので、模合《もあい》もしていません」とか。したとしても、完全に親睦模合だったりするわけ。ほとんどただの飲み会。

　真ん中の層というのは、一番沖縄らしいんですよ。たとえば、地元で居酒屋をやっていると、同級生のネットワークがそのまま客になっているんですね。そうすると、そこは死活問題になるから、ものすごく共同体を大事にする。あるいは、そこからすら排除されている人らがいる、ということを書くときに、代表性なしで書けるかどうかです。問いかけがね。ちょっと話が長くなりましたけれども。

　この話を聞いて、パッとどう思いますか？

沖縄の社会学的研究の相場感

筒井　さっきの比較的、質的に深いところの問いというか、やりとりが発生するようなインタビューをするわけですから、ランダムに聞くのはたぶん難しいと思うんですよね。台帳[5]もなかなか手に入らないと思いますし。僕だったら、やっぱり相場感の話になると思います。三五人に聞いてそう言うのなら、たぶんそうなんだろう、という。逆にそれに対して、「いや、三六人目に聞いたら違う答えが得られる」という研究者が出てきたら、「そんなにいうならお前がやれよ」ぐらいの相場感をみんな持っているとは思うので。何をそれで悩む必要があるのか、というのが一つ。

もう一つは、要するにその場合でも、すごく意図的にそういうことを言いそうだなという人だけを探してきて、「そうですよね、そうですよね」「それ、言ってください」みたいなプレッシャーをかけているわけでない、ということは必要ですよね。もちろん、それは当たり前のようにやっておられるわけで。それをもうちょっと突き詰めていくと、「違うことを言いそうな人が、でも、そういうことを言うのか」みたいな。たとえば、「公務員ですごくエスタブリッシュな感じなんだけれども、ものすごくコミュニティ的なものを大事にしている」とかいう人。そういうふうな人がいそうなところに行って、話を聞いてみる、みたいな手続きをやっているかどうか、でしょうかね。

僕は、それをやる必要はないと思うんですけれども。代表性をものすごく気にしているのなら、やってもいいんじゃないか、くらいには思います。

岸　すごくおもしろかったのは、実は三六人目がいたんですよ。僕は琉球大学で何回か集中講義をやっているんですけれども、わりと研究者の先生も来るんですね。この話をしたときに、僕は面識はなかったんですけれども、そこに聞きに来られていたある大学の教授の方から長文のメールが来たんです。

「僕はもう骨の髄からウチナーンチュです。沖縄本島のある街で生まれて、職場は遠いけれども地元から離れたくないのでそこから通っています」と。ものすごく詳しく話を聞いていると、いろいろおもしろかったんですけれども。一回その人にインタビューをさせてくださいと言ったんですけど、僕も忙しくてなかなか実現できないままなんです。そのときのやりとりのメールは全部公開してもいいことになっているんですよ。まだ論文にはなっていないですけれども。今、下書きの段階で。「質的調査の公共性」というタイトルで書こうと思っているんですけれども。匿名ですけれども、引用してもいいということになっているので。

でも、その人のいろいろな話を聞いたりとかメールを読んだりしていると、いわゆるベタなそこにいる人とまた違うような気もしていて。ものすごく想像の共同体みたいな感じもあるし。

他にも話を聞いた人の中にもたくさん、沖縄のことが好きですというのは、それはみんな言うんですね。たとえば、三線《さんしん》が弾けるという人も多いんですよ。でも三線が弾けるというのも、それは琉球大学に入ってから民謡保存会みたいなのに入ってから、習い事としてイチから習っているとか。後から習い事的に沖縄らしさを「回復」していたりするんですね。言葉もそう。言葉は僕の世代から下だとほぼ使えないですけれども、方言研究会みたいなところで後から習っているみたいなひとがいる。

そうすると、三七人目がいてもたぶんそんなに変わらないだろうな、というのは。僕は二五年通ったうえでやっていることなので。沖縄の人にこれを言うとほとんど全員がすごく納得してくれるんですね。もうその通りだと。むしろ、今、僕が言っている琉球大学を出て沖縄県庁に入ったらすごい勝ち組なんだよという話は、沖縄の人がみんな言っていることで、みんな知っていることなんですよね。だから新しいことでもなんでもないんです。常識の範囲。でも、それを書いた社会学者は今まで一人もいなかったわけ。だけど、やっぱり怖いなと思いますけれどね。まあ、そのまま普通に書きますけれどね。

量的な問いと質的な問いは本当に分けられるのか

岸　もう一つちょっと違う視点なんですけれども。質的調査というのは何をしてきたかと言うと、やっぱり個人の側から社会に働きかけるところを描いてきたんですよ。だから、たとえばハンセン病の施設に入っても、それは強制的に隔離されたかわいそうな人たちだけではなくて、その施設のなかをつくり変えて、意味付けをして、居場所にしていくんだよということを言うのが僕らの質的調査の仕事なんですよね。それにもかかわらず、やっぱり沖縄に長年通って浮かんできた問いかけって、わりと社会のほうから個人が規定されている話にどうしてもなっていくんですよ。

そうすると、社会の側からどうやって個人が規定されているのかという問いって、普通は量的な問いになるんじゃないかと。

筒井　そうですね。普通、社会調査をもとにした計量社会学は本当にシンプルで、属性[6]が行動あるいは態度をどう決めているか。逆にいえば、グループごとにそれがどう違うのかという問いですよね。

岸　まさにそうです。それは量的な問いかもしれない。でも、やっぱり僕はそれを書きたいんですよ。研究するというのは、それはつまり「書く」ということじゃないですか。私たちは調査対象について「書く」ということをする。そこが学生の勉強と違うところですよね。研究者になるというのは、今度は自分で書くわけです。書く側に回る。実際は、本当にそれを書きたいのかお前は、っていう論文がけっこう多いんだけど（笑）。僕が書きたいと思うのはそこの問いかけなんだけれども。

そうすると、簡単に量的な問いと質的な問いって分けられないんですよ。そういうことがある。

筒井　普通は分けられないですよ。岸さんがおっしゃっていることはなんとなくわかるんです。分けられないんだけれども、確かなことが言いたいので、社会学者はちょっと分けちゃうんですよね。そうすると自然と相互行為の分析のほうと、計量的に比較的控えめな問いのほうに分かれていく。そのあいだのところをどうやって相場感とかを活用しながら、知識の妥当性というか知のチェインというか、そういう問いを確立させていくのかという問題は、たしかに全然問うてこなかったかもしれないですね。

岸　そうなんですよ。

筒井　おっしゃるとおりだと思いますね。

岸　一〇〇〇人に聞く計量と、二人の相互作用を記述するエスノがあって、でもそのあいだに、たとえば二〇～三〇人にインタビューしたり参与観察して、意外に一般化して中範囲のことを書くっていうスタイルの質的調査があって、実はここがいちばんボリュームがでかいんです。日本社会学会大会に行くと、実は社会学者は、みんなここをやってるようにみえるぐらい。

調査の実際の対象になった語り手の語りや参与観察のデータと、もともとの中範囲の調査対象やテーマのあいだを、何を媒介にして架橋していけばいいのか、厳密には誰もわからない。

やっぱりサンプリングをすることになっちゃうんですね、その問いかけの種類によっては。沖縄というひとつの社会の中で、いろいろな、ジェンダーとか階層とかという条件に規定されて、人びとはそこで生きているわけです。沖縄って日本で一番ジニ係数が高いので階層格差がすごく高いんですよね。見たら露骨にわかるんですよ。沖縄って本当にものすごい豪邸があるんですね。びっくりするぐらいの豪邸があるんです。普通に那覇の街中でも。でも、びっくりするぐらい古い小っちゃな家もあるし。

社会的条件の中で一人ひとりの個人がどうやって生きていくかということを僕は書きたいんですね。そうすると、ある社会的条件の中で生きている個人はこういう生き方をするんだよということを言わざるをえない。それは普通は量ですよね。

筒井 うーーん。

岸 なんらかの形で僕はここで、中範囲のものに「一般的に」言及するんですよ。「岸和田だけじゃなくて日本全体に言及しちゃうよね」っていうことを、ある意味で当然のことかもしれないと言ったのは、僕らはここだけしか見られないいんですよ。母集団が何かも実はよくわからないんですね。今の僕の例で言うと、母集団をこっちで勝手につくっているわけじゃないですか。なんとなく、琉球大学を出て、県庁に勤めている人、みたいな。こっちで母集団を構成しているわけですね。そういう、母集団ってうか、ある人びとのカテゴリーを構成させるような何かが、エスノグラフィーをやるなかにあるんです。

これは繰り返し強調しますけど、実際に僕らはそれをしている。沖縄でも、在日でも、部落でも、すばらしい非常に説得力のあるエスノグラフィーがいっぱい出ています。最近でいうと上間陽子ですね。上間陽子の『裸足で逃げる』は今年（二〇一七年）のベストだと僕は思いますけれども、すごく普遍的なことが中に書かれているわけです。見た感じは学問的ではないんですけれども。あの本は、普遍的なことを一切言わずに、ディテールの力でそれをしている。あれが理想です。

普通の社会学の相場感

岸　そうすると、どうやってやっているんだろうなと。これは逆に筒井先生が僕に聞く話ですけれどね。どうやってあなたたちやっているんだみたいな。

筒井　我々は日常生活でそういうことをやりますよね。

岸　普通はやりますよね。

筒井　そうしないと何もしゃべれないし、生活できなくなっちゃいますよね。逆に、それが行きすぎると偏見みたいになっちゃいますけど。「男ってそもそもさ」みたいな。そうなんだけれども、私の「普通の」社会学の理解ってすごくシンプルで、日常的な生活の合理性みたいなものがあるじゃないですか。たとえば、なにか症状があったとして風邪薬を飲んでみたら治った。でも、それって本当は薬を飲んだから治ったのか、それとも自然に治ったのか、わからないじゃないですか。

わからないときにどうするかと言ったら、同じ症状が出たときに今度は薬を飲むのをやめてみようかな、みたいな。こういう普通の感覚、普通の思いつきがあるじゃないですか。その思いつきの延長線上に比較対照実験があるわけですよね。すごく似ていることを科学の世界でもやっていて。

「普通、こういう疑問があったらこういうふうにやる」みたいなところで数量的に問うこともあるし、そうじゃない場合もあるし、という話をさっきしていました。同じだと思うんですけれどね。岸さんがおっしゃっているように、こういうサンプルから引っ張ってきてこのことを一般化するときに無理がなければいい、というか。私はかっちりとした方法は絶対につくれないと思っているので。

岸　そうなんですよね。

筒井　それは求めてもしょうがないと思っていて。その場、その場の相場感というのはすごく曖昧な言い方なんですけれども、それ以上のものを求めようとすると時間の無駄遣いになるような気がしているんです。

岸　結局、こうやって考えていくことは無駄なことじゃなくて、何をするべきかがはっきりしてくるんですよ。まず、やっぱり一つはっきりしてきたのが、正しさを外部に委託してもいいんだということですね。相場感というか、学者共同体、科学者共同体――それこそマートンですけれども――の中の民主的な手続きで行われた、理想的な発話状況での討議で「正しい」と決定されたんだったら、暫定的ではあるけれども「正しい」ということを担保できる。

これはでも実はすごく深い問いです。社会全体を信用できるかどうかになってくると思うんです。人間は自分たちで自分たちのことを決定していいのかどうかになってくると思うんですよね。

ちょっと脱線しすぎですけれどね。僕はこのへんの話が好きで。ずっとここ何十年かは、「人間は自分たちで判断しないほうがいい」という感じになっていた。でも、「自分たちで判断していいんだよ。自分たちで決定していいんだよ」というのは、たとえば身体に介入してもいいし、自分たちで決めたんだったら何をしてもいい、とか。それはちょっと話が飛びすぎですけれども（笑）

他者の合理性の理解か、個人の自己責任か

岸　合理性の話も出ましたよね。

筒井　岸さんは自己責任の話をよくするじゃないですか。あのときに僕はいつも思っていたことがあるんです。

岸さんは、自己責任の解除みたいなのが質的研究で可能になる一つのものだ、みたいなことを言うんですよね。似たような話で、我々は知らないグループをよく「悪魔化」している。さっきの話にもあったんですけど、沖縄の人の考えている基地の問題と、そうじゃない人たちの基地問題の理解とは全然違う。本土の人たちはもしかしたら、「あっちにいるよくわからない人たちが、何かわがままを言っているんだ」みたいなことを考えるわけですね。つまりよく知らない人のことを悪魔化する。そこを研究者が媒介して「いや、あんたたちがこっちのほうに住んで生活をしていれば、同じような考え方をするんだよ」みたいなことを示せ

るかどうか、ですよね。
それとよく似た構造が、自己責任の話だと思うんです。貧困に陥った人に対して、「それはさぼってきたんだから自己責任だよ」とは簡単に言えない事情を、ちゃんと説明する、というのかな。
そのときに、僕は自己責任の基準みたいなのがなんとなく曖昧に社会にあると思っているんです。そこは外部委託というか、学者がやっていると見せかけて、実は少し違う。岸さんが書いているものから、どこまで自己責任というのを落とし込むかというと、これは倫理学的な問いにならないんですよね。倫理学者はどこまで自己責任と考える（べき）かみたいなのを形式的にいろいろ考える。しかし社会学者は、人びとの自己責任の理解を参照して、相場に落とし込むだけなんですよね。

岸　そう、そうそう。

筒井　結局、そこが到達点だと思うんですよね。こういうふうに書いて、その人のライフヒストリーでもいいけれども、いろいろ書いて、これはちょっと自己責任というほどシンプルな話じゃないぞみたいな相場感というのは、たぶん社会によっても違うだろうし、時代によっても違うだろうけれども。少なくとも読者の側に一定程度そういう反応を引き起こすだけの相場感があるという想定で書くわけですよね。だから、同じ話かなと思っていて。

岸　本当にそうなんですよね。カテゴリー化というか。でも、これはもうちょっとはっきりと社会学者が、特に僕らの年代から言っていったほうがいいと思うんですよね。社会学って、社会の中で、やっているんですね。当たり前の話ですけれど。
社会の中で社会学をやっているので、社会学的な判断の一部でもやっぱり社会的なところに委ねる、ということになる。議論の自由市場みたいなところで。しょうもないことを言ったらツイッターで叩かれるわけだし。そういうところで、ある種の外部委託をしていく。むしろ社会学の外にね。社会学者同士でもそうだし、社会学者の共同体同士でもそうだし、ときには社会学の外にも。特に沖縄とか、被差別部落とか、在日コリアンというと、一般の人でも詳しい人は山ほどいるので。当然、叩いてくるのは社会学者だけじゃないわけですよね。

自分たちは「社会の中で社会学をやっているんだよ」ということはもうちょっと言っていってもいいと思うんですよ。そうすると、たとえば「中範囲のカテゴリー化」がどれぐらいできるかどうかというところも理解が深まっていく……

これって、意外に射程の長い話で、たとえば「外部に委託したらええねん」っていうことが、それこそ社会学のなかの相場感覚として決まっていけば、もう僕たちは方法の話をしなくてすむんです。この対談は最初から最後までずっと方法の話しかしてないですが（笑）。これはね、これはわりと、大変なことですよ。方法論の話って、もし外部委託っていうことが出てきたら、そこで打ち切りになるんです。私たちはついに方法論から解放される（笑）

ただ、このへんはすごく危ない話になってくると思うんですよね。ここであんまり僕はポジティブになりすぎないほうがいいと思うんですよ。たとえば「沖縄人」というのを主語にしていいのか。あるいは「それは偏見とどう違うの？」とか、考えてしまうんです。

筒井　その話とよく似たやつで、岸さんが北田さんとの対談で言っていた話がありますね。

それは、自己責任を解除しまくってもおかしな問題になる、という話です。最終的に「自己責任なんてないよ」みたいな話に行き着いてしまうのではないか。突き詰めてみれば、あらゆることに関して自己責任なんてないよね、と。私は、それは倫理学者的な考え方だと思っているんですよね。だから、やっぱりどこかで引き戻す必要があると思う。「いえ、自己責任がないなんて言ってないですよ」と。「でも、あなたたちがこういう場に置かれたときに、自己責任と言ったら辛いですよね」ぐらいのところで止めるんです。

その相場感なんですけれども。でも、私もあやふやなので、そんなのでいいのかな、とも思いつつ。

岸　そこがあやふやなんですよ。そこは、筒井さんは正直ポジティブ過ぎると思うんですよ。もちろん政治的にじゃなくて、理論的というか方法論的にですが。

筒井 うーん……

岸 僕もうじうじ言いながら、「やってしまっている」んですけども。

筒井 僕は計量なので、すごくマイノリティの人たちとか、本当に困難を抱えたような人たちとそんなに真正面からずっと向き合ってきていないんですよね。そうしたら、たしかに僕が今言っていた「相場感でいいじゃん」みたいな生ぬるいコメントでいいのかと言われたら自信がない。

岸 ここは政治的っていうよりも方法論的に厳しく考えるべきで、「他者の合理性を理解する」というのは責任解除に必ずなるわけですよね。行為の文脈を理解するということですから、その状況にいるんだったらそんなことをしてもしょうがないなということの一番切れ味の鋭いというか、一番ブリリアントで、かつすごく微妙な例が『まなざしの地獄』だと思うんですよ。あれは見田宗介の、あの知性によって連続殺人犯を理解してしまったんですね。あれを読むと、「日本全体がこういう状況なんだったら、こんなことになってもおかしくないわ」ってつい思っちゃうんですね。

たとえば、わりと社会学者でエスノグラファーが使っている道具立てというのは、実は誰でも使えるものであって。だから、ライターさんでも、ジャーナリストでもみんな使っているわけですけれども。本当に他者に会って話を聞いて理解するというだけのことですから。それはたとえば在特会でも理解できるわけ。在特会の人に会っていろいろ話を聞くと、それはいろいろ辛いわけですよ。辛いやつがいる、と。そういう状況でついつい自分よりも弱いやつに矛先を向けちゃってみたいな。書こうと思ったらいくらでも書ける。

それは同じ手立てを使ってできる。だけど、それをしないというのはどこで分けるのかというと、それは社会学者共同体の相場感覚というか倫理観ですよね。いや、そこは理解しちゃダメだろう、責任解除したらダメだろうと。あるいは権力者。「安倍さんもあれで大変なんやで。お腹も弱いし」とかいうと、ああ、「憲法を変えるのもしょうがないかな」みたいな（笑）。

それはならないだろう。それはなったらいけないわけですよね。なったらいけないことをどこで分けるか。それは常に恣意的な区別でしかないわけでしょう。

そこは決断ですよね。その決断を個々の社会学者がやっていっていいのか。あるいは集団としての社会学者が慣習的なところでやっちゃっていいのかどうか。どうでしょう?

社会学の観察と記述

筒井 ……うん、やるしかないでしょうね。

岸 ポジティブやな（笑）

筒井 ほかに行くところはないので。それが私は社会学者のアイデンティティだと思っていて。私が計量の研究会とかに行くと、なんか知らないけれども「経済学者の手先」みたいなことを言われて（笑）。本当によくわかりません。

岸 違うのに（笑）

筒井 吉川徹さんなんかもときどきそういうことを言っていて。「ゴリゴリの計量で、たとえば筒井さん」とか言って。「ええっ」とか思って。

岸 違うのにね。むしろ理論的。

筒井 すごく社会学者に共感をしているんですよね。その中の一つが、私は社会学至上主義みたいなところがあって。

岸 筒井さんの中に?

筒井 そうなんです。すごく典型的なのが、さきほどから話題に出ている自己責任の話です。「自己責任とは何か」という問いに対して、倫理学のように、形式的に、演繹的に答えを出していくのではなくて、人びとがそもそもどういう場面に置かれたときに、どういう自己責任概念の理解のもとで、どう振る舞っているかをまず見ましょう、というところに落とし込むのが社会学なんですよね。

そういう意味では、あらゆることが社会学の対象になるわけです。考えるより前に、まず見てみなきゃわからないよね、という。それに、もし人びとがまったく問題にしていないようなことを哲学者なり倫理学者が問題にしていたら、そもそも無駄ですよね。火星人が問題にしているようなことって。それは無駄なのでやる必要はない。

そういう意味では、どこかでやっぱり人びとの生活とか実践のほうに戻ってくる必要がある。どんな倫理的な問いでも、そこに引き入れてくるというところが社会学の強みだと思っているんですよ。その強みを生かすためには、やっぱりコミュニティの中の人を信じるしかないというか。コミュニティの人びとが、それぞれ外の世界と接しながら、つくり上げてきた常識とか相場感とか。結局そこしかないし、それ以上のことを言おうとするとすごく危険な気がしますけれども。

岸　そうなんですよね。逆に言うと、在特会は責任解除をしないけれども、ここはする、みたいなことを理論的に言っちゃうとそれはそれですごくやばくて。そんな万能な理論はないわけですからね。

筒井　ないと思いますね。

岸　それこそ非常に危ないほうに走っていくんですけれども。

でも、たとえばね、とか言っちゃうんですよ。僕は意外に繊細なんで（笑）

確かにおっしゃるとおり、倫理学のように規範的な議論で研究者の側が自己責任の所在をどう考えるか、ということをせずに、社会学者は、人びとがそれをどう考えているか、ということをまず見ます。それはそれこそ私たち質的調査屋の仕事そのものですよ。

でも、まさにその、人びとが実際には何をしているのか、ということを書くことそのものによって、その人びとの責任を理解したり解除したり、ということがあるんですよ。これは、ただ問題のレベルをずらせば迂回できるような単純な問題じゃないです。つまり、理解するということにおいて、なにかが必ず生じる。さらに、人びとの理解を理解する、というやり方でメタレベルに上がろうとしても、その人びとの理解を理解するということがまた何かをもたらしてしまう。このことからは逃れられない。私が言っているのは、視点を変えたり、メタな立場に立ったりすることで回避できる問題じゃないんです。

あと、ちょっと別の問題もある。たとえば、僕は上間陽子のテクストはすばらしいと思うんですけれども、でもあれに反発する当事者もいるんですよね。要するに、責任を解除されたくない当事者。

責任を解除するというのは、僕は唯一の目的だと言っているわけじゃないんですよ。質的調査というのがあまりにも文学、文学言うて、好きに書けばいいんだよ、みたいなことを言われるので、それがすごく嫌で、代表性とか事実性にこだわったりとか。あと、「実際に社会にどう役に立つのか」というレベルで考えたりとかをあえてやっているんですね。成功しているとは自分でも思っていませんけれども。

たとえば、責任解除をするのが唯一の目的ではないですけれども、一つの大きな例としてやっぱり理解の「社会的機能」としてそういうものがあるとすると。でも、上間陽子的な理解をされたくない当事者がいるんですよ。そして僕はそれもすごくわかるんですね。当事者の一つのあり方として、ああいうふうに書かれたくない人がいる。実際にいくつかツイッターで見たことがあって。上間さんを揶揄するんですよ。

これはたとえばですよ、たとえばの話なんですけれども。ものすごく複雑なものに巻き込まれていくんですね、特にフィールドワークをやっていくと。なんかそこに、社会問題が発生している。社会問題が発生していくところの、まさにただ中に入っていって、僕たちはやるんですよ。そうすると、いろいろなレベルで自分がやっていることを問い直さざるをえないんですね。

僕が『同化と他者化』という本を博論から書き直すのに一〇年かかったのは、実は自分なりにものすごく仕掛けを作ったというか、構造的に一つひとつはっきりさせていったんです。方法論のレベルからメタ的な政治的な正しさというところまで。あるいはもっと中範囲の、戦後の沖縄の経済発展はどうだったとか、Uターンどうなんだと。さらにもっと理論的な、アイデンティティってそもそもなんなんだ、というところまで、レベルごとにばーっと書き出していって。一個ずつ課題を潰して、そうやって書いていったんですね。そんなに成功しているとは思わないですけれども。

だけど、フィールドに行くと、立ち止まらされるところがあるんですね。「理解をするな」という当事者とか。それはされたくないでしょう。一概には言えないというとなんか……

筒井「でも、わかってよ」みたいな。「あなただって俺の立場になったらこうなるよ」みたいな。そういう理解をすること自体に一定の意義がある、というケースと、他方で「わかった気になるなよ」というケースもある、ということですか？

岸 そういうことです。

筒井 そういうケースを分けるものはなんなんでしょうね？

岸 さっきから言っているけれども、実際にはもうやっちゃっているのに、なんでいちいち立ち止まって考えているかというと、「やるべきことをよりはっきりさせるため」なんですよね。たとえば、正しさを社会に外部委託するとか。あるいは代表性にそんなにこだわらなくてもいい、とか。そういうことを一個ずつ確認していく作業なんですけれども。

このへんは、当事者性との付き合い方みたいなところですよね。僕らは理解したくてやっているんですよ。でも「簡単に理解をするな」ということすら、僕らは理解できてしまうわけですよね。そういう当事者性のあり方なんだなみたいな感じで。だから、理解というものの持つすごく政治的な痛さとか重さとか複雑さとかがある。これはちょっと、方法論の話からさえ逸脱するかもしれないけど。

人の語り、自己というのは、切ったら血が出るわけですよ。僕たちは何か、相互行為秩序とか、そういう抽象的な概念を操作しているわけじゃないですよね。マイノリティとは限らないですけれども、人を理解することの怖さみたいなのは、実はすごくあるんです。だから、あえて狭めて限定して、行為の再記述ぐらいだったら、してもそんなに迷惑はかからないのでは、ぐらいな感じで、本当は『質的社会調査の方法』を書いたつもりなんですけれども。

筒井 記述できるぐらいの理解ということですね。あなたの気持ちを私は本当にわかっていますからというんじゃなくて、ですよね。

岸 だから、もし理解されたくないという当事者がいるんだったらそのことを書く。そのことは書けるんですね。「理解されたくない」と言われました、と。それは書けるわけですよね。沖縄の安定層というのは、共同体から離脱していますよ、ということを言われて怒る人もいると。「怒る人もいましたよ」ということを書く。それはその人が拠って立つところを否定された気がしたんでしょうね。そのぐらいはできるんじゃないかなということで。こうやって考えていくとやらなければいけないことがはっきりするんです。

他領域での代表性と法則性の理解

岸 ちょっとこちらからの指名で、会場から、明治学院大学の稲葉振一郎先生、お願いします。

稲葉 トップバッターには、ふさわしくないかもしれないです。後半以降のお話については、私にはほとんどまったく関心が持てない（会場爆笑）。もちろんそれ自体は意義があっておもしろいテーマなんですけれども。

僕がずっと考えていて、今日、話が引っかかるかなと思ったテーマから、最初の代表性の話以降はひたすらズレていったので。僕が主に関心があることとは違った。

岸 そうしたら、それを言ってもらえますか？

稲葉 代表性の話をなんで気にするのか、という話です。少数のサンプルから、どうして科学的な知見が得られるかというような話でもあるけれども、それに尽きない話でもあるな、と思っていて。つまり、あえて少数のサンプルから知見を得ていることの意味は何か、という話であるなら、それは社会学者だけの悩みじゃないというか。むしろ社会科学者全般が共有しうる問題です。

歴史研究者を、社会学者と対比してみましょう。そもそも歴史学の研究においては、扱っている事例が一つしかない、という場合が多い。また政治学においては、社会学よりも、そして経済学よりも歴史研究のウエイトが格段に高いですし、実は経営学もそうなんですね。経営学においても少なくともこれまでは、大量観察より、ケーススタディのほうが重要なものとして扱われてきたと思います。だって、経営史において好んで研究対象とされる国をリードする大企業なんていうものは、先進的なんだから、平均的・典型的じゃない。そうすると、国を代表する企業には、ひょっとしたら逆に代表性がないのではないか、あるいはあるとしてもそもそもいかなる意味での代表性なのか、という問題がありますよね。

じゃあ、それについてどう考えるか。国を代表する企業というのは、たとえば経営技法とか、労使関係のスタイルとかでは、確かにある意味での代表性がある、と考えられるわけです。つまり、ほかの企業、ライバル企業が真似をしうる。「あれはいい」と言って。だから、そういう意味での代表性を獲得するけれども、他方で突出した、少なくとも一時的に突出した業界におけるリーディング・カンパニーというのは、他の企業が真似できないからリードをしているんであって、そこに平均的とか典型的とかいう意味での代表性はないじゃん、と。

自然科学でもそうですよ。たとえば地球科学とか天文学の人たちのことを考えてみましょう。しばしば、「人文科学と違って自然科学は固有名詞の話をしない」とか言うけれども、それは大嘘です。たとえば火山学者は一つの特定の火山、固有名詞を持った火山の研究で一生を終える人もいるし、天文学者の中にもこの天体の研究だけで一生を終えるという人というのも、中にはいるわけですよね。そういう研究スタイルも許される分野である、と。そしてもちろんそういう研究と自然法則とは関係がないわけじゃない。大ありである。そう考えてみると、唯一の事例と法則性との関係というのが、どういう問題かというのは、実はありふれた普遍的な問題でもある。

先ほどのお話には、ぼくがずっと気にしているこういう話に通じるお話もちょっとあったかなと思ったんですけれども、そっちから後半の話はほとんどずれていって。個人的にはそっちの話をしてもらえれば良かったなと思うんだけれども、それは別に個人的な関心なので。後半は全然違う話に行ったので、ああ、そういう話なのねと。私の役にはあまり立たないし、私には貢献できないなと。

岸　帰れ（笑）

稲葉（無視して）そうすると、そもそもなんで代表性を気にしなきゃいけないか、という方向に考えを進めるほうがいい。歴史学者でも一緒だけれども、少数の事例について、代表性があるかどうか、その事例が我々にとってそもそも理解可能なのか、我々がすでに知っている一般法則とうまくかみ合ってくれるのかどうかなんてあらかじめはわからないのにもかかわらず、なぜか大概の場合研究者は理解できる、というより理解できてしまうんだよ、という話を岸さんはずっと言ってきたんですね。

岸　そうです、そうです。

稲葉　そのレベルの「理解できてしまう」ということに、かなり普遍性があるのではないか。

岸　おおおおなるほど。

稲葉　言い換えると、その「理解できてしまうこと」は、研究を事実的に遂行したことで事後的に発見される。これは、岸さんがデイヴィドソニアンであるということとも、かなり関係があるわけですよね。

つまり、そういう法則性と、普通の因果研究をするときの科学的理念における法則性とはちょっと違うけれども、その「ある水準での普遍性」というのはどういうものなの、と。繰り返すと「理解できてしまう」というのはどういうことなの、という反省的なテーマがあるわけですよね。

その問題と、たとえば普遍性とか一般性の探究を志向しているといわれるいわゆる計量研究とはどういう関係にあるのか、という話がもうちょっと詰められると良かったかなと思うんだけれども。後半はそういう話にあまりなっていないと思います。

岸　帰れ（笑）

法則性の理解から統計的因果推論ブームへ

稲葉（無視して）もうちょっと具体的なリサーチ・ストラテジー、リサーチ・プラクティスの話になっていった場合にどうなるのか、という点が気になります。手の内を明かさないのも卑怯だから、どうして僕が今日の話に引っかからなかったか、ということに絡めてもう少しお話しします。

代表性が気になるということは、つまり少数のサンプルを研究していて、これってどんな意味があるんだろう、ということが気になると。要するに、「これってどれぐらい普遍的な意味があるのか」と。「普遍的な意味があってほしい」と考えることは、少数事例の範囲からでも普遍的な法則を発見したいよね、という法則定立的な科学観があるわけですよね。

岸さんからは「計量研究者だったら大量のサンプルを相手にしているから、普段からわりとそういうのと近いところで仕事をしているんじゃないかな」という片想いがわりと感じられる。でも、筒井さんと話をしていて「いや、案外そうでもないよ」という突っ込みが返ってきて、半分安心して半分がっかりしている。こういうことだと思ったんだけれども。

岸　はい（笑）、まあ、そうですね。まったくそうです。

稲葉　そういう話をしていて気になるのは、ひょっとしたら社会学だけじゃなくて社会科学、あるいはフィールドサイエンス全般に通じる問題かもしれないけれども、「（一般的）法則よりもむしろ（個別的）因果連関を理解しよう」という動きなんです。政治学もそうなんだけれども、特に計量経済学のここ二〇年くらいの動きをはたから見ていても明らかで、彼らの中では「因果連関を理解しよう」という志向が本当に強くなっている。昔のような「構造方程式でもって経済法則を近似しよう」という考え方が急激に勢いを失って、今は「個別具体的な因果連関を発見しよう」、というところに焦点が移動している。昔に比べれば事例分析より大量観察に重心が移動してきたはずの経営学者の間でもそういう印象があります。

要するに、統計的因果推論というのが非常にキャッチーなテーマになってきていますよね。その流れはいろいろなところから来ていて、心理学からも来ているし、経済学からも来ているものです。法則性を発見するということは、あるいは、法則性を理解すれば法則性からの演繹で個別的な事例の理解も深まるよ、という考え方からも一歩退いている。そうじゃなくて。さっき中範囲の理論の話をしていたけれども、中範囲の理論というよりもむしろ、こういうことではないかと。要は、「普遍的な法則性があることは否定しないし、それを発見できればしたい。けれども、我々が知りたいのはもっと個別具体的な連関で、それを理解するためにとりあえずすでに知られている法則性レベルの知見を援用する」ぐらいのところに、なんか研究のスタイル、問題関心のあり方が明らかに変わってきている感じがするんですね。

　因果推論というキーワードが前面に出てきて、計量経済学の教科書も一九七〇年代、八〇年代ぐらいの「構造方程式を推定します」というのが中心になっていたところから、そのあと時系列分析をするようになって、今はパネルデータを使って個別的な因果連関をみるほうへ非常にちんまりさせようとしている。

　たとえば「幼稚園教育はその後の生涯所得に効くんですか、効かないんですか」といった、ちんまい話を延々とやっていく、というところに焦点が移っているわけです。そこから先に「今度はそれを実験で確証しようか」という話にまで進んでいく。ＲＣＴ[8]、ランダム化対照実験ブームというのが、開発経済学の方が来ているけれども、要するに「法則理解よりもちんまい個別的な因果連関を知りたい。そのために計量をやろう」と。そこからさらに「フィールド調査のデータの受動的な分析だけじゃ気が済まないから、能動的に実験をしよう」と。そういう方向になってきている感じがしている。

　そうすると、たとえば経済学の仕事を見ると、現代の計量経済学というのは、経済モデルを検証しようという発想ではもうないわけ。どこに因果関係の経路があるかということを、きちんと見極める職人的な熟練ですね。これがきわめて重要になってきているわけです。そこでは理論は直接その説明力を検証すべき対象から、個別的な洞察を導く補助具になってきている。

　そうすると、社会科学全体のなかで、各分野の間で従来より案外互いに似かよってきているところと、あるいは反対にズレてきているところが出てくると思いますが、いずれにせよ全般的な傾向としては、非常にローカルな個別的・具体的因果連関を非常に気にするようになっている、と。

この辺の事情がもっと明確、というかはたから見てわかりやすいのは特に政治学の場合だと思います。要するに統計的に研究するのは一般法則性よりも因果連関を知りたいからだ、という志向が昔から相対的にはっきりしていたと思う。でも政治学の場合、因果連関を知りたいときに、しばしば国というマクロの、あるいは個体数の少ない対象のレベルを相手にしなきゃいけない。

たとえば政治学者、マクロ政治社会学というジャンルがあるので社会学者と言ってもいいけれども、ハロルド・ウィレンスキーの『福祉国家と平等』みたいに、国を単位にしてやる。OECDをかき集めれば二〇〜三〇個の国はあるから、一応ある程度は統計になんとかなる――回帰分析して有意性検定ができる――けれども、それでもけっこうサンプルサイズは小さいよね、と。そういうところで「高齢化したら福祉国家の支出はどれぐらい増えるの？」「政治的な民主化が進んだら世の中全体としてどうなるの？」というような研究は一九七〇年代ぐらいに始まって、そこから脈々と続いて、今の福祉国家の比較計量政治社会学の隆盛に至る、という流れがありますね。一九九〇年代ぐらいにエスピン＝アンデルセンがメジャーになったのもこの流れあってのことですね。

代表性という意味では、そもそも国というものを単位として、国の集団というサンプルを計量的に扱うことにどれぐらいの正当性があるのか、よくわからないところだけれども。社会学者のいう「質的研究」って扱っているサンプルのサイズが小さいけれども、政治学者の主戦場はむしろそっちなんですよ。

福祉国家の比較研究ならば数十程度のサンプルがあるからまだいいけれども、たとえば革命の研究をしたいとか言い出したらサンプルがまず絶対的に少ない。少なくとも計量的研究に耐えられるようなデータの取れる事例が少ない。古典的なところではバリントン・ムーアの研究なんかがよく引かれるけれども、ムーアなんかは四つか五つのサンプルで仕事をしているから。もう、統計的になんてできないわけですよね。条件を揃えるどころか、ランダムサンプリングができないの。それでも、ごく少数の事例で一生懸命、少数の事例を比較して、これがこうじゃないのという因果推論をしようとしている、と。そういう歴史の積み重ねの上に、現代の研究がある。

現在は政治学者が中心になって社会科学方法論の教科書がいっぱい勁草書房とかから翻訳されていますが、明らかにそこでのキー・コンセプトは因果推論になっていて、量的研究も質的研究も実は目標を共有していて、要するにみんな因果推論をしたいんだ、因果関係を見たいんだ、という方向でまとめている。そのための技法としてランダムサンプリングもあるし、統計的検定もあるし、ごく少数の事例を比較するというのもあるし、と。因果連関を見出すためには比較対照が必要で、そのための技法として計量研究も事例研究もあるのだ、と。

さらにいうと、実は単一事例の検討でさえも、暗黙の比較をしているんだ、と。つまり暗黙の比較というのは、比較の対象というのは研究者が持っている暗黙の常識ですよね。事例と、研究者が自覚できる最低限の思い込みとが、実は個別事例研究のなかでも比較されていると。そういうような対処法が行われている。だから、みんな同じことをやっているんじゃないかと。

そういう問題意識の収斂もあると思うんですね。そういう話をいま考えていて。

「実はできてしまっている」の意味

岸　ちょっとまとめますと、要するに人文科学、社会科学、自然科学も含めて、実は代表性なんかないところでやっているのがたくさんあるぞ、という話ですよね。

稲葉　理解できてしまうから。

岸　ですよね。そこがちょっとデイヴィドソンとつながって、やると。たとえば、ランダム化比較実験なんかでも実はものすごく少数のもので成り立っている政治学なんかがあるので。それはすでにやっているんじゃないかということですよね。

稲葉 実はできてしまっている、とさっきおっしゃって。

岸 因果推論と政治学のことは後ほど筒井先生に振るとして。今のご指摘の前半のところで、実は歴史学でも地理学でもなんでも少数のサンプルサイズで我々はすでにやっているんだよ、というのは本当にその通りです。今日はたまたま、最近僕がすごく後ろ向きの考え方をしているので（笑）、後ろ向きの話になりましたけれども。ちょっと逆の方向で話をしますね。逆の方向で話をしますと、我々、質的調査が実はどうやってやっているのかなというと。今日は会場にもたくさんの方が来られているので、今日私たちの話をはじめて聞く院生さんや学生さんにもわかるように説明しないといけないんですけど、できるかな（笑）。イチから説明してみますね。

まずは、他者がそこにいると。たとえば、この人がしゃべっている言葉がまったくわからないとすると、そのときにポストモダニズム的な概念枠相対主義の人らが言うあれだと、ひと言も翻訳できない言語かもしれないと。だから、概念の枠みたいなもので我々は分けられていて、それはお互いに通訳不可能性があるかもしれないんだよ、という議論が、デイヴィドソンによって批判されていくんだけれども。

このあいだ筒井先生の入門の本を読んで考えたんですけれども。社会学についての僕の定義って、普通に「社会問題を調査して、知見を蓄積していくものですよ」というふうに定義したんですね。筒井先生は『計量社会学入門』の中で、ほぼ同じ定義をされているんですけれども、一個だけ違う点があって、「近代社会」というのが入っているんですよ。近代社会の社会問題を普通に調査して蓄積するんだよ、ということを言っているんです。

僕はずっとそのことを考えていて。たしかに社会学って出発点から近代社会論なんですね。シカゴなんかでもそうだけれども。ものすごく単純化しちゃうとシカゴみたいなところにいっぱい人が違うところから集まってきて、お互いにどう理解し合えるのかな、というところで社会学はたぶん生まれたんじゃないかなと思うんです。だから他者理解というのがたぶんずっとあるんですよね。だからこそ、統計的因果推論よりも回帰分析で、通時的な因果分析よりも同一空間にたくさん並んでいるものを比較するという理解の仕方になった。社会学者が、たくさんの変数間の複雑な相互関係の構造なんかを記述するみたいな感じでやってきたのは、その成立の当初から相手にしてたのが、分割された世界なんですね。

そこで質的調査なんかが他者をどうやって理解していくかというと、ディテールを積み重ねるんですよ。質的調査で僕らはディテールを書きますよね。全然そのことに関係ないことまでもう必死で書いちゃう。僕も『同化と他者化』でUターンの話を書くときに、全部載せたわけ。あれは出版社の編集さんがいいと言ったから載せたんですけれども。明らかに関係ないことまでたくさん載せているんですよ。というか、ほとんど関係ないんですね。あそこに載っている大量の一五〇ページにわたる生活史の中で、Uターンに関することってちょっとしかなくて、子どものときに何を食っていましたかみたいな話が延々と続いているわけ。入れても入れなくても結果は一緒なんですけど、なんかそういうのを入れちゃう。他のエスノグラフィーなんかでも、これはいらないだろうというものすごく細かいことがたくさん書いてあるんですね。

話を戻しまして。社会学の目的として、他者を理解する、ということがある。じゃあこの、他者というものと、どうやってコミュニケーションするんだろう。そのときに、私や北田さんは、デイヴィドソンの議論をもとにして、「当座理論のすり合わせ」としてそれを考えているんです。

デイヴィドソンの概念枠相対主義批判は、簡単にいうとこういうことです。他者的な存在が、自分にはまったく理解できない言語をしゃべっているときに、「完全に理解できない言語は言語ですらないだろう」とデイヴィドソンは言っているんですね。「それが言語だ」ということが理解できる以上は、「ほぼほぼ、おおまかに翻訳できるはずだ」と言っているわけ。だから、まったく異なる概念枠によって「完全に」分割された世界というものは、論理的にいって存在できない。

ちょっとパラフレーズすると、目の前に現れた他者が絶対に理解できない他者であるとしたら、たぶんそれは他者ですらないわけですよね。目の前にいるのが他者であるということが理解できた以上は、ある程度なんらかの理解や再記述はできるはずだと。社会学的に言うと、そうなる。そうすると、デイヴィドソンが言うには、お互いある程度は理解できるはずだとして、全然違う言葉をしゃべっている人たちがどうやって理解し合っているのかというと、他者に関する私たちの理論を、事前理論と当座理論で分けて、コミュニケーションの現場で当座理論の擦り合わせをおこなってるんだ、ということを言っているんです。

当座理論というものは、その場で作動する、他者に関する理論ですよね。その場で作動している理解というのがあって、それをお互いにすごく細かくやりとりをする中で、ちょっとずつ擦り合わせをしていくんだよという、ものすごく当たり前の話をしている。他者とやりとりを重ねていって、ちょっとずつ長い時間をかけて擦り合わせをしていくやん、と。なんとなくわかってくるやん、みたいな。ものすごく当たり前の話をして。この短い論文が結果としてポストモダン的な考え方を一掃してしまう。

稲葉 一掃と言うと怒る人もいるよ。それと重要なことだけど、デイヴィドソンによれば、コミュニケーションは二者関係で考えちゃいけない、と。

岸 そうですね、三角測量という言い方をします。

稲葉 デイヴィドソンの概念枠相対主義批判というのはどういうものかというと、そもそも概念枠相対主義というのは、わりと一九七〇、八〇年代までは我々人文社会科学徒のあいだで流行っていた考え方で、「相互の理解が可能であるためには、あらかじめ前提として共有されているコードがあるはずだ」、つまり「我々のコミュニケーションは常にすでに共有しているコードにのっとっているはずだ」と。そういう考え方が主流だった時代があるんだけど、しかしそれだと異言語理解に関して説明ができない。つまり、どうして外国語の理解ができるの、と。ロゼッタストーンがないと外国語って理解できないんだろうかと。たしかにロゼッタストーンは大事だけれども、ロゼッタストーンがないところでも我々は他者の言語を理解してきたんじゃないかという。この枠組みではその事実が理解できないという話になって。

クワイン、デイヴィドソン以降の相対主義批判の流れは、「たしかに共有しているものはある。けれども、共有しているのは前もってのコードではなくて、同じ身体を持っているとか、同じ物理的環境を共有して面を突き合わせているとか、そういう物理的な共有環境が第三項である」と。共有されているのは、前もってのコードじゃない、という考え方ですね。

岸　うーん、物理的世界の共有がデイヴィドソンの理論のなかでどれくらい重要なものかはちょっとわからないですが、すくなくとも今日の話の文脈でいえば、当座理論の擦り合わせということが大事だと思います。

だから、対話を長いこと続けていって、他者との間で擦り合わせを何回も往復していくうちに、おおまかに正しいモデルがつくられていく。

それで、たぶん、長い期間にわたる擦り合わせに当たるものが、質的調査のディテールなんですね。僕らはディテールを書くでしょう。細かいディテールを書くわけですよね。それを読むのに時間がかかるわけです。読むのに時間がかかるし字数もすごく消費しちゃうんだけれども。でも、細かいことを書かずにいられないわけです。

細かいことを書いて、それを読んで、時間をかけて、なにかに到達していく、近づいていくと思っています。だから、これなんですね。代表性みたいなものが一挙に達成されているわけじゃないんですね。やりとりをしていくうちに理解に到達するプロセス、というものがあって、質的調査ってそれを、自分のテクストの中で遂行的に再現しているといってもいいかもしれない。僕らはそういう作業をしているんですね。だから、僕らなりの理解のやり方というのはそういうことだなと。

だからこそ、僕は、その場だけの相互行為秩序の記述には興味がないというか、それがやりたいことではないというのは、やっぱりこういう長い時間がかかる擦り合わせを、「沖縄」とやってきたんですよ。二五年もね。沖縄とこれをずっとやってきて、たとえば、さっきの階層格差の話があるわけですよね。あの階層格差の話というのは、わりと沖縄の人でもみんな納得してくれる。ウチナーグチで、「うちあたい」と言うんですけれども。「心当たりがあるよ」というぐらいの意味ですが、みんなうちあたいしてくれるんですよ。

そのへんの説得力みたいなものというのは、やっぱり僕がフィールドとやりとりをしてきた結果だし、しかもディテールをうまく書いて、分量は長くはなりますけれども、『街の人生』的なことをして何かの理解に到達したい。

厨先生（稲葉振一郎のあだ名）にはいいきっかけをもらいましたね。今日そのへんの話も言おうと思ったけどそっちまで行かなかった。

統計的因果推論の射程

筒井 手短にコメントを付け加えるとしたら、ですね。

政治学で一〇年、二〇年ぐらい質・量の対決のところで、量的な意味での因果推論を質的にもやれ、という勢力がすごく強くなった。一つのきっかけになったのがキング、コヘイン、ヴァーバ（KKV）という三人の研究者が書いた『社会科学のリサーチ・デザイン――定性的研究における科学的推論』という勁草書房から翻訳が出ている本なんです。私の感想だと、本当に一ケースで因果推論できちゃっているところがあるよね、というところに関しては、多少生存者バイアス的なところがあるとして、つまりうまくいったケースだけ紹介されているんじゃないの、みたいな感じもあって、多少気になるところもあるのですが。私はやっぱりさきほどの相場感の話に戻ると思っているんです。できるできないのところを相場的に判断して、できるやつが、けっこう表に出ているのかなという気がしている。

あと、ちょっとこれはもしかしたら、この場だとあまり計量の人がいないから言ってもいいのかなと思うんですけれども、今、因果推論ブームなんですよ。一大ブームで。でも私は、少なくともブーム的な盛り上がりは一〇年で終わると思っているんですね。そんなことはないと思う人も多いと思いますが。
　因果推論というのは、何をやっているかというと、同じものを比べるのがミソなんですね。同じものを準備しないと駄目なんです。これは鉄則なんですよ。違うものを比べたらダメなんです。普通、なんとなく我々は違うものを比べたがるじゃないですか。それだとダメなんですよ。同じ人じゃないとダメ。だからパネルデータなんです。[9] Aさんと、Aさんのその後を比べなきゃいけないというのが、因果推論のひとつの発想なんですよね。理想的には、人を一〇〇人集めてきたら、五〇人ずつくじ引きで分けろ、というのがランダム化比較実験の発想です。くじ引きで分けるからAグループとA′グループが大体似たようなグループになる。できればまったく同じ均一な集団を準備して、そのうち一つに何か介入をする。たとえば薬を与えるとか、あるいは一つに対して何かこっちにはない条件が付け加えられるとか。それがあって、たとえば政治学だったらある社会でのみ革命が起きました、という場合は「ああ、これが真の原因なんだな」みたいなことを推論するのが因果推論なわけです。

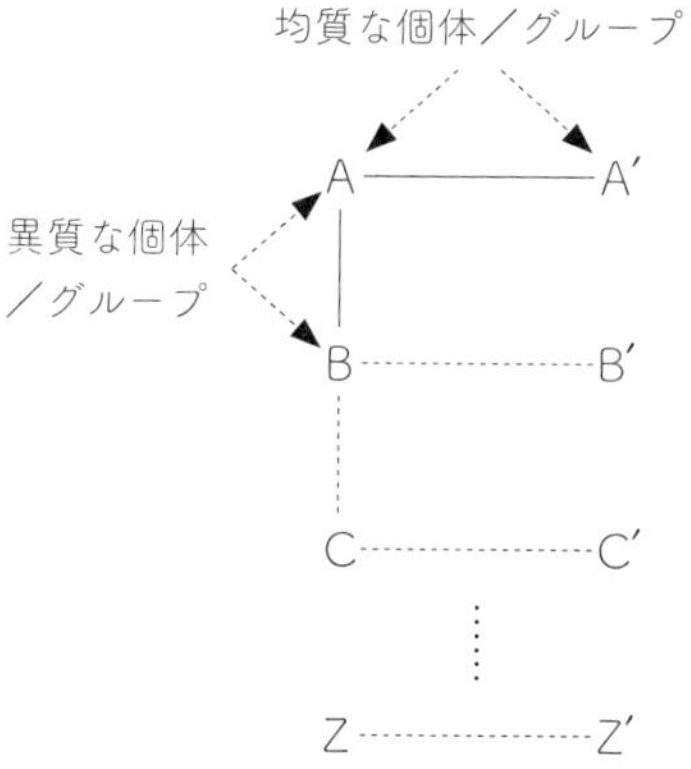

　計量社会学はどちらかというとちょっと違って、やっぱり違うものを比べちゃうんですよね。図を書くので見てみてください。AとA′を比べるのが、同質なものの比較で、因果推論の発想。AとBとを比べるのが、異質なものの比較で、計量社会学がよくやる比較。

岸　筒井図や。

筒井　いつもこれ書いているんですよね。計量社会学者はしばしば違うものを比べているので、計量経済学者ならば「あんたたち何をやっているの?」と突っ込むわけですね。違うものを比べて何か意味があるの? 計量社会学者は、えっ、比べるって違うものを比べるんじゃないの? どういうこと? ここで地球人と火星人の会話みたいになって、お互いにわけがわからなくなって、もういいやみたいな感じになるわけですね。でも、これはそういうものなんですね。

社会学者は癖として、たとえばこっちに特定の職業グループでこっちに別の職業グループがあるとか、高学歴者と低学歴者とか、アメリカ人と日本人みたいに違うものを比べて、そこで理解を深めようとするわけですよね。そうなんだけれども、因果推論の場合はアメリカ人とアメリカ人を比べなければダメなんですよね。

もうちょっと言うと、鈴木さんと同じ鈴木さんを比べなければダメなんです。そのとき、私は「相当無理のあることをしているな」と思うこともあります。というのは、同じものというのはあまりないんですよね。

特にケースが少なくなると、ますます同じものがつくれなくなってくる。そのときに因果推論派の人が何をやっているかというと、無理やりつくったりするんですよ。Aと同じ条件のものがないので、似たような国にちょっと重みを与えるとか、加工して仮想A´みたいなものをつくって、それで比べたりするんですよね。私は、それ自体は因果推論的な妥当な手続きなのでやっていいとは思うんですけれども、他方で「これは何をやっているのかな」とも思うわけです。これでわかるのって要するに介入の効果だけなんですよね。『現代思想』の論文(「数字を使って何をするのか——計量社会学の行方」二〇一七年三月号)に書いたんですけれども、介入の効果を知るための因果推論の知識というのは、社会の理解にはあまり役に立たないんです。だって、ないものを持ってきているので。この世に存在しないものを仮想的に計量的な手法でつくり上げるんですよ。そのために、傾向スコア分析とか、様々な技法が開発されてきた。実在しない均質的なものを二つつくって、一つに介入して何か結果が出たら、実際にそれが他の人類にも当てはまるだろうみたいな発想で、それにも意味はあるんですけれども、現在、我々が住んでいるこの社会が、たとえば一九八〇年代から九〇年代にこういうふうに世の中にこういう社会問題が出てきて、その背景にはこういうものがあって……ということをやるときに、必ずしも必要になる技法ではない。やれる知的作業が限られるということですね。

岸 「記述がない」と書いていたのはこれですね。

筒井 記述の役には立たないんですね。だって、極端な話、存在しないものなので。……というのが私の考えです。多くの人が考えている以上に、因果推論の技法でやれることは少ないと思います。

岸 たとえば、僕らは日本社会と沖縄社会がどう違うのかを知りたい。

筒井 それは、因果推論的には意味がないんですよね。同じ沖縄人で、この沖縄人にこういう作用を加えたらどういうふうになるかみたいなことが因果推論的には意味がある。極端に言えば沖縄人じゃなくて、人間であるべきなんですよね。要するにこれが異質性なんですよ。AさんとBさんというのが異質なので、計量の言葉で異質性 heterogeneity というんですね。因果推論では、異質性は、ひたすら邪魔なノイズなんです。だから消さなきゃいけないんですよ。同じじゃないとダメなんです。

岸 やっぱり社会学というのは異質な集団同士の差異を記述する学問という。

筒井 そうしないと社会が記述できないから、と思っているのかなと思うんですよね。

岸 近代化のなかで生まれたから。

多変量解析をどう捉えるか

稲葉 そこでもう一つ聞きたいことがあります。同じものの中での細かい差異に注目するというのはおっしゃるとおりであり、社会学がそうじゃないということでちょっと思い出したんだけれども。

計量経済学者には、かつての構造方程式流行りの時代から今の因果推論流行りの時代まで一貫した特徴がたしかにある。つまり、研究対象の集団を均質なものとみなす、あるいは対象の集団を均質なものにそろえてから研究しようとするわけですね。その均質なものに対して外側からいろいろな要因が働いていて、この要因がどう効くか、とかいうふうにみていく。要するに、均質な集団の中で生まれる違いは、働いた要因の違いだよ、と考えた。

それをかつては法則的な力と考えたし、最近は個別的な因果に注目する。同じ集団の中に同じ力が違う度合いで働いたら、その集団の中で違いが生まれるよ、と。そういうモデルだったわけですね。

それに対して筒井さんは「社会学者はそもそも集団の異質性に気を付けてきた」とおっしゃったんだけれども、それでふと思い出したのは、計量経済学者って一貫して多変量解析、主成分分析、因子分析を嫌ってきましたよね。ここでいう「多変量解析」というのは——回帰分析もある意味では多変量解析の一種だけれども、そういうものじゃなくて——、要するに変数空間の次元を縮小する。一〇次元とか一〇〇次元あるような空間を人間に直感的に理解できるように、たかだか二、三次元に無理やり押し縮める技術としての多変量解析の話をしているんだけれども。経済学者は、一貫してこういった多変量解析を行うのはマジカルであってサイエンティフィックじゃない、と言って拒絶してきた。

心理学者は、量れればなんでもいいじゃんと言って、多変量解析を比較的好いてきた。もともと開発したのが心理学者だし、心理学とか経営学の人たちは多変量解析をよしとする。社会学の方でも、最近、ちょっと話題になった北田くんたちの『社会にとって趣味とは何か』は、ブルデューを取り上げている。ブルデューがやっていた対応分析は、まさに多変量解析そのもので、カテゴリー変数を無理やり量的空間、しかも単なる平面の中にものすごい多次元空間の、しかも、多次元空間が数量的なものというより、カテゴリカルな変数ですね。カテゴリカルな変数を無理やり図表的な視覚的チャートに移せるようにするという無茶苦茶なテクニックですよね。ああいうやり方を心理学者、そして社会学者や経営学者の一部は使ってきた。

社会学者は多変量解析をそんなに――心理学者ほどは偏愛していなかった、という印象はあるんだけれども、積極的に嫌ってもいなかったですよね。先ほどの筒井さんのおっしゃりようだと、社会学者というのは均質な集団を想定するよりも、その集団が本当に均質かどうかを先に気にすると。だから、それを具体的には、最初に因子分析をしたり、場合によってはクラスター分析とかをかまして、なんでもいいからまずはこの集団が本当に均質かどうかをチェックする、ということを社会学者は習い性としてするんだ、というふうなお話として承ったんだけれども。それはそれで説得力はあるんだけれども、「でも、本当にそうかな」という疑問も僕にはあって。

結局総体として社会学者は、職業集団としての、生き物としての社会学者は、心理学者やマーケティングの人たちほどは、多変量解析をそんなに偏愛せずに、むしろ普通の回帰分析とかをしてきたんじゃないか、でも経済学者ほどはっきり忌避してはこなかったんじゃないか、という気がするんですけれども。そこはいかがですか？

筒井 両方ですよね。多変量解析がものすごく好きな人もいれば、すごく嫌う人もいるんですよね。僕はどちらかと言えば嫌いなんです。どうしてかというと、そこから導かれる知見が何かわからなくなることがあるから。

社会学者で多変量解析を嫌う人の理屈は、たとえば職業集団みたいなのがあるとしたら、人びとが使っているカテゴリーをできるだけそのまま使いたいと思っている場合がそうですよね。そこから新たに架空のもの、それを縮約した何かをつくり上げるということが許せる場合は多変量をやったりもするんですけれども。そのまま使いたいという欲求もやっぱりあるんですよね。人びとの概念に近いところでなるべく落とし込みたいと考える。たぶん、両方いるかなと思いますね。

経済学者はなんでそういうことをやらないのか、というのは、彼らは本当に嫌うので。因子分析も気持ち悪いと言うので。

岸 生理的な感じで？

筒井 本当にそうなんですよ。あの「気持ち悪さ」の理屈というのは、もうちょっと私も考えてみないとわからないのかもしれないですけれども。

なぜディテールを重ねることが翻訳装置になるのか

岸 さっきの話の続きです。他者というのがあって、それを自己が理解しようとしていく。あるいは自己が理解した他者を、第三者に伝えていくときに、その間の媒介になるのはディテールなんですよね。これが量的調査の確率やモデルの、機能的な等価物なのかもしれない。ディテールというのは、一種の翻訳装置になっているんですよ。ディテールを重ねていくとすごく抽象的な合理性みたいなのが伝わってくる。ものすごく抽象的な合理性というのは、直接には伝えられないわけです。直接伝えることはできないですけれども、間接的にディテールをすごく重ねていってやりとりをしていって、長いテクストを連ねて書いたり読んだりしていくと、なんとなく相手の合理性みたいなのがわかってくる。

問題なのは「なぜ?」なんですよね。なぜディテールを重ねることが翻訳装置になるんだろう。そのへんはちょっといま一言では言えないですけれども。

違う集団というのが前提にあって、違う集団同士の違いとか、あるいは共通のものとかを理解していくということをやっているんですけれども。間に入っている翻訳装置みたいなのがそれぞれあるんですよね。それがたとえば量的調査の場合はいろいろな統計手法だったりとか、あるいは確率という概念だったりとか。質的調査の場合はディテールというものを重ねていく。デイヴィドソン的な理解に到達しうる、ということですよね。

ところで、ちょっと代表性のところで今日言おうと思ってたことがあって、ちょっとベイズっぽいのかな、と思うんですけれども。僕らが実際にどういう調査をしているかというプロセスは。

僕らは当然、最初からサンプリングなんかしないわけですよね。サンプリングしたかのようなことを書いてしまうひともいるけど(笑)、実際にはまずしないんですよ。ある下位集団の代表例みたいなひとをあらかじめ決め打ちして探し出して、っていうことはしない。しないというより、できない。

僕らの調査対象との出会い方ってみんな本当にたまたま会った人なんですね。だれかに紹介してもらって、そのなかでたまたまアポが取れた人とか。「誰か知らない？」と聞いて、「じゃあ、あの人かな」みたいな感じで紹介されて、それでなんとかやっていくんですけれども。

これは実際の話なんですけれども、琉球舞踊をやっている人に話を聞こうと思って、舞踊教室を自宅でやっている女性に会ってこの人に話を聞いた。そのときに、彼女の生活史を聞いていくうちに初めてわかったんですけれども、この人がユタだったんですね。「あぁ、そうなんだ」とか言って。で、その後、ユタになったきっかけを聞いていくんですよ。それを聞いていくと、また新しい話が出てくる。この人は実は、若いときに姑さんにすごくいじめられて、めちゃめちゃいじめられて自殺未遂までして。「そうなんや、それでユタに、へえ」と言って。もっと聞いていくと、この人はいま、自分とこの嫁さんにすごく厳しく当たっているんです。最後には、沖縄の、非常に共同体的なつながりが濃いところでの、家族のどろどろした話になっていった。

結局、このときの聞き取り調査では、「誰の」話を聞いたんだろうと思う。僕らのサンプリングというか、調査対象との出会い方というのがなんだろうなと思うわけで。うまく言えないですが、何をしているのかなという。たとえば「舞踊の先生」「ユタ」「家族関係に問題を抱える沖縄の女性」みたいな、どこかに母集団なるものがあって、ばさっとここからサンプルを抜き出すというよりも、一人の人に出会って話を聞いていくうちに、だんだん母集団があとから浮かび上がってくる、ということがあります。さきにひとりのひとに出会って、話を何時間も聞いているうちに、やっとそのひとが「誰か」がわかってくる。ああ、結局これはあの話だったのか、と。「あの話」に当たるものが量的でいえば母集団で、だからそれが「後から」浮かびあがることになるんですね。

だから、あまり代表性とか言わなくてもいい、むしろ、代表性を「なくしていく」感じのことは、たしかにありますね。

仮説設定の範囲について、無意識を措定しないこと

美馬　立命館大学の美馬達哉です。AとA´、AとBについて思っていたことを二点言います。

まず、AとA´とBの話からいきます。AとA´が一緒か、AとBが似ているか似ていないかというのは、最初の仮説というか目的というか「何を見たいか」によると思うんですよ。私は実験科学者でもあるんですけれども、そこから見ると普通「霊長類は全部一緒じゃん」と思っているんです。動物行動学だったら社会行動の場合でも霊長類は全部一緒じゃん、人間とサルは一緒だし、マーモセットくらいまではだいたい一緒だよね、と普通に思うんですね。これが科学人類学をやる人だと人間とホタテ貝は一緒だよね、と（笑）。「ホタテ貝がいかにエイジェンシーとして機能するか」というのは普通の問題設定なんですね。AとBじゃなくて、AとA´に人間とホタテ貝が入っちゃいますみたいな。他者としてのホタテ貝というふうな問題設定が出てきて。やっぱりそこは「仮説が何か」というところによるんじゃないかな、と思ったというのが一つ。これは筒井さんに。

もう一つは岸さんに。他者とやりとりしているうちに理解できますよね、というのが大ざっぱな筋なんですけれども。そこで、他者の中にある不合理性というか、要するにトラウマがあるというような場合のことなんです。マイノリティを対象にした場合には、特にトラウマ的な、つまり本人にもわかっていない自分の中にある何か、そういうものがあるときも考えられる。そういうときに、本人も理解していない何かをどうあつかうかというのがちょっと気になって。その二点です。

筒井　本当におっしゃるとおりで。「何が同質で」というのは問いとか仮説の質によっても変わるんですよね。そうなんだけれども、社会科学の場合は、やっぱり人

間というのが多いんですね。経済学者もやっぱり人間と考えるし。行動経済学とかは、これはどこまで適用できるんですかねと聞いたら、おそらく「人間だね」という答えになる。もうちょっと控えめな人だったら、「これはもしかしたら特定の文化かも」と言うかもしれないですけれども。心理学だったらそのまんまの意味で人間なんだろうなと思います。

ただ、たしかにこの問題を突きつめると、新たな研究課題ができておもしろそうです。何をもって異質とか同質とか言っているのか、それがどういうふうに決まるのか、ということは考えていくと理解が深まるかな、と思います。ありがとうございます。

岸　本当におっしゃるとおりでして。ただ二つあって、一つは、これはたぶん僕個人だけじゃなくて社会学者みんなというか、同じ立場の人がたくさんいると思うんですけれども。無意識みたいなものは措定しないようにはしているんですね。

語りの中で語られないことは存在しないのであって、無意識の抑圧とか自分でも気が付かなかったトラウマの効果みたいなものというのは、語られてはじめて存在するのである、ということです。

ただ、やりとりの中で出てくることがあるんですよね。「そういえば」という言葉から、それが始まったりします。「そういえば、いま気づいたけど、あのとき……」。トリガーというか、語りを聞いていて、インタビューの中で「そういえば」という瞬間があるんですよ。インタビューの中で向こうが思い出すことがあるんですね。

あと、何回も同じ人に会って話を聞いていくと、その都度知らなかったことが出てきていて。結局、この人はなんの代表なんだろうみたいな感じで、わからなくなってくるんですけれども。やっぱり話を重ねていくと、自分でも思ってもみなかった話が出てきたりとか、忘れていた話が出てきたりというのはありますね。そういうことはありますが、あんまり無意識のトラウマとか、そういうよくわからないものは扱わないと思います。もっと世俗的なところで、普通の話を聞いて、それでも十分にいろんなことがわかるし、書かれるべきことがたくさんある。

合理性とは何か

辻　大阪大学の辻大介です。今のに関連してなんですけれども、岸さんの言っている合理性というのがなんのことを指しているのか、というのがまだちょっとよくわからないところがあります。

たとえば、「他者なのかどうか」というところもちょっと関わってくるんですけれども、個人の中である種の信念とか欲求とか、整合性が取れているというという意味での合理的な行動とか合理的信念というのはあるとは思うんです。

ただ、岸さんが、たとえば『同化と他者化』あたりの最後の結論で出してきているような合理性というのは、たぶんもう少しアグリゲイトな、マクロなレベルで見たときに現れるような合理性だと思うんですよね。必ずしも個人の中では合理的でなく、ある種非合理的なものかもしれない。それこそ社会学者ってそういうところをかなり気にしてきたと思うんですよ。とりわけ「集合的」ということについても、個人の行為としては、たとえばウェーバーの理念型だと非合理的行為と言われるものでも、ある種マクロなレベルだと合理性というのが生み出せるというような。

岸　そうです、そうです。

辻　それと関連してなんですけど、他者の理解というのと社会の理解というのが、岸さんの中ではどういうふうな関係にあるのか。つまり、他者を理解するということが、どういう水準の話なのか。たとえば他者というのが個人、インフォーマントが合理的であるということを理解するというのは、必ずしも社会を理解するということとダイレクトにはつながらないと思うんです。その意味でいくと、たとえば他者を理解することをとおして沖縄社会を理解するということはどういう関係にあるのかというのが代表性の話とちょっとつながってくるのかなと。

たとえば、計量的な場合って、ワンケースを分析することって基本的にはない。ワンケースのことはまったく素人でも追いつくし、アグリゲイトなところで

「どの変数とどの変数が連関するか」というところからある種の解釈理解というのを打ち出してくるけれども、たぶん質的研究の場合というのは、完全にケースを通している。その場合、計量のやり方でいくと、たぶん一ケースを介して社会を理解していく、ということになると思うんですね。しかしそれはたぶん計量的なアプローチではない。もしくは非常に薄いところで。そこのところを、ちょっとうかがいたいですね。

岸　三つありますね。「合理性とは何か」ということと、「行為の理解と社会の理解はどういう関係にあるのか」ということと、「一つのケースの理解でしかないのではないか」ということでしょうか。

辻　というのではなく、たぶんそれが代表性というのにこだわられているところにつながるのかなと。

岸　一つのケースを調べることの意味？

辻　一つのケースを通して、単なる一個人の合理性なりなんなり、一個人を理解するということではなくて、それを通して社会を理解することにつなげる段階で代表性みたいなところがたぶん問題になってくるんですね。

岸　ちょっと答えになっているかどうかわからないんですけれども。

合理性とは何か、に関していうと、ものすごく怒られるかもしれないですけれども、僕の暫定的な理解でいうと、合理性というのは「その人にとっての広い意味での利得」だと思うんですよ。これはさすがに単純化しすぎてて、怖くてちょっと言えないんですけれども（笑）。利得、利益と言っていいのかどうかわからないんですけれども。僕が教科書に書いた例なんですけれども、「ハマータウン」のラッズがいて。『ハマータウンの野郎ども』の話は全体として自分から進んで不利な位置に入っていく人の話ですよね。階級というのが、文化を通じてどうやって階層が再生産されているかというと、強制的に振り分けられているんじゃなくて、ものすごく皮肉なことが起こっているんだ、と。自分から進んでまた労働者階級になっちゃうんだよということを描いているんですよね。

そういう理解なんですけれども、それがなぜかということですよね。なぜ人は自分から進んで不利なところに入っていくような不合理なことをするのかというと、そもそも、それが不合理に見えるのは、ある視点から見た場合にすぎない。あるいはマクロな視点。そこから見ると、自ら進んで学校をドロップアウトすることで、また親と同じような所得の低いところに入っていくから、それは不合理な選択だと。でも、実は別の視点があって、ウィリスはそれを書いたんですよね。たとえば学校に入って、いきなり中産階級的文化が支配する中で適応するのは、労働者階級出身の子どもにとってはすごくハードルが高い。だから、そこでグレちゃってドロップアウトするのは、そこを見ると理解できるわけです。それは不良少年たちにとっては「合理的」なんですよ。

これを一つの合理性というふうに考えると、次の問いの答えになっていくんです。ある行為を理解するというのは、たとえば、その人、あるいはその集団にとってはこういう行為が利得になるんだよ、と。こういう行為は損になるから不合理なんだよというのは、それはその人、あるいはその集団ごとに違うわけですよね。そうすると、ぱっと見なんかすごく不合理なことをしているんだけれども、その人の文脈に立つと、それは実はすごく理由のあることだよ、と。これを理解するのは行為の理解なんですが、ということは、その集団はそういうことをすることが利得になるような構造の中にあるんだよ、という意味ですよね。そうすると、それは構造の理解、社会の理解でもあると思うんですよ。

よく出す例なんですけれども、丸山里美さんの女性ホームレス研究でも、せっかく生活保護を受けてアパートに入ったのに、それを捨ててまた公園に戻ってくる女性ホームレスがいると。それはすごく損をしている、不合理なことをしているように見えるけれども。その人にいろいろ生活史の話を聞いていると、それは帰ってくるのはしょうがないよねということがわかる、と。その一人の女性が選択した行為の合理性をそのときは僕らは理解しているんだけれども、でも、それは女性ホームレスという存在が置かれた構造的な位置、あるいは生活の状況みたいなのを理解するのとほぼイコールになっているんじゃないかなと思うんですよね。だから、僕はそれがそのまま社会の理解にもなると思うんですよ。

なので、厳密に質的調査でも、一つの例だけ、一つのケースだけ見るって実は僕は論理的に不可能だと思うんですね。扱っているのは一人の生活史なんですけれども、実はそこにすごく抽象的なものが言及されていて。ディテールを媒介にして、人間一般の理論みたいなのが必ず言及されていると思うんですよ。

質疑応答・まとめ

── 社会学を専攻している院生です。いろいろ社会調査の本なんかを取ってみたりしたときに、岸先生がおっしゃっているようなライフヒストリーだとかフィールドワークのような質的調査に関する方法論の話なんかはよく出てくるんですが、歴史的な文献とかに当たるような研究の話ってあまり触れられていないような気がします。でも、やっぱり代表性の問題だとか、そういったことというのは結局そういう文献を調べても同じことだと思うんですけれども。

岸 端的にいうとなんだけれども、僕はやらないので自分でも書かなかったということなんだけれども、探したらあると思います。ただ、すでに歴史学とかで相当普通にやられているので、今さら書いてもな、というのはあるかもしれない。質的調査でフィールドワークとかライフヒストリーだったらけっこうホットな議論があるんですよ。構築主義をめぐる論争みたいな。なので、わりと書こうかなみたいな感じになると思うんですけれども。歴史研究だったら、普通にそれは歴史学がやっているので。歴史研究を歴史家がどのように実践してるかっていう方法論的研究は、すでにたくさんあるんちゃうかなあ。ないかな。

── もう一つ、さっき無意識みたいな話はしないとおっしゃっていましたが、本人はそういうふうには言っていないけれども、周囲の人間もこう言っているし、分析したらそういうコンプレックスとかからそういうふうに合理化したんじゃないの、みたいな話を社会学でやるのは、言いすぎになるのかな、という。

岸　無意識というものは使わないというだけで、どの社会学者でも、本人が言ってないことをバリバリ言っているんですね。それは「社会理論」なんですよ。僕は、無意識という用語は使わないけれども、社会理論というのは使っていて。というか、そこが目的になっているんです。沖縄に関する社会理論を自分なりにつくって、それに照らして、生活史で本人も言っていないことを言っているんですよね。ただ、語られたことがベースになることはなるんだけれども。さっき「語られたことだけ」と言ったのは、ちょっと言いすぎでしたね。

――社会学を専攻している学生です。掘り下げて聞いてみたいことなんですが、筒井先生がさっき一〇年後に因果推論は廃れるみたいな話をされていたのが気になっています。私は因果推論をランダム化して事後的に介入効果を比べるというのは、政策提言をするのにすごく有効な手段だと思うんです。開発経済学とかでやられてきた、というお話があったと思うんですけど、社会学の役割の一つとして政策提言をするということもある、と思っています。たとえば防災であったり、教育の分野であったり。でも、あえて人びとの異質性を書きたいとか、普通の人びととの相場感に訴えたいという気持ちがあるように思われました。それに関連して、社会学の、社会とのかかわり方というのをどのように考えていらっしゃるのか、すごくおもしろく思えたのでもっと掘り下げてうかがいたいです。

筒井　ありがとうございます。私が言い足りなかったところなんですけれども。廃れるというのはちょっと言いすぎですね。本当に、私がいつも思っていることは、こういう目的、あるいはこういう問い立てだとこういう方法が適切である、という対応関係です。それが私にとっての「普通の結び付き」ということなんです。この「普通の」方法的選択をちょっと踏み越えて因果推論がもてはやされているなという気がしているので。ですので、元の適切な水準におそらくそのうち戻るだろうと。今、統計学の分野では本当に因果推論ばかりなんですよね。特に教育経済学の学力の話とかで、統計学といえばもう相関じゃなくて因果だと。なんかデータを出したら「それは相関だろう、因果じゃない」と言われてしまう。因果推論が有効なのは限られた場面だし、それが役に立つ場面とそうじゃない場面があるということについて、ちょっとまだちゃんと適切な水準に戻っていないなというのが一つ。だから、私はそのうち適切な水準に戻るんだろうなと考えています。

社会学が政策提言をゴリゴリにやろうというのであれば、もっと因果推論をしてもいいと思うんですよね。たぶん、社会学の癖というか特徴として、因果推論の前にそもそも社会が今こういう特徴を持っていて、こういう経緯で、こういう状態にありますということを明らかにしたい、という思いがある。こういう状態にある社会に対して、こういう介入をやったらこう変わるであろうというのは、その次の話ですよね。たぶん、因果推論の前の段階が得意なんだと思うんですよね。つまり、社会学者はそこらへんにずっとこだわってきた。政策提言の前準備ですね。前準備をしっかりしないで介入の効果だけをやっていると、何をやっているんだかわからなくなるんですよ。

たとえば、アフリカなんかでよくコミュニティRCTというのをやっています。ヘルスワーカーを配置することが、現地の衛生状態の改善にどんな効果を持つかといった問いを立てて、ランダムに選んだ地域にのみ介入するわけですね。ただし、その実験に関わっている実践家、理論家は、そのコミュニティに関する予備知識をたくさん持っているんですよね。そういうのをなしに、とりあえずランダムにやって介入して結果を解釈しようと思っても、できないと思うんです。たぶん、社会学者は、あるいは人類学者もそうかもしれないですけれども、介入をする前にわかることはわからなきゃ、というところでおそらく活躍できるのかな。一番シンプルな答えはそういうことになるかなと思います。

岸　沖縄から基地がなくなったほうがいいのか、あってもいいのか、ということよりは、沖縄の基地が今ある現状で、周りの人がそこでどういう関わりを持っているのかを知りたいですね。基地なんてなくなったほうがいいに決まってますから、そのへんの答えはもう出てるんです。

あるいは、基地はなくなったほうがいいんだろうけれども、いま宜野湾市と沖縄県がつくっている、普天間の返還後の再開発のマスタープランが最悪で、ホテルとイオンと駐車場しかないみたいな。なんでそうなるのか、とても知りたい。いったいどういうコンサルが絡んで、行政の事情があって、こんなものができあがるのか。「なんでやねん」みたいなところが知りたいですよね。

理解ということかな。「理解する」というかたちで社会が変わることもあるので。

僕が今やりたいなと思うことはそこですよね。理解するということで責任解除をしていくというかたちで社会を変えていくというやり方もあるんじゃないかな、と思います。政策提言以外でも社会に対する訴えかけはいろいろありますからね。

収録：二〇一七年五月一五日、立命館大学衣笠キャンパス

1——二〇〇二年に心理学者のカーネマンが受賞し、二〇一七年には心理学を経済学に援用したセイラーが受賞した。いずれも行動経済学分野への貢献が評価された。
2——**サーベイ**　調査、あるいは調査観察のこと。しばしば実験との対比で捉えられる。
3——**ランダムサンプリング**　母集団（たとえば二〇一八年に日本に居住している人）から、確率的にランダムにサンプルを選ぶこと。これによって代表性を確保する。
4——バイアスと誤差の違いについては、下記のブログ記事を参照。「サンプリングについてのひとつのお話」『社会学者の研究メモ』(http://jtsutsui.hatenablog.com/entry/20110411/1302482023)
5——**台帳**　ここでは、調査対象者（サンプル）を選ぶ際に使用する名簿のこと。台帳がなければ、そこからランダムにサンプリングすることもできない。
6——**属性**　ここでは性別、年齢、学歴など、いわゆる人口学的な情報のこと。
7——**比較対照実験**　実験の代表的な手続の一つで、同質のグループの片方のみに介入して、結果の差をみようとする実験のこと。
8——**RCT**　Randomized Control Trial のことで、要するにランダム化比較実験のこと。
9——厳密に言えば、パネル調査のデータでは、介入が調査対象者自身の選択で行われているため、ランダム化比較実験のデータよりもバイアスが残る、と言われている。

第8章

再び、社会学はどこから来てどこへ行くのか

岸　政彦
北田暁大
稲葉振一郎

社会学はどこから来て、どこへ行くのか：再訪

岸　今回、最後に稲葉振一郎先生をお迎えしたのは、理論の話をもう一回しよう、というねらいからです。最初に北田さんと僕がしゃべったのは、概論・概説的なところでした。社会学のなかで一般理論、基礎理論みたいなのが共有されていない。でも、一般的な社会学のイメージって、何人かはメディアに出てつくっていた、と。「万能の知識人」が社会批評をして、評論をして、誰とは言わないけれども、それで社会学の評判がすごく悪くなってしまったりもしている、というような話でした。

いやほんとにね、『断片的なものの社会学』もね、社会学ってつけたら、反対されたの。

北田　誰から？

岸　もうみんな、出版社の人をはじめあらゆる人から。社会学ってつくと売れないからって。『断片的なものの社会学』の感想ですごく多いのが、『断片的なものの社会学』を読んで社会学のイメージが良くなりましたって。「それまで嫌いでしたけど」って言われる（笑）。めっちゃ多い。自分は褒められてるんだけど、正直、微妙な、複雑な気分になるね、これ。

北田　誰と比べているんだろうね。

岸　それは僕のほうからはいえないですけれども（笑）、そういうことがよくあった。

ただ、それに対して、最近ではたとえば酒井泰斗さんなんかの努力もあるし、あとは関西系の泥臭いフィールドワーカーがたくさんいて、とか、大阪大学には計量系がいて、伝統的には東京都立大学とか九州大学とか大阪市立大学みたいに都市社会学が発達しているところもあって……というような、実は表にあんまり出てこないような社会学っていうのもあって、そこには膨大な蓄積もある。欧米諸国では社会学が苦戦している現状もあるなかで、社会学のアイデンティティを守るためには、どっちかというとそういう、地べたで調査していくような社会学になるのがいいんじゃないか、ということを話したんですね。

北田さんがそのあとに出した文化社会学の本（『社会

にとって趣味とは何か』）でも、普通の社会学という帯がついた。普通に調査して、普通に研究しよう、メディアに乗っかった飛び道具的なポジションはもうやめようということなんだよね。

そのあとは、ちょっと方法論的な話に入った。僕と筒井さんがちょうどシノドスでやった対談があって、あの続きをしようみたいな感じで、質的調査と量的調査みたいな感じで対談をしたときには、わりと方法論の細かい話に、泥沼に入っちゃって。比較や代表性をめぐって議論になったんだけど、すごく長くなってしまった。

ただそのときに、話に食い違いが出た。因果分析とか行動経済学に対して、社会学がなんか独自の価値を持ちうるとしたら、なにか。筒井さんは、「比較」だというんですね。そのときに僕は「質的調査では、安易な比較をするべきじゃない」と、ちょっと極端な主張をあえて言ったんです。でも、実はものすごく筒井さんとの間で共有している前提があるんですよ。その話から今日は入ろうと思っています。

なんの話かというと、社会って違うセクターに分かれていて、それぞれが違うんだという前提。たとえば、因果分析に対して筒井さんが批判しているのはなぜかというと、あれって「違い」を消すんですよね。全部どの社会でも同じで考えて、その政策をするか、しないか、だけで見て、効果があったかなかったか、ということを観察する。違うものどうしの比較をしないということで。筒井さんは、その「横の比較」をするのが社会学だ、というふうに言っている。それは「お互いが違うものだから」比較しないといけないよっていう話だと思うんですよ。

他方で、僕自身はケーススタディをやっているわけです。これは稲葉さんも『社会学入門』（NHKブックス、二〇〇九年）の最初の方で書いておられるけど、ケーススタディって比較しないんですよね。なんでかというと、比較できないんですよ。それは「違うから」なんです、まさに。対象や集団が違うと、全然比較ができないくらい、なにもかも違っている。ケーススタディで安易な比較をすると、すごいスカスカな結果しか出ない。

　だから、筒井さんが「比較しろ」というときと、僕が「比較しないほうがいい」っていうときって、前提が共通している。要するに、「違うから比較をしなさい」というんですね。僕は「違うから比較ができないんだよ」という話をしているんですよ。

　まあ、これまでだいたい、北田さんと筒井さんと、そういう話をしてきた。そこでもう一回、稲葉さんをお迎えして、一〇年前に書かれた『社会学入門』をひもときながらおうかがいしてみたい。たぶん今は、またひょっとして考え方が変わっていると思うんですけれども、『社会学入門』では、「社会学は何をするのか」について、つまりアイデンティティというか、社会学の対象、社会学で何をするのかという課題について、「社会的に共有された意味や形式の可変性と多様性を研究するんだ」と言っているんです。あれは、今でもそういうことでいいんですか。稲葉さんにとって、パーソンズ流の一般理論なきあとの、社会学の共通の課題ってなんですか。

社会学の「理論」がやってきたこと

稲葉　とりあえず、今おっしゃられたことで外れてはいないんですけれども、ただあの本は、あの時点での僕の積極的な考え方というよりも、とりあえず今のところ最大公約数的にこんなふうにまとめられるんじゃないの、というつもりで書いたものです。
　要するに「通俗パーソンズ主義」とでもいうべき、普及して使えるかたちで継承されたパーソンズ主義っていうのはそんなものだった、と。「ＡＧＩＬ図式」がどうのこうのとかみんないろいろ言っていたけれども、結局、その後パーソンズ理論を継承して、実証研究の枠組みに使ったと称する人たちの仕事というのを見てみると、大体は、「人びとは、ある価値観を共有することによってまとまり、そのまとまった人たちの社会が、ある種一個のシステムといえますよね」というような感じのものが多いと。実は、それはマルクス主義を標榜する人たちの場合でも、あるいはポスト・パーソンズ的にルーマンなんかを引き合いに出す人たちでも、実態としては結局似たようなことをやっているという、そういう印象がありまして。

　あの本を書いた時点ですと、少し前に竹内洋先生が、ちくま新書の『社会学の名著三〇』（二〇〇八年）かな。あの中でパーソンズ社会学を紹介するときに、パーソンズ自身の本を持ってこずに、作田啓一の『価値の社会学』（岩波書店、一九七二年）を持ってきているんですね。日本におけるパーソンズ継承のひとつのありようとされていて。

　西部邁さんなんかの場合もそうだなと思うんですね。あの人の仕事の中に、ほとんど読まれていないけど、『知性の構造』（角川春樹事務所、一九九六年）という本に結実した独自のメディア論があるんだけど、彼はそこで独自の「ＴＥＡＭ図式」なんてものをつくっている。あれも明らかにパーソンズのＡＧＩＬ図式の継承なんだけれど、それを西部先生自身は「システム論」とは呼ばずに「メディア論」と呼んでいるんですよね。要するに、パーソンズのＡＧＩＬでいうと「Ｌ」のところ、「潜在的パターン共有」によってこそ、社会はアイデンティティを保っている、というような了解です。結局みんな、そういうかたちでしかパーソンズの継承をできていないし。それはたぶん仕方がなかったことなんだろう、と思いますが。

　つまり「なんとなく、価値観とか意味世界を共有した人たちが集まっていることが、社会の一体性の本態だよ」くらいのゆるいイメージですね。それが西部さんの「システム論」ならぬ「メディア論」という表現には強く表れています。呼び方は、「システム論」でも「メディア論」でもいいけど、それが本当にひとつのまとまった社会理論といえるのかどうかは、また別の問題かな、と思います。僕が『入門』を書いたときには、「あんまりいえないんじゃないの」という感じで書いたわけですけれどね。

岸　ただ、パーソンズを継承していくときに、文化や規範や価値の共有が社会である、ということは言えるんだけれど、それの可変性と多様性っていうのは……

稲葉　可変性と多様性というのは、そういういわゆる「文化」なるもの、「共有されているパターン」なるものって、どうやって見つけたらいいの、と考えたときに、それを見つけるには、その変化に注目するのが筋じゃないの、という話ですね。要するに、みんなで意識せずに共有しているものを見つけるには、それが変化している隙を狙うしかないという考え方で、これはいわゆる構造主義の考え方じゃないですか。構造主義を批評とか文化研究に援用する人たちは、「構造というのは、ある変換を施した後にも一定のまま残っているもののことだ」っていうふうな、ちょっと数学もどきの言い方をすることがありますね。

細かく言うと「変換の前後で同じものが保たれている」とはどういうことかといえば、まず見える、意識されるレベルでの「変化」というものがあるとして、それが人に「変化」として意識される、認識される、気づかれるためには一定の条件が必要なはずだ、ということですね。何か変わったっていうからには、変わったといえるための、そこから変わったといえる変わる以前の状態がなきゃいけない。その状態と変わったあとが同じで、しかしながらある同じ性質を、根本的なところで変質しないままに、ある特徴を変えたというときに、その変えたことから逆算して変わらない基準的なものが見いだされるとかね。こういう話でいいですか。構造主義以降のこういう語り口は、あちこちで流行っていましたよね。

北田 変わったといえるためには、同じところがないと変わったも何もいえないという、文法性の話ですよね。

稲葉 そういう話です。

北田 そこまでさかのぼると、構造主義というよりはもっと根が深いというか。たとえば、もう「ポーランド農民」の頃から「価値」と「態度」と「状況」でしょう。その三点セットみたいなものを見つけ出して、ようやく、社会学は何を記述すれば集団を記述したことになるのか、ということを一応形式化したので、あの本は名著というか、バイブルになっている、と。

考えてみれば、パーソンズはすごくそれを洗練させた。洗練というか、ちょっとアメリカでは異様な感じで、大陸的な議論をちゃんと読んで、それを体系化したと。近代経済学とかにも相当意識を払っているから、意味不明の方程式のようなものも書いちゃったりはする、というくらい器用な人だった。だからこそ、ホーリスティック（全体論的）にやっていて。そのあとパーソンズがどれだけ批判されようと、パーソンズの価値とか規範とか変動とかをどう記述するか、みたいなことは問われ続けてきた。価値を記述するということは、いなのをどう識別するか、ということと「変わらない」要素みたいなのをどう識別するか、ということが同時に伴わざるをえないので、準拠集団論みたいなので言われていたことをもうちょっと一般的に総括したのが、やはりパーソンズだと思うんですよね。

それに対する批判がいろいろとなされてきたけれど、結局知らないうちに、価値に基づく準拠集団の記述というのは、社会学者だけではなくてみんなやっているのではないかという見方がありうる。じゃあ、そこが強みとして生きるのではないか、というイメージでいいんですかね。

稲葉 強みかどうかわかんないけれど、現状ですよね。それが強いかどうか知らないけれど、そういうくくりで、とりあえずなんとなく残ってきたかな、と。そういう感じですね。

ディシプリンのアイデンティティの変化

岸 たぶん一般理論とか基礎理論というのがないということはそうなんだけれど、二人の書いたものとかお話を聞いていると、社会学ってやはり存在していて、作動している、何かをやっているはずだということですよね。それは、何かをやっていることはやっている。ただなかなかそれがうまく言語化できていないような気がするんですよ。何をやっているのか。たとえば準拠集団論にしても……いや、これはどう言ったらいいのかな。社会学って、何をやっているんですかね。

北田 すごく難しい問いだと思う。

岸 いま日本語で書かれている、最近出ているエスノグラフィーをわりと片っ端から読んでいるんですが、異なる領域のエスノグラフィーって僕らは意外にふだん読まないんですよ。僕はそれを横につなげたくて、沖縄以外のところでやられた、自分がやっていない違うフィールドのエスノグラフィーを、あえてたくさん読んでいるんですけれども。そこで、なんとなく共通してやっていることがありそうで。うまくいえないんだけれど、なんとなくいろいろ。

　たとえば、ベタな話ですが、困難な状況でも人間は居場所をつくっているんだよ、とか。こうやって、現場の判断で大きな状況を生き延びているんだよ、みたいな。なんとなくみんな共通のところに向かっている、同じ方向に顔が向いているっていうことはありそうなんです。

　だから、社会学って何かっていうときに、たぶん二つの言い方があって。一つには、もともと社会学はなんであって、どうあるべきか、っていう言い方。もう一つは、今の社会学者、あるいは人類学者とかも含めて、たとえば質的調査をやっている人なんかが、実際にいま何をやっているか。こっちの見方でいうと、たぶん領域として、偶然歴史的にだけどいちおう成り立っているはずだ、なんとなくバウンダリー（境界）があるんだ、という言い方もできるわけですよね。

稲葉　一体性の問題でいうと、学問のディシプリンのある種の一体性、アイデンティティを担保するのは、実は理論だけではない、という考え方がある。社会学の場合は顕著にそうなりつつある、というだけで、実はそれは案外ほかの学問にも、そういうところがあるんじゃないか、とかね。

北田　工学だって薬学だってそうですよね。

稲葉　心理学も、実はもうそうなんじゃないかなと。

北田　そうなっているように見えますね。

稲葉　社会心理学は、いまやエージェント・ベースド・アプローチ[1]が主流になっているけれど、エージェント・ベースド・アプローチって合理的選択理論だから。

北田　同じことですね。

稲葉　一つのディシプリンに独自のものなんてもうないよね、という感じになっているわけです。社会学の場合は、エージェント・ベースド・アプローチはもちろんまだ主流にはならないけれど、けっこう影響力があるし。

　ただやっぱり、いまの社会学には支配的な理論枠組みはない、あるいは理論があるのにそこに一体性がない、それでも、学問としての一体性は保たれているとしたら、それっていったい何なんだろうってことになる。

たとえば、イアン・ハッキングは『表現と介入』の中で、こんなふうに言っている。普通、「科学」というからにはそこには「理論」がある。けれども、理論があるだけじゃ科学にならない。経験科学というものには、理論だけではなく「実証」がなければいけない。それはどういうものかというと、結局「実証」もひとつではなくて、「観察」もあるし、「実験」もあると。もちろんその三つがありさえすればいいということではなくて、さらにそれらの間のリンケージがうまくいく、いかない、という問題があるわけだけども。社会科学には、別に観察も実験も理論も欠けてはいないけれど、自然科学に比べると、それらの間のリンケージがうまくいってないよね、くらいのことをハッキングはいうわけですね。

俗に「社会科学においては、実験ができません／困難です」とはよく言われてきましたけれど、最近それがちょっと状況が変わってきて、開発経済学などを中心に流行りつつあるとかですね。これはけっこう重要な問題だと思うけれども。あと、シミュレーションですね。シミュレーションとはそもそも何なのか。模型を使った実験の一種なのか、それとも数理モデル（模型）がその基礎にある以上、むしろ理論の延長線上にあるものなのか、あるいはもっと新しい、いわば科学の四つめの分野、四つめの何かなのか、という問題があるんですけれどね。

話を戻すと、科学研究の実践には、理論と観察と実験といったふうにさまざまの側面がある。これまでのところ、普通、学問の一体性を特に担保するのは理論だ、と常識的に我々は考えてきた。科学史という学問分野が確立するずっと前から、社会科学には学説史というジャンルがありました。しかしそういう学説史は、伝統的には歴史研究というより、理論研究のサブジャンルのようなものであったわけですね。いまの学説史は、特に経済学の場合が顕著ですが、先端的理論研究から必要とされなくなってきて、自分の位置がよくわかんなくなって混沌としており、急速に思想史、歴史学の方に近づいてきて、科学史に合流しつつあるわけですけれども、かつては理論の補助学として学説史があった。つまり、伝統的な社会科学史では、政治学史も経済学史も社会学史も、けっこう理論の歴史ばかりやっていたんですね。それでは不十分で、実証研究の歴史も必要だとかいうことを言われるようになったのは、分野外の別の科学としての科学史からの影響で。

北田 そうですね。

稲葉 科学史のほうで先行して、自然科学を主に研究する科学史家たち——ハッキングなんかもその立役者の一人だけれど——が、「従来の科学史って理論偏重で良くないよね」ということで「実験や観察の歴史もやらないと」ということを自然科学について先に言ってきていた。それが、たぶん社会科学でも少しずつ跳ね返りつつあると。

北田 わたしの取り組んでいるアメリカ社会学史の話は、そういうハッキング的な問題設定を承けています。

稲葉 考えてみれば実はどの学問でも、理論だけで学問の一体性を担保しているとは言えない。心理学なんかも、リサーチのメソドロジーとかストラテジーのあり方のほうが、学問の一体性を担保している状況に、今やなっているんじゃないかという疑いが僕としてはあるんですね。

経済学の場合は、特にマルクス主義の没落以降、わりと理論レベルの一体性はソリッドではあるけれども、実証における計量的方法の標準化も著しい。では、社会学の場合はどうなのかというと、理論は混沌としているけれど、調査研究のスタイルは共有されていて、それが学問の一体性を保っているかというと、実はそんなことはいえないんだよ。「質的研究と量的研究」なんていう言葉遣いがまだ生き残っているくらいだから。

ただ、なんとなくの傾向を見てみると、社会学においても、リサーチストラテジーというものの重要性という意識が、なんとなく高まってきているんではないかという気がします。ひとつは、これは要するに社会学部の教育カリキュラムにおける急激な実証志向があること。

岸　社会調査士。

稲葉　リサーチストラテジー的なところを教育カリキュラムのコアに持ち込んでいる。これは、実はアクティブラーニング流行りとも関係があるんですけれどね。あるいは、うち（明治学院大学）みたいに選択制をとっていると、調査実習をとる学生の割合は、むしろ前より減ったりしているというようなことも、実はあるんです。ただ、学生側からのニーズだけではなくて、大学の学部経営のあり方として、教育カリキュラムの組み方とかを考えても、そっちの方向に行く傾向はある。

つまり、日本における学部レベルでの社会学教育っていうのは、古典的にはこうだったんです。たとえば一年生とか二年生、教養課程にいるときの導入教育として何をやるかっていうと、今ならどこでもやっている少人数入門ゼミね、これは大昔はなかったんですよ。それが、一九八〇年代あたりからぽつぽつ出てきているんだと思うんです。一年生向けの導入教育としての少人数ゼミが当たり前になるのは、九〇年代以降じゃないかなと僕は思っています。それも、そんなに当たり前じゃない。本格的にやるようになったのは二一世紀かもしれない。これは調べないといけないんですけれどね。

じゃあ、かつては導入教育として何をやっていたかというと、大教室で理論を軸とした社会学原論っぽい入門講義が、けっこう多くのところでやられている。これは社会学だけじゃなくて、他の多くの学問でもですけれども。ところが、現在では一、二年生向けの入門に、社会学理論とか社会学原論的な講義をやるところは減っていると思います。

北田　逆ですよね。実習とかのほうを先にやるとか。

稲葉　今は、まず導入教育では何をやるのかというと、特にうちのような中堅大学なんか顕著ですけれども、一、二年生向けのゼミというものが非常に普及している。その中で、たとえば教科書を輪読したりという形で、大人数講義よりもゼミで社会学の導入教育をやると。さらに言うと、ゼミでもテキストを読むだけではななくて、なにか調べものの実習を一、二年生の早いうちからやらせますよ、という方向に、カリキュラムのあり方が確実に変わってきている。最初の入門・導入として、基礎理論とか学問の歴史的な流れなんかをやって、三、四年で各論に入っていって、それからゼミで調査をやる人は調査実習をやる、というようなカリキュラムから、最初からアクティブラーニングっぽく少人数教育の中でテキストを一緒に読んだり、できればディベートや調べものをしたり、というふうなカリキュラムへ。これは社会学だけの傾向ではないけれども、そうなってきている。こういう社会学教育の動向と、社会学の理論的アイデンティティの解体とは、決して無関係じゃない。

岸　関係あると。

稲葉　そう僕は思うんです。

現在の社会学教育の相場

岸　まず「理論」が解体していると。もう一般理論とか共通の理論がないんだということは、現場の社会学者、社会学の教員がわりと共有するようになってきていて。

稲葉　これが、どれくらい言語化されているのか、どれくらい明示的に意識されているかどうかということですが、「もう原論で導入する時代じゃないよね」というレベルでの認識だったら、けっこう共有されているんじゃないかと。

あと、入門教科書を選定するときの苦労。みなさん考えて悩んでられるね。どの本を選んだらいいだろうと。そのときに選ぶ本の性質とかを見ると、昔に比べてちょっと変わってきているんじゃないかな、という印象があります。

岸　わりと実習でも調査系が多いよね。

北田　もう今は調査。

稲葉　教科書の歴史というか、「教科書の社会学」的なことなら、ちょっと前になるけれど、『社会学評論』でも特集を組んだことがあって（「テキストに映し出される社会学の知——大学の大衆化とテキスト革命」五六（三）、二〇〇五年）。『ジェンダーの社会学』ってあったでしょ、柴門ふみさんに表紙を描いてもらっている（江原由美子ほか、新曜社、一九八九年）。あれこそ日本の社会学教育の歴史でちょっと革命的な変化だった、というような話があったんですけれどね。リーダビリティの考えかたとか、そういう点もあると。教科書そのものの歴史だけではなくて、全体的なカリキュラムの歴史というものを見ていっても、なんか見えてくるものがあると思います。これは、まず学部の問題です。

それでは、大学院がどうかということになりますと、大学院というのは、今でも基本的に、社会学の大学院は放任教育というか「放牧」しておいて、勝手に生き延びなさい、と。

北田 それ以外に方法がないですから。

稲葉 お話をうかがってもそうであろうと推察しますけれども、ただそれでも若干状況は変わりつつあるんではないかと思います。ちょうどこの間バズる、というほどバズってはないけれど、そこそこネットで話題になったことがある（たぶんツイッターの「考えるイヌ」さんだと思うんだけれどね）。ブログで、社会人で大学院に入りたいと思っている方へ、という懇切丁寧なエントリ[2]があったでしょ。

岸 ああ、あったね。

稲葉 あの中で、注意として「方法論、メソドロジーだとか調査方法、研究方法、リサーチメソドロジーとかストラテジーは、自習してくださいよ」と。これは教わりませんよ、と。教わるのは学問の中身、理論とか、あるいは読むべき文献先行研究とかで。どうやって調べましょう、どうやって本を読みましょう、どうやって資料を探しましょう、どうやって人に話を聞きましょう、そしてどうやって論文を書きましょう、という授業は普通ないよと。それは自学自習だよって書いていた。

それは、特に社会人向けのアドバイスとしては、きわめて的確だけど、しかし現状は変わりつつあって。実はそういう、どうやって資料を探しましょう、どう本を読みましょう、どう人に聞きましょう、どう書きましょう的な、リサーチストラテジー的な教育のウェイトは、学部だけじゃなくて大学院でも、昔よりは上がってきているという気はします。教える方でも「そうしないとそもそも現場の教育がもたないよ」という意識はあるんですね。

岸　ニワトリとタマゴになるんだけれど、たとえば、ある時点で現場の教員たち自身がうすうす感じていた「一八歳の子らにデュルケームとかジンメル教えてもしょうがないんじゃない？」みたいな、そういうのもあるでしょ。たしかにある時期からそういうリアリティが出てきた。僕自身、前の大学でもそれはあった。先に現場連れてったほうがええんちゃうか、っていうことになって、そういうカリキュラムになってたんです。

　するとでも、そこでやることが政策科学系の学部とかぶるんですよ。龍谷でもそうだったし。（慶應の）SFC的な感じというか、関西学院大学にもあるけれど、政策科学系学部で、たとえば行政とかNPOみたいなのがまちおこしとかをやっているところに、フィールドワークをさせます、予算があればアジア連れてってグローバルにもやりますみたいな。ものすごく社会学部とかとかぶって、受験生の取り合いをしていた。数字上でも、併願の学部がもろにかぶっているのが出てきていて。

北田　情報学環だと混じっているからね。異分野の教員の間ではあまり教育上の交流はないんだけれど、同じことを教えているんですよ。統計教えたりとか、フィールドワークの仕方とか書き方を教えている。同じことをやっているんだけれど、運よく審査のときに立ち会うくらいじゃないと、誰が何をどう重視しているかわからない。だからそのあたりはよくわかりますよ。でも、なんか違うんだよ。

岸　なんか違う。そう。なんか違う。

北田　それが何かはよくわからない。

岸　そう、なんか違うんですよ。

稲葉　でも、それだけだと政策研究と変わらないじゃないと。

岸　その「なんか違う」って、この何かが、単に現場の教員が、世代的にもともとウェーバーとかデュルケームを読んでいた人らが、間接的にそういう雰囲気を残しているだけなのか、それとも、何か僕らがやっているることとの、何かコアみたいなのが実体としてあるのか。なかなか実体としてあるとは、言葉でいえないと思うんですけれど。

稲葉 そこは悩ましいと思います。まず、学部生に関してはそうなってきている、と。古典的な学説を教えても、教育的効果としてどうなのかよくわからない。そこで、アクチュアルな社会問題への関心の喚起プラス調べものの仕方を教えるということにカリキュラムのコアが移った。それと大学院において、専門的な研究者の育成の考え方も、やっぱり以前と変わっている。

これは社会学に限らないで人文科学も多くの場合そうなんだけれども。昔は、入試に合格して大学院に入ってくるというレベルの子たちは、すでに卒論も書いているし、研究者予備軍としての心構えはできているはずである、という建前のもとに、「勝手に育つはずだ」と適当に放牧していたという状況があったわけです。

北田 一九九五年に僕は大学院に入っていますけれど、その頃は本郷の社会学科とか社情コース（現・情報学環）とか駒場の相関は、みんな倍率が一〇倍くらいはあったように思う。

岸 それぐらいだったよね。九〇年代前半は京大社会学の院の倍率、二〇倍ぐらいでした。おれ落ちたもん（笑）

北田 本郷で落ちて駒場へ行くとかっていう人もいたりした。今はもう定員満たせないっていう状態がどこもかしこもでしょ。

稲葉 一〇倍っていうのは、定員いっぱいは合格者を出していなかったからだよね。

北田 そうそう。「こいつは育ってくれる」という学生だけを選別して。

稲葉 定員の半分から三分の一くらいしか入れていなかったんじゃないの?

北田 詳しいことはわかりませんが、定員充足自体は、研究科内、専攻内で配分できるからいいわけです。ただ今は、なにしろ倍率そのものが低くなっていますから。学府・学環の場合は、ほとんどが東大卒の理系の受験生の定員充足でなんとか専攻としての学生数を維持していますが、文学部——社会学科は知りませんが——とかは深刻です。こういうのは別に院生のレベルが下がったというよりは、受け入れ側の心構えが、おっしゃる通り、こいつは研究者予備軍だなという採り方じゃもたなくなっているというのもあると思います。

稲葉 たぶん一九八〇年代くらいまではそうだったんですね。大学院重点化以前はそれで済んでいたと。

いってみれば、古典的な「みなさんご存じの通り」という決まり文句が授業で使えるか使えないかですよ。「みなさんもご承知の通り、ウェーバーは……」とか、そういうとんでもないことを教員がね。学生がご存じないはずのことを「みなさんご存じでしょうけれど」とか教員が嫌みったらしく言って。それをふんふんと聞いて「わけわかんねえよ」って半ばバカにしながらも、でも、大学院に行くような子たちは「でもわかんないと、どうもやっていけないらしいから」と、自分で必死に勉強する、というのが古典的なイメージで。だから大学院に入ってくる時点では、まだ自分の作品として勝負できるだけのものを完成していないだけで、学問の常識的な相場は身に付けている人たちとして、大学院生を扱う、という作法が、人文社会科学では一九八〇年代くらいまではあったんですけれど。もちろん実はそんなことはなくて、大学院に入ってからもまだまだ知識としても不足しているものがあったとしても、そこは学生・院生が自力で補うもので、先生は放っておく、ということが昔は通用していた。というか、そういう感じだった。それがいつ頃からか、やっぱり変わってくるんですね。

岸 今はどうしています？　授業とかゼミとかで、大学院とか。「ラベリング論」とか「パノプティコン」とか、パッて言って通じる？

稲葉 通じる保証がないからね。

岸 やっぱりそうですよね。

稲葉 常識が通用するということへの信憑《ぴょう》はどんどん崩れてきていて。それは学問だけじゃないです。たとえば、僕のようなことをやっているとよく言われるのが「授業でアニメネタとか漫画ネタを使えば？」っていうんです。「ゲームの話でもすればいいじゃん」って。でも僕は使わない。話をして通用するという保証がどこにもない。今、たとえば誰でもやっているゲームなんてあるの？　って。ドラクエは、いまだに奇跡的に通用するわけですけれど。

北田　逆にわかんなくなっちゃわない？

稲葉　実際、ドラえもんとかドラクエのようなものは、そんなに当たり前には存在しないんですよ。「これを言ったら普通わかるでしょ」っていうのは。

岸　家族社会学のひとたちが言ってたわ、家族の例でサザエさんの話ができなくなってきたって。

北田　もうあれ普通に見えない。

稲葉　ちびまる子ちゃんも、そう簡単に通じない。

岸　そうそう、ちびまる子ちゃんも使えない。

稲葉　ワンピースだって、もう読んでいるのは三、四〇代だって（笑）

北田　平成も三〇年ですもんね。

稲葉　だから、僕はどうしているかっていうと、じゃあ大学院生も、訓練しなきゃいけない、教育しなきゃいけない対象になったとしたときに、社会学では何やったらいいかというと、たぶん理論よりリサーチストラテジーかな、と思って。だからここしばらくは、学説史と調査方法論のテキストを読んでもらうようにしているんです。

岸　僕の教科書（『質的社会調査の方法』）も使って導入教育をしていただいてるらしいですね、ありがとうございます（笑）

最初に北田さんとお話したときに、普通の社会学になったほうがいいというときのイメージとしては、今あらためて思うと、稲葉さんが一〇年前に言った、スペルベルの疫学のモデルがどっかに頭にあったかもしれないんですよね。その個別のケースの解釈なり、個別の対象の調査、あるいは稲葉さんの書き方でいうと、中範囲の理論というものが無限にたくさん、多様なそれぞれ違ったものが集まっている状態だというのがどっかにあって、そういうふうに言ったことは言った。

でも、実はそれだけじゃ足りない部分もあると思っていて。たとえば、政策科学部とかぶっているっていう状態とか。あと、現場の教員が古典を教えてもしょうがないんじゃない？　みたいなリアリティがだんだんできてきた。これは、僕ら、自分の足元を崩すようなところもあるんじゃないかって思わないでもないですね。調査法しか残らないんじゃないか。そしてその調査法は社会学独自というわけでもない。

稲葉　一九八〇年代までだと導入どころか学部四年間で「ウェーバーとかデュルケームを読んでください」でなんとかなってしまう。社会学部生の卒論としても、なんとなくウェーバーとかデュルケームとかパーソンズなんかのイメージをもとに、自分が拾ってきたネタを分析してくださいよ、と。それで格好がついていたら、卒論として合格だし、そのまま固めて大学院行ってもいいですよ、というふうな教育のあり方がその頃まではまだあったな、と思うんですけれども。今はもう、それが崩れているなと。

岸　それで論文は書けないやろな（笑）

北田　すごくちゃんとできるひとはそれでいいんですけれど、中途半端にそれをやると、ビッグネームの「……によれば」で論証終わり、が延々と続く「なんちゃって批評」みたいなものになっちゃって。それだと、ウェーバー読んでも、デュルケーム読んでも、見たいとこだけしか見えてこない。それは彼らを読んだことにはならないわけじゃないですか。これは危険。

僕が授業の教科書でよく使っているのは、佐藤俊樹さんの『社会学の方法』（ミネルヴァ書房、二〇一一年）です。ウェーバーとデュルケーム、マートンの章だけなんですけれど。あれは、彼らが何をやっていたかっていうことを追尾していて、いわゆる彼らのリサーチストラテジーみたいなものを取り上げているのだと思う。「資本主義」そのものとか「自殺」そのものは関心外にいったん置いておく、というスタイルでできているので、比較的わかってもらいやすい。でもそれって要するに、もう思想家というか、理論としてのデュルケームとかパーソンズはいったん脇に置いて、という発想なんですよ。そこで古典を教えている気は全然ないですね。

稲葉　現代の理論としてウェーバー、デュルケームを読むっていうのは無理なわけですよ。実際いまは、土着的で固有の存在、「自分の問題」に取り組んでいた特定の時代の中の存在として、ウェーバーとかデュルケームとかを見ていく、っていうのが学史研究のスタンダードなわけですね。

北田 でないと「アノミー」とか「エートス」とか文脈から切り離されたキーワードの切り貼りになってしまう……

稲葉 ちょっとまた話が拡散しましたけれど、いまの特に大学院教育では、リサーチストラテジーをメインに教えていかないといけない。そうしないとまず修論書けないですし。ただそのときに、方法だけ、メソドロジーだけを教える、というわけにはいかんやろというのは、おっしゃる通りなんですね。

そういうときに、僕が学部生や院生なんかに対して、たまに示唆を与えるときに何を言うかっていうことですけれども。現状で、卒論っぽいものとか修論を書くときに、大体みんなどういうテーマになるか、どういうものが書きやすいかというと、結論的にいうと、僕はこういうふうにいうのね。

たとえば、ちゃんと社会調査士のカリキュラムを取って調査実習なんかに行くような人や、先生がゼミで調査をやっているような人は、そのカリキュラムにくっついて、あるいは先生の授業、ゼミに参加しながら、自分の分担の調査がうまくできれば、その報告をちゃんと書けば卒論にはなりますよと、こんなふうに言っているんだけれど。

じゃあそうじゃない人はどうしたらいいかというときには、もし統計の勉強をできていれば、既存のデータをもとに二次分析をする。数字を集めて調べるとか、歴史をやりなさいと。ただ、いま社会学っぽいものを仕上げるのに頼りになるのは、ひとつは統計的な実証研究だけれど、もうひとつはいわゆる構築主義であると。社会問題というか、人びとが社会において何を問題だと感じているか。ある種の出来事が社会の中で人びとに「問題」として共有されるにいたるプロセスを、「それってどういうことなの？ 何が起きているの？」ってちゃんと研究すると、社会学っぽくなるよというようなことを、たまに学部生には言うようにしていますす。

北田 論文を書ける、研究ができるための入門書。

稲葉 これはまさにリサーチストラテジー主体の教科書で、学説史展望、先行業績のサーベイとかはない。あることはあるんだけれど、表立ってそれを柱にしていなくて。「なんとか社会学」風に問題を並べているけれども、その問題の並べ方も、伝統的な「なんとか社会学」の主要な部分を並べるというのではなくて、極めて狭い領域を選択している。その選択は「ライフコース」にのっとっているんだと。要するに明示的に特定の領域を選択して選んでおり、なおかつ、いわゆる「量的」と「質的」の人が、それを分担執筆しているという形になっているわけですね。

さらにいうと、この本の画期的なところは、いわゆる「量的」といわゆる「質的」の間の分担が、これまではなかったレベルで非常にうまく戦略的に組み立てられていて、現状の社会学のありようを、わりといい意味できちんと総合的に例示してくれている、というところだと思います。

つまりどういうことかというと、はしなくも明確に

『社会学入門』のストラテジー

岸 でも、構築主義だと理論にはならないとも書いていますよね。

稲葉 そうなんですけれど。ただ現状、今の相場はそんな感じじゃないかなって直観がありまして。その上で、そういうふうに思っていたところに出てきたのが、有斐閣ストゥディアから筒井淳也さんと前田泰樹さんが出された、これもくしくも『社会学入門』(二〇一七年)というタイトルの画期的な教科書です。ただ、「画期的」って僕は推しているけれど、べた褒めしているように聞こえるとまずいなとも思っていて、実はべた褒めはしたくない(笑)。ただ、切り口、方向性としては、教科書として極めて画期的で革命的なわけです。

北田 これだと「使え」ますよね。

稲葉 どういうことかというと、非常に一貫したストラテジーのもとに、綿密に組み立てられた本で。

言っているんですね。ここで「量的」の部分を担当している筒井さんが何をやっているかというと、要するに、データを集めるためには、そのデータを集めるために前もって何についてのデータを集めるか、ということを決めていなきゃいけないと。何についてのデータを集めるかというのが決まったうえで、それについてのデータを集めて、それを分析しますと。こういう仕事を社会学はやりますよと。だけど、それだけではありませんと。何についてのデータを集めるかというと、データの項目選びが厄介な問題であって。なおかつ厄介なことには、なんの項目を選ぶかっていうことは、学問の展開の中で歴史的に変遷します、と。一貫しません、一定しません、と。もちろんこれは他の社会科学や、ある程度は自然科学についても言えるといえばいえるけれども、特に社会学の場合は何が重要かっていうと、調べるべき項目を誰がどうやって立てるかというと、自然科学の場合は、まさに研究者が立てる。その立てるべき項目の変遷は、あくまでも研究者たちの問題意識の変遷だと。だけど、社会科学、特に社会学は全然違うと。社会科学の中でも経済学とか政治学だったら自然科学にまだ近いけれど、社会学は、社会の中で生きている人びとが普通に生きている中で立てている項目をもとに、社会学は調べるべき項目を立てますよと。

岸　それはまさに解体研（『社会にとって趣味とは何か』）の問題意識でもありますよね。

北田　要するにカテゴライズされているものを数えているわけだから、それ自体も分析の対象にしないとならない。

稲葉「何について調べるんですか？」「これについて調べるんですよ」というけれど、「これってそもそも何か」っていうのは、社会の中で人びとが決めるのであって。いわゆる「量的研究」なるものは、とりあえず人びとが決めたことを、さらにもうちょっと調べやすいようにリファインするわけですね。だけど、どうやって決められて、社会の中で人びとが、これはみんなが気にすべき大事な問題であるという項目立てをしていくのかということに関しては、量的研究は問わないというか、そこから話を始めるんだけれど。

北田 筒井さんは、社会学の独自性があるとすれば、そこじゃないかって言ってますよね。

稲葉 項目は、研究者が勝手に立てるんじゃなくて、人びとがすでに項目を立ててくれちゃっていると。どうしてこんな項目を人びとは立てるんだという。研究者も実はその人びとの内にあって、我々である。つまり社会学は、特に研究者は、当事者のある部分、当事者の反省的な部分でしかなくて。というところが、社会科学の、とりわけ社会学の特徴ですよと。

そこでこの本の独創性というのは、開き直って、俗に我々が「質的研究」と呼んでいるものは、基本的に普通の人びとの社会生活の中でこのカテゴリーが立ち上がる、日々の暮らしにおけるやり取りの中で、社会について当事者として考えて言葉にしていくためのカテゴリー、項目を人びとが立てていくところを研究するというところが、いわゆる「質的研究」とか「質的調査」と我々が呼んできていたところの人たちがやっていることなんだよ、という、非常に強引な割り切りをしているところが、この本の面白いところなんだよね。そこらへんに対して、この教科書を読み込むと批判が出てくるはずなんですけれど、つまり質的研究の本流は、いわゆる構築主義とか、いわゆるエスノメソドロジーであると断言しているようなところがあるんです。

岸 そうそう。

北田 だから、今の説明。

稲葉「俺は納得しねぇぞ」と、他の社会学者たちから総攻撃を食らってもおかしくないんだけれど、まだ十分理解されていないのか、食らっていない。けれども、いわゆる「質的」な人たちから総スカンを食らいかねない、きわめてラディカルな割り切ったことをいっているわけです。

岸 ちょっとまた話がめちゃめちゃずれていくんだけれど、もうちょっといいですか。そこらへん。いわゆる普通の質的の人らがやっていることと、ここで前田さんがすごいエスノメソドロジー寄りのことを言っていることのあいだに、大きな齟齬があると思うんですよ。それって、現実とだいぶずれてないですか？　逆に、稲葉さんから見て、僕らのような普通の質的の人らはどういうふうに見えています？

稲葉　もうちょっというと、筒井さんはどう思っているかどうかわかんないけれど、前田さんはそこのとこは戦略的にやっていて。たぶん筒井さんも、それを受け止めている。

岸　あれは普通の質的のひとからみると、相当な違和感を感じる本だと思いますよ。異常にエスノ寄りだし、そもそも標準的なライフコースを中心線にして社会学の調査戦略を説明してるんですが、そのライフコースがあまりにも標準的すぎて、逆に僕らには使えないです。いちおうマイノリティにも目配りはされてるんだけど、それにしても僕らがふだん聞いてる生活史では、あんなに標準的なライフコースのひといないよ（笑）。そういうとこは、厨先生からは、どう見えているの？

稲葉　要するに、『概念分析の社会学』ですね、前田さんも関わっていた。あのプロジェクトで提示された立場を、ここで非常に自覚的に押し出してきているんだと思いますね。あの本はエスノメソドロジーを標榜しているけれど、タイトルに「概念分析」とうたっているわけですから、要するに「野生の分析哲学」ですよね。ハッキングの歴史的存在論（『知の歴史学』岩波書店）も受け継いでいるわけですが。「『質的』な仕事の核心はここだよ」っていう割り切りは、非常に強引だけれども、そういうふうに割り切るとわかりやすいと。

北田　その割り切り方は、質的・量的なものをうまく組み合わせていくっていうとき、とても便利だと思うんですよね。ループ効果とかもみえやすいし。そういう意味では、無理なく修練を積めば「誰でも」できるようになる。だけど、それが本当に質的調査というものをやっていることのどのくらいの割合を占めるかというと、いささか限定的ですよね。『質的社会調査の方法』と『社会学入門』との対立というか。対立というかなんかよくわかんないけれど、このあいだの日本社会学会（二〇一七年一一月）で小宮友根さんが立てた部会とかでも、これをかなり意識して話をしているんだけれど、『社会学入門』だけで質的が網羅されたかっていうと、そういうわけではなくて。

じゃあ質的調査って何をやっていたんだろうって。さっき言ったような、価値と状況と態度だけで小集団における価値変容みたいなのを、地べたを這っていくというなら、『ポーランド農民』から図式は変わらなくてもいいと。ちゃんといいものを書くんだと。そういう方向性で行くことだって可能なんだと。

それに対して、そもそも質的といっても、非常にリファインされたエスノメソドロジーでは、準拠問題が変わっているでしょう。むしろ筒井・前田『社会学入門』でわかったことは、実際ＥＭや会話分析ってけっこう理系の人や臨床系のひとにすごく人気があるんですけど——学環でＥＭに一番詳しいのはたぶん社会心理学の石崎雅人先生です——エスノメソドロジーや概念分析とかがやっていることというのは、じつは量的なものと近い面があって、相性がいいと。量的、質的なんて言われるけれど、そこは互恵的にやっていける。

とすると、よく質的、量的の対立構図というのがいわれるけれども、ここでは同じ出版社のシリーズから出された二冊の本で扱っている「質的」の内容というか準拠問題が違っている。

岸　いま北田さんから、たとえばエスノメソドロジーとか概念分析と、オーソドックスな質的の仕事というのは、実は課題が全然違うんじゃないか、という話がありました。エスノメソドロジーや概念分析は、すごく割り切った方法であって、だからこそ非常にエレガントで経験的、実証的なツールとして強力なものになったわけですよね。

一〇年前なので、また考え方が変わっているかもしれないんですけれど、稲葉さんが『社会学入門』で最後に書いたのは、そんなに割り切られないところに社会学はあるんだよ、ということだったような気がするんですよね。

「それが何か」ということを社会学者が決定するのではなく、「それが何だと言われているか」ということを人びとに聞きにいく。それが社会学の仕事だと、それはその通りで、私たち「普通の」質的もさんざんそれをやってます。むしろ私たちは最初からそれを目指してやっている。でも、どこで分かれてくるかというと、その先なんですよね。

　そこで、ちょっと北田さんにもお話を聞きたいんですけれど。この論点は「社会学的忘却」というところと、なんとなくつながっているような気がして。

北田　すごい球が飛んできた。

岸　違う？　つながってない？

北田　いや、わかるけれども。

岸　わかるでしょ。いま北田さんがずっと言っているのは、簡単にいうと、こういうことなんですよ。割り切った方法論に還元していいのかどうか。

　僕と北田さんが最初に話したときに、普通の社会学になるというときには、たしかにスペルベル的な疫学モデルがどこかにあったのかもしれない。けれども、なんとなくそれで割り切られないところもある。ものすごく割り切った方法でやってしまうと、それはそれで社会学からは離れていってしまうのではないか。

　今日の一番最初の話でいうと、政策科学と受験生を取り合いしているというのは、すごく象徴的なことだと思う。それになっちゃっていいのかというと、北田さんもそのときに言った通り、なんか社会学がやっていることは、違うような気がするんですよね。

　だから方法論、リサーチメソッドをちゃんと教育しなければいけないし、我々も古典を教えても今どきどうしようもないとは思ってはいるんだけど、なんかそのコアみたいなところがあるような気もして。それは今、北田さんの研究でいうと、社会学的な忘却に対する批判的な研究とつながっているような気はするんですよね。そのへんで、ちょっとあらためて北田さんにおうかがいしたいんですけれども。

社会学者の社会とのかかわり方

北田　そうですね。今のお話につなげられるかわかんないんですけれど。
　二〇世紀はじめのシカゴ学派の成功ってなんだろうっていうのをずっと考えているんです。直接的には、エドワード・デュボイスという人の研究にこの一年くらいはずっと取り組んでいる。シカゴがせり出てくるのよりもデュボイスのほうが先なんですけれど、デュボイスと政治的な意味で微妙な関係にあったパークがシカゴに赴任してから、シカゴがすごく強くなっていく。

シカゴの強みというのはいっぱいあって、お金の問題とか大学のカリキュラムとか、いろんな要素があるんですけれど、一番強いのは後に「中範囲の理論」と呼ばれるようなものをいっぱいつくったことだと思います。稲葉さんの言葉でいうと、いま一生懸命、政策科学というか経済学とか政治学とかがやっている、あの「理論」です。一般理論というか、法則的なもの、傾向性を指し示すための言語を次々とつくっていくための基盤を構築した。それが、たとえば四つの欲求だったり、価値と状況と態度というものを組み合わせていけば、人間社会の生態系が記述できるよ、というような法則性みたいなものに、科学の根拠を求めた。パークの頭の中にあったのは、もちろん人間生態学というか、生態学を模したようなものだし、トマスとかまで行けば、人間の本能、人間の本性とつながっているものでという、実に演繹的なものになる。シカゴ学派というのは、実はすごく演繹的な推論を重視する集団だったのではないか、と私は思っているんですね。その個々の分析は、エスノグラフィーであるわけですが、ある種の指導的な、今でいえば作業仮説的なものをちゃんと保証してくれる理論家というのがいた。その理論家が提出するものによって、それぞれ読み替えて「じゃあ俺はホーボーやってみるわ」とか「女給のこと調べてみよう」「それじゃタクシーダンスホールね」みたいな感じで、モノグラフを生み出していく生産工場ができあがる。シカゴ学派の強みは、地べたを這ったエスノグラフィーというよりは、とても「理論的」なものだったとわたしは見ています。

結局、シカゴ第二世代とか第三世代くらいになってくると、それが今度は西海岸に行って、ジンメル的な理論を「法則」を示すものとしてではなく、関係性を分節した理論として読み解くようになり——もちろんプラグマティズムとの交差もあって——シンボリック相互作用論など、もっとコミュニケーションや関係性に関する繊細な研究課題が立てられるようになる。ブルーマーによるトマス批判が典型ですが、「価値」とかいっているけれど、けっこう粗いよねと。そもそも「状況」の定義ってなんだろう、みたいな方向で、「人びとの理解はいかにして可能か」といった抽象度の高い準拠問題にたどり着いて、ＥＭが生まれてくる土壌の大元ができてくる。

でも、その線と違う系譜があったと思うんですよ。シカゴって、先にも言ったように、わたしはすごく理論負荷的な一派だと思っていて。すごく地べたに這いつくばっていたっていわれるけれど、あれは神話だと思う。そうじゃなくて、むしろそういうタイプの理論が社会学のアイデンティティを保証するというのを疑っていたのが、デュボイスという人だったと。彼は黒人でしたから、いろんな意味で差別的な状況に置かれていて、「黒人だから社会学者としては忘れ去られた」というふうな言い方もできるんだけれど、それだけじゃない。シカゴ的・西海岸的な社会学とは異なる社会調査としての社会学をあまりに先駆的に実践したがゆえに、「シカゴ史観」から忘却されてしまった。

これはぜひ岸さんにも読んでほしいんだけど、『フィラデルフィアのネグロ *The Philadelphia Negro*』というデュボイスの本は一八九九年に出ているんです。全然『ポーランド農民』よりも先ですね。これがよくできたもので、当時の記述統計ができることをすべてやっている。まず、自分のトピックを提示し、その背景にある歴史的経緯を書いて、その研究課題の重要性を書く。そして、まず集められるかぎりの数字で示せるものを示し、そのあとインタビュー調査で得られたデータを示すというのを、テーマごとに系統的にやっている。ものすごくよくできた見事なフィールドワークです。彼が求めていたものというのは、まずひとつは真理ですよね。学問的に誠実であること。引き合いに出すと、パークもドイツに行っていたけれども、彼はなにを勉強してたのかよくわかんなくて大衆論みたいなの書いている……って、むっちゃ怒られるな（笑）

岸 攻めるね（笑）

北田 パークのベースにあるのはやっぱりジンメルなわ

けで、そのジンメルの中にある社交性とか社会的関係の類型論みたいなものを世の中に当てはめて、こうやって理解できるんだと。それは生態学的な適応過程として記述できるんだ、というロジックを持っていたんだけれど、デュボイスが一番師事していたのはシュモラーだったから、歴史実証主義や、新カント派的な価値論争を目の当たりにして帰ってきているわけです。その中で、実証主義的な社会科学を確立しなきゃいけない、と考える。そのときに、中途半端ないい加減な理論みたいなものを継ぎ足しするのはダメだというのが、たぶん彼の強い信念としてあった。だからこそ、妙な理論は、彼は提示せず、非常に記述的なやり方をする。

ただ、その背後にあるもの、つまり「じゃあ何のためにこれを研究するんですか?」と言われたら、再建期以降の黒人の置かれた状況の中で、あるいは同時代の黒人のスラム街で、どういう社会問題がいかにして起こっているのか、その問題にいわば社会疫学的に対応していくにはどういうことが可能かということを、

一つひとつかなり詰めて考えていた。そこは、シカゴみたいに都市をフィールドとして、都市の中に拘束性や規則や傾向性を見出そうとするというのとは違っていたと思います。

学問的にも誠実だったけれども、その問題意識が大変明確だったと思うんですよ。その明確な問題意識をしっかりとするためにはどういう方法が必要かというときに、一九世紀末のアメリカであれだけ歴史をやって、公的統計を調べて、自分でも統計をとる。統計をとるとき、当然なにを数えるか問題にもぶち当たる。フィールドワークはもちろん、これを実質一人で全部やっていた人で、今の僕らが読んでも違和感がなく、まったく過不足感がない。

そういう社会学者がいたということが、忘れられているということはどういうことなのかな、とは思うんですね。彼は、方法を妙に理論みたいなもので武装してしまうのではなくて、今ある自分にとっての社会問題というものを解いていくには、いかなるメソッドが必要かというときに、そのメソッドの選び方について

妥協を許さなかった。その代わりに、一般理論みたいなものが科学であるというような、ある種の科学観には乗らなかった。けっこう稀有な人であったと思います。

シカゴのような系譜は築けなかったんだけれど、「社会問題は存在する」「そしてそれは解決されねばならない」というところからスタートする、彼の地点というのは、やっぱりちょっとシカゴの流れとは違っていて、社会学の原点として我々は押さえるべきだろうし、多かれ少なかれ日本でウェーバーとデュルケームとか、そういう派手なものをやっていなかった人たちの社会調査って、手探りでけっこうそういうふうなことをやっていたんじゃないかなって思う。その系譜が、社会学史とかでは忘れ去られている。何しろ「地味」ですからね。だけど、それが一九九〇年代以降、アメリカではデュボイス・リバイバルが凄いことになっていて、今はもう教科書とかにも出てくるようにもなっている。「可能性の中心」的な救済史観も一巡してて、ハッキング的な「調査論」も続出しています。日本語圏ではいまだ無名のまま、というか『黒人のたましい』が岩波文庫の赤表紙に収められているように「文学」として受容されている。デュボイスの忘却は、社会学の存在意義そのものの忘却を意味しているように思えてなりません。

デュボイスの実践は、社会学という学問がアイデンティティを確立するなかで、ずっと理論でやってきて、理論で天下り的に記述してきたことへの違和感の表明でもある。具体的にどういうリサーチメソッドで臨んでいるのかという点から考えるとき、「忘れ去られた人をわざわざ発見する」という、そういう発見的価値だけではなくて、「ここに本流があったんじゃないの、本流の一つの芽があったはずだよね」みたいな問いにもつながっているとは思います。アメリカ社会学のそもそもの背景にあったのは社会改良運動だし、デュボイスの場合だったら深刻な黒人問題だった。黒人問題だと言われているものは、実は白人問題なんだというふうに喝破したのも彼だったし。

僕は、シカゴから始めちゃうことによって何が見失われたのか、ということを考えたい。財団とかも、労使関係の研究みたいな「社会的」問題に関して、あまりお金を出さなくなっている。そうじゃなくて、もっと一般的な抽象化された問題。つまり、都市住民の法則性みたいなものを見出すとか、そういった法則科学を志向する方向にどんどんお金が落とされていくようになる。その帰着点（？）が一九三〇年代にできたあのシカゴ大学の社会科学棟ですよ。そのときは、盟友として政治学科――メリアム的な政治科学 political science――があるわけですよね。そこで、ひとつ忘却が達成されたという気がします。

そしてもうひとつ。「社会問題が存在する」からスタートする社会学とは違うところから、社会学の歴史がつくられていったのは、やはり、トマスやパークの流れだろうなと。広い意味ではその流れのなかに……こんなことを言ったら怒られるんだろうな。でもやっぱり僕はそこに来歴を持つものとして、シンボリック相互作用論とか、会話分析、エスノメソドロジー、構築主義の流れってあると思うんですよ。準拠問題が根っこが違うような気がするし、「質的研究」だからとひとくくりにされるけれども、デュボイス的な準拠問題とは全然違っているという気がするし。

僕には、社会学を何の学問かと定義するかと言われれば「社会問題を扱う学問」であるという、それ以外の問いの答えが浮かばない。ああ、怒られる……

岸　突っ込んだことを言っているね、今日はね。

北田　でも、そう思いますよ。なので、やっぱり「社会問題は存在する」。ルーマンが、「システムは存在する」からスタートしているように、動かせない前提なんじゃないか。というか、逆にそういうものを共有していないのであれば、社会学である必要ないじゃん。ほかの学問で補えることがいっぱいあるわけですよ。集合行為とか集合行動みたいなものを記述するとか、どのような個人に満足を与えるかとか、そういうのはもっとスマートにできる学問とか方法があったりする。社会学って何をやっているんだろうね、というときに浮かび上がるのは、やはり意味という媒介を重視しながら社会問題を考察する――つまり、社会問題は人びとがつくるんだけれど、人びとがつくるのを記述し、それを分析するために合理性の前提を置きマッチポンプ的に分析方法を修正し、社会問題の解決に向けて機能的に等価な選択肢を示す――そこを疑ったら、スタートができないんじゃないかなというのが、暫定的な意見です。

「差別」に対する非政治的なアプローチ

岸　もともとは社会学の根元《ねもと》のところに、社会問題へのコミットメントが存在した、というのは感動的な話だし、それがシカゴ学派みたいな、意外に一般理論を志向したひとたちの影に隠れてしまったのは、とても皮肉だと思います。そもそもシカゴ学派の一般的なイメージとは逆ですから。これこそ、北田さんがいつも言う、「ありえたかもしれない別の現実」を表すものですね。ありえたかもしれない、別の社会学史……。デュボイスがいまリバイバルされているんやったら、すごいええことやなあ。

ただ、まあ、僕みたいな立場の人間が、今のお話に加わるときに、いくつか留保しないといけないことがあって。やっぱりよくある言い方として「左側から追い抜いていく」という人が多くて。特に関西だとね、たとえば、差別とか貧困とかを扱っているほうが偉いんだ、というようなノリがやっぱりまだある。少なくとも関西はちょっとある。なので、僕もその中にいる人間として、今のお話は自分自身、もっと縛りをかけて聞かないといけないとは思ってはいる。僕がわりと一般理論とか公理系のことを考えてしまうのは、そういう縛りという意味もあります。俺みたいなやつがただの現場主義になったら終わりやねん。だから、「やっぱりそうだよね、政治だよね！」みたいな感じにはならない。したくない。

北田　それは、何周目の話だということになるけど。

岸　そう。だから、いま言った条件を付けたうえで言うんですけれども。やっぱり稲葉さんにあらためて聞きたいなと思っていて。僕にとっては「社会問題が存在する」ということは――もちろんそういう研究をもともとやっているからということもあるんだけれど

――、わりと論理的な問題として、自分の前に現れているんですね。

対話的構築主義――もちろん構築主義一般ではありません――を批判しているのは、僕は、あれはロジックとしておかしいと思っているんです。論理的におかしいんだと。社会問題を対話に還元してしまう。だったらちゃんと抽象的なＥＭとかをやればいいのに、片方で、社会問題へのコミットは、さも残しているかのようなことを言うんです。その両方を保持するのはかなり難しいんじゃないか。

でも稲葉さんは稲葉版『社会学入門』の最後で、「社会学とは何か」を理論的に書き連ねていって、最後に、ひとつほかの領域に対して社会学がイニシアチブをとれるものがあるとすれば、それはナショナリズムとか差別といった問題だ、ということを書いている。

それは、たぶん今日の冒頭に言った「社会がいくつかに分かれていて、それぞれ違うんだよ」という「共有されたものの可変性のひとつ」というのの、ものすごくはっきり現れているところがそこなのかな、という意味なのかなと思ったんですけれど。あそこで差別とかナショナリズムを最後に出してきたのって。

北田 差別だと唐突感ありますよね。社会疫学という観点からはわかるんですけれども。一〇年前だとすると、出版業界的にはすごく目を引く言葉だったと思うんですよ。

岸 実は、北田さんはもともと、とても規範的な議論をしていた方なので、今こういう主張をされていることも、それは「北田節」やなあ、ということになる。それはわかるんですけれども、稲葉さんの本が、一〇年前にすでにそういうことを言っていたんですね。あれは、何でそんなこと言ったの？ たまたま？(笑)

稲葉 差別に関しては、両方とも現に「今これ、流行ってんじゃないですか？」って。

岸 流行ってないよ(笑)。そんなものが流行ったことなんて、すくなくとも日本の社会学会ではいちどもない。

北田 一〇年前は、どうだったかな(笑)。スペルベルといえば『関連性理論』のほうが圧倒的に注目されていたしね。

稲葉 差別に関していえば「ラベリング理論からやがて構築主義へ」という感じではあるけど、まさにずっとテーマであり続けていますね。ナショナリズムに関しても、やはり同じような考え方からすると、こうなって当然のものと思う。ただ、差別と違ってナショナリズムのほうは、流行ってしかるべきだし、そういう気運は比較的盛り上がってきてはいるけれども、実は社会学は、伝統的には国家というものをちゃんと対象化してこなかった。国民国家的なフレームを、実は無反省に前提としていることが多くて、「常識を疑う」と言いつつわりとそれにずっと乗っかって長いことやってきている。なんでウォーラーステインが受けたかっていうと、それを揺るがしたから受けたのであって。それ以外にあの人にはそう大した業績がないわけで（笑）

岸 みんな、今日は攻めるね（笑）

北田 まあそうね。ウォーラーステインの方法論の本とか、面白くない。

岸 たしかにあんまり読まれなくなってるかもしれないね、ウォーラーステインって。

稲葉 歴史学者がいうには、あの人は、研究スタイル自体は一九五〇年代、六〇年代のオールドスタイルの社会学者と変わらなくて、つまり歴史学者の一次文献を読んで、それを理論的領域に落とすと。

北田 従属理論ですからね。

稲葉 そういうことしかやっていないので、社会学者も一次史料にあたるようになった最近の流行りからすると、もう時代遅れの人で。その人のどこが新しいかというと、準拠枠としての国民国家という枠を外しました、という純粋に理論的な貢献です。

北田 そこを、ルーマンの道半ばでやめている感じですよね。ルーマンは一生懸命、世界社会というのをやっていたんだけれど。

稲葉 私の『社会学入門』（稲葉版）の中の記述でいうと、人というのは群れるものですよね、と。ただ群れるためには、群れのアイデンティティというものが必要で、アイデンティティを保つためには、全人類を一つの群れに、というわけにはいかないし。それはいろんな理由で、実際にそこまで力が及ばないというのもあるけれども、現実に人びとが群れるというのは、その群れは必ず有限なものになって、別の群れができて……というのがとりあえず現実にありますよね。将来的に人類世界は本当に一つの群れになるかどうかはさておいて、現状では複数の群れに分かれ続けて、しかもその複数の群れは、絶えず離合集散を繰り返している。だから、規範的にどう評価しようと、人間社会は当面、そのような現実であり続けるよという、ごくニュートラルな意味で――そもそものマーケティング用語での「差別化」なんていうのは、別に良くも悪くもないことですから――、人間社会というのは絶えず差別化を繰り返していくものだと。そういう意味で、「差別」というものは研究対象で当然ありえる。ナショナリズムは、そういう問題の一環で、人間社会というのは、一つにそう簡単にまとまらないよね、というほどの意味合いですね。

岸　分かれていくわけですよね、僕らは。無限に分かれていって、そのときに、たとえば共有する意味とか規範みたいなものも、それごと変わっていく。それごと分かれていく。そういう、ものすごく分かれていくんだ、というものが根本にあるわけですよね。そのことの論理的なひとつのあらわれが、差別問題だと。

稲葉　あれを書いたときに念頭にあったのは、歴史言語学的な発想です。一つの言語が複数に分かれていく、たとえばもともとある言語の方言だったものが、単なる方言を超えて、一つの独立した言語になっていったりとか。ネットの中で特にそういう方言化が加速しているのではないか、みたいな観測もありますけどね。そういうものがちょっと念頭にあって、あれは書いていますね。

差別化していくのが、むしろ自然だと。

社会問題に相対する姿勢

岸　社会問題って、何ですかね。

北田　それの一つの回答が、結局人びとが問題だと思う、というもの。

稲葉 そうそう。

北田 ただ、そこはけっこう重要な地点であるのと同時に、より重要なことは、そこから先を問うか、問わないかでしょ。僕は問うてしまうんですよね。

「ある出来事が（先に存在して）、そう名指されている」とかいうふうに言いたくなる。でも、たぶんエスノメソドロジストや構築主義的な発想からいくと、それは経験的社会学の範囲の外ということになると思うんだけれど。因果的関係に組み込まれる何かの出来事があって、そして、はじめて人間は問題を問題化しうる。そのためには、もちろん理由とか理屈みたいなものとか知識が必要だから、信念体系が変わって、ずっと後になってはじめて問題として定式化するということは起こるだろうけれど。その定式化をしたということを確認するより先に、やはり何らかの痛みとか苦しみとか、何かがあるはずで。そこを問わないというのは禁欲的なんだけれど、でもそれを問わないとリサーチが立てられないと僕は思うのです。論理的に。

岸 たとえば、これもいろんなところで何回も言っている話なんだけれど、沖縄戦を研究テーマにして、調査をしていくとして。いま必死でやってますけども。それで何か書くとして、たとえば「沖縄戦がそこでどう語られたか」という論文は書けないんですよね。まあ、研究プロジェクトのごく一部として、一本や二本だったら、書ける。でも、

北田 それだけだと？

岸 それだけで書いていくのは絶対無理です。「それが何の役に立つの？」って、地元の人から言われますよ（笑）。だから私たちは「沖縄戦とは何か」ということを、鉤括弧を外して言わないといけない。

これも何回も言っている話ですが、たとえば聞き取りのなかでね、こないだも、インタビューの途中で、私の名前がなんども呼ばれるんですよ。「ねえ、岸さん」と言われるわけ。「日本軍はこんなひどいことをしたんですよ。あなたたち日本人は、沖縄から見れば、戦争の被害者じゃないんです。加害者なんですよ、岸さん」と。僕の名前が何回も呼びかけられるんです。そのときに、これ、エスノメソドロジーでやることも

可能だと思った。これって、「ナイチャー」と「ウチナーンチュ」をどうやって分けているかみたいなことが、その会話の中で達成されているわけですよね。責任を付与されているわけです、その中で。戦争責任みたいなものを。

だから、それはそれですごく書くべき価値があるし、やるべきプロジェクトなんだけれど、しかしそれだけで終われるかというと、そうはできない。なされるべきはあくまでも「沖縄戦」の研究であって、「『沖縄戦』という概念をめぐるコミュニケーション」ではない。もちろん、これも何度も何度も繰り返しますが、相互行為やコミュニケーションの研究それ自体は、とても重要なものですよ。でも、社会学者がいま現実におこなっているほとんどの質的な研究を、それでとってかわることはできないでしょう。

北田　僕、社会学会のときに、それをまさにコメントシートに書いて、完全スルーされたんですけれど（笑）。まあ時間がなかったんで仕方ないですが。要するに、沖縄の人たちにね、ちょっと戦後体験を聞かせてくださいということで、依頼文を送ったりお願いをしたりするときに、目指す分析が会話分析であるときにどう説明して、許諾をとるのか、という問題。素朴に、本気でそれをどう説明しているんだろうというのが興味があって。前田（泰樹）さんの仕事とかは比較的わかりやすいし、臨床的な側面から説明可能だと思うけれども。じゃあ、すべての社会問題に関して同じようにいえるかというと、そうじゃなくて。

実はね、これ思考実験でも何でもなくて、とあるところで実際に困ってしまった問題でもあるの。僕が慣れていなかったせいもあるかもしれないけれども、一応ＥＭのひとたちの依頼の仕方とかを調べて形式整えて、関係者に説明・介在してもらい、依頼したんだけれど、相手からすれば「それでなにをしたいのですか」となる。「会話の秩序を見ていきます」「協調の過程を分析します」とか、まさか一般の人が説明されても「なんのための撮影・録音・研究なのか」わかるはずないじゃない。だから、それを本当にどうしているのかな、と。それは、形式的に質問文をどうしているのかとか、そういうことではなくて。その被調査者、調査協力者に対して、どうアカウンタビリティを担保しているのか、ということを聞きたかったんですね。

岸 それは、たとえば被害者の痛みに寄り添えとかそういう問題じゃないんですよ。そういうことももちろんそれは第一にあるけど、それだけではなくて、ものすごく僕にとって論理的な問題で。たとえば、そもそもEM的な調査って、普通の人には理解できないくらい難しいということもあるんだけど、もし理解できたとしても嫌がられると思うんだよね。いや、理解されたら、余計に嫌がるかもしれない。いまからあなたにしゃべってもらうけれど、それ録画して、しゃべり方だけ見るからね、ということだからね。

やっぱりここで何回も強調しておきたいんだけど、エスノメソドロジーというと経験的な語用論ですよね。哲学的な語用論を経験的にやるということ。相互行為秩序の分析あるいはその記述というのは、プロジェクトとして非常に大事。より洗練されてきているし、非常に生産力もある。それがものすごく大きなウェイトをしめる手法になっていることをわかったうえで、やはりそれだけではないものがあるだろう、ということですよね。

北田 やっぱりそこを社会学がやるとすれば、人びとが社会の中で、これが問題だ、集合的に解決しなければいけない、あるいは係争状態にある状態だ、と名指した何か、それを依り代にしながら記述を積み重ねていく。研究プログラムのスタート設定の論理的な問題として、それが必要なんじゃないか、というふうに思うんですよね。

岸 だから、何か社会問題が実在するということ、僕がよく使う言い方では「社会問題に非政治的にコミットしている」と。存在論的なコミットなんですよね。

北田 だから、それはいらない——あるいは、あってもいいけれど分析そのものに論理的に関連するものではない——っていうんだよね。

岸 いらないんだ(笑)。ここでエスノメソドロジストは。批判はあまりしたくないんだけども。いややっぱり面白いですよ、微細な相互作用の記述は。先日、私の本を読んだ沖縄の方から、すごくお褒めいただいて。「先生はもう、名誉ウチナーンチュです！」って言われた。ほんと、泣くほどうれしかったんだけど、それにしてもその「褒め方」が印象的で。こうやって、沖縄のひとと内地のひとがコミュニケーションするときに、そのつどお互いをカテゴリーにあてはめていくわけですよね。それはもう、沖縄で調査をしたり酒を飲んだりしててほんとに身にしみて感じることなので、いつか自分でもＥＭ的な分析をしてみたいです。

まあ、それはそれとして、また何回も話をひっくり返すようで申し訳ないんだけれど、いままでの話と矛盾しますが、臨床系の、福祉学とか看護学とか、

北田 教育学とか看護学、臨床医学とかは本当に役に立ちますよね。

岸 その人たちの一部と、ごく一部ですが、ほんとうに話が合わない、という実感があって、実は。もちろん、話が合うひともたくさん、たくさんいますけども。なんとなく、考え方の根本が違うなあと。ぜんぜん批判とか否定するつもりもありませんけども、この、「合わなさ」について考えてしまうんです。さっきの話とは逆で、こんどは、社会問題に完全にコミットしている場合でも、話が通じないことがたまにある。

そういう差別とか、貧困とか、沖縄の問題、たとえば暴力とかＤＶとか階層みたいなことをやっていると、やっぱりそういう問題に取り組んでいる教師とか、社会運動家とか、ＮＰＯの人とか福祉の人とか行政の人とかと一緒にやっていくんですけども、そのなかで一部ですが、ものすごく話が合わない。

僕らはまずは、対象によって方法が規定されるんですよ。方法が先にあって、それができやすい対象を見つけているわけではないんですね。先に対象があって、それにコミットする中で、方法を探していると、生活史しかなかった。そういう感じでやってるんですが、教育学とか福祉学とか看護学とかの、ごく一部の方々と話が全然合わないのは、「人びとがどう見ているか」というところなんですよ。そういう発想がまったくない人がたまにいる。対象を共有してても、方法がまるで違う。どちらが良いということではありません。た

だ、ああ違うんだな、と実感する。

たとえば極端な話、当事者は「かわいそう」じゃないわけでしょう。

北田　「かわいそう」だったら、研究という接し方はしないと思う、たぶん。

岸　これは一体何だろうなと思うんですね。自分がやっていることが社会学の本質だとは当然言わないけれども。でも、福祉系や臨床系で、それでやっている人は少なくない。かわいそう、っていうか、えーと、いかに困っているひとたちの「問題行動」を改善するか、みたいな視点です。そういう発想では絶対にしませんよね。

社会学や人類学で、いわゆる普通の質的をやっている人では、大体みんなそういう発想はしないと思うんですよ。普通の質的調査、あるいは普通の社会問題の社会学をやっているときのものすごくコアな部分に、「調査対象の人びとが『どう考えているか』を聞く」という実践がある。

だから、当事者に寄り添うとか被害者に共感するということだけじゃなくて、本人らは意外に楽しくやっているんだよ、というところも含めて、社会問題を考えるときの思考様式が、とても複雑なものになってくるでしょう。表現もものすごく複雑になってくる。不必要なぐらいに。

たとえば、いろんなやり方があって、僕の『街の人生』というのは、もうそのまま書くしかなかった。あるいは、上間陽子は徹底的に共感して書く。いろいろある。小川さやかと上間陽子って真逆だと思うけれど、両方好きで。小川さやかは徹底的にポジティブなことを書くわけでしょ。要するに、調査対象の本人たちは、自分が置かれている状況を社会問題だと思っていない場合もあるわけ。そうすると、こちらの描き方も、「これ、このひとたち、普通の生活をしているだけやで」ということになる。実際にはいろんなスタンスがあるんだけれど、でも、僕らはものすごく複雑なことをしているんじゃないかと思うんですよね。

問題の問題性を否定する当事者、被差別体験を否定する当事者、当事者性を否定する当事者、理解されることを拒否する当事者がいた場合、僕らはどうするかというと、その否定を最大限尊重して書く、ということをしますが、それによって逆に、研究者自身の社会問題へのコミットと矛盾するところが出てくるかもしれない。それでもやっぱり当事者の語りを優先するんです。

等価機能主義における「機能の発見」

北田 それとつながるかわからないんですけど、僕はルーマニアンなので、ちょっとコミュニケーションの話をしたい。岸さんには、「コミュニケーションとかいうな」とかって言われる。

岸 そんなこと言ったことないですよ（笑）

稲葉 ルーマンはコミュ障でしょう。

北田 人格的には美談の多い人ですよ。

稲葉 文体がコミュ障。

岸 本人もそれっぽい。

北田 それは本当にそうだけれど……

岸 反転の法則だね。

北田 インタビューのとき、表情全然変えないしね（笑）

岸 関係ないけれど、YouTubeにローティとデイヴィドソンがしゃべっている映像があって、イメージ通り。デイヴィドソンがむっちゃ下向いてぼそぼそしゃべって、横でローティがこうやって。

北田 やっぱり文体に表れるね。

岸 表れる表れる。ローティ、偉そうにふんぞり返って、こうやってしゃべってる。

北田 お前のほうが従う側だろってね（笑）

岸 本当それ。えーとすいません、

北田 何の話していたっけ。

岸 ルーマニアンでコミュニケーション？

北田 ルーマニアンで何を言おうとしていたんでしたか？　僕は。

岸 そんなことを言われても。コミュニケーションというと、岸さんから怒られるけど…？

北田 そうそう。

岸 そうそうちゃうやろ。俺は別にそんな意味不明のことでは怒らんよ。

北田 ルーマンというか、等価機能主義に非常に特徴的なことというのは、何かのシステムみたいなものの一体性を考えていくときに、そのシステムが何らかの問題にぶち当たって、そしてそれを解決するというかたちで、人のつながりとか集合性を考えていくというものの見方。酒井泰斗さんが言うようにこれは結構特殊なものの見方。

岸 でも非常にリアリティあるね。ものすごく面白いですね。

北田 だから僕はそれでいくと。当人たちが意識しているかどうかは別として。もちろんカテゴリー成員として再定式化をしたりしながら自分たちを認知する場合もあるけれども、そうでないかたちで問題解決実践としてのある種のまとまり・制度ができあがってくる、という考え方だと思うんです。僕、その原点というのは、社会の問題を自分たちで記述し解決していくという人びとの能力をいかにして抽象化して、比較可能な……比較っていうと怒られるかな？

岸 別に怒らへんて言うてるがな（笑）。比較大事ですよ。

北田 わりとルーマンに関しても、「社会システムは存在している」というのも、あれも、システムを単なる制度比較のための見取り図とか単なる認識のためのフレームワークとしてではなくて、「現実に、人びとは問題処理というものを通して、あるいは問題をつくりだし、自分たちで解決するということにおいて、ある種のまとまりを紡ぎ出していく」ということであって、システム理論というのは、そのメカニズムを記述することによって「他でありうる可能性」を指し示していく、というプロジェクトだと思ったりしているんですね。

稲葉 それはルーマンだけではなくて、もともと社会学的な文脈における、あるいは人類学からかもしれないんだけれど、機能主義というのはそういうものであって。理論というよりは、方法論に属するといいますか。問題発見の技法ですね。

岸 でも、それ自体が社会理論でもあるんじゃないですか？

稲葉　それはもちろんそうですね。いったん問題が発見されて定式化されると、あるものが別のものに対して及ぼしているはたらきかけ、効果が、「機能」とかいった理論語に翻訳されるけれども。しかしその手前に、見出された問題が概念化され、理論化・モデル化される前に、問題がまさに発見されるときに、そのテコとして使われる概念として、「機能」という言葉には意味があってね。「等価機能主義」「機能的に等価」といった言い方をルーマンがしているときには、それが非常によく表れている。ほかのファクタ、ほかのエレメントによっても同じ仕事ができるけれども、とりあえずいまこの局面では、このエレメントが同じことをしていますよね、その意味であれとこれとは「機能的に等価」ですよね、というようなかたちで、問題を捉える。問題はここで「機能的に等価」だと一括されたものたちの間にはもちろんもともと違いがあって、違いがあるからこそ逆に、この点では（ここでは「機能的には」）等価だ、と一括されることに意味があるんだけど、「ほかのやり方でもできたはずなのに実際にはこうなっている」、という形で問題を立てて一般化していく技法として、ルーマンは「機能」という概念を使おう、定式化しようとしていた。うまくできたかどうかは、追随者があまりできなかったからよくわからない。逆に先行者にさかのぼるならマートンで、マートンからさらに人類学をさかのぼってマリノフスキーとかにいったとしても、同じことです。結局、「機能」という言葉が使われるときというのは何かというと、要するに何かの役に立っている、何らかの目的に対する手段として動員されているものとして、解釈できてしまうけれども、実はそうではないというか。

つまり「機能」という概念が人類学、そして社会学において出てきたときには、「目的－手段」関係のずらしとして導入されたわけですよね。そもそも目的－手段関係という図式は、人間が自分でやっていることの当たり前の自己了解の図式だった。人がある目的を持ち、その目的を実現するという意図を持ち、その意図を実現するために、自分の周囲のいろんな条件を手段として、資源として利用します、動員しますよと。

あるいは目的があって、目的を実現するために、手元にある手段を動員して、こういうことをしますよ、と。ある目的を立ててそれを実現しようとして、結果としてうまくいきました、あるいはうまくいきませんでした、というのが、人間が自分の生活というものを理解して、記述するときの当たり前の枠組みなんだけれども、複数の人間を含む社会という複雑なシステムでは、それが実はうまくいかない。社会学以前の社会科学、社会科学の歴史の初期局面においても、それは問題とされ続けた。近代的な政治学の出発点が社会契約論だとしたら、それは社会的なものを個人の行為ではないけれど、集団の行為として理解する枠組みですよね。国家とか共同体の存立根拠を、みんなの共通の合意の下におく。合意というのは、要するに共同意図ですね。共同意図の実現として、ある種の社会システムの構築というものを記述するという文体が、とりあえず社会契約論以降に導入された。

けれども、それではうまくいかないよ、というのが一八世紀の展開だった。のちの社会学好みの言い方でいえば「行為の意図せざる結果」というかたちでこそ社会システムの肝心な部分が支えられていますよ、という話。それは近代的な経済学の出発点たるアダム・スミスの「見えざる手」以来言われてきたことであって。そうすると、ある意味で、理論枠組みとしての機能主義は、それこそスミスの「見えざる手」でもすでに導入されているわけですね。

ただ、そういうものをどうやって具体的に議論するのか。要するに、我々の役に立っているけれど、我々が意図的に選んで動員しているものではないようなもの。明示的に目的として立てて、意識的に目指してはいないもの。私たちの秩序には、意図的に支えられている部分もあるけれど、意図せずして、知らないうちにうまくいっちゃっている部分があって、そういうものをどうやって発見するかというときに、意図的に私たちが社会を維持するために頑張ってやっている努力とは別に、その頑張ってやっている努力以外のところで、それと同じか、それ以上に役に立っているものを、現に自覚的にめざされているところのものとの比較において発見しましょう、という形で、機能主義という方法論が立ち上げられる。

マートンの顕在的な機能と潜在的な機能にしても、そういうことですね。「顕在的な機能」、という言葉は、すでに社会において多くの人々の目に明らかで、かつ自覚的にそれを実現しようという努力が定着している、つまり意識的な「目的―手段」図式の中に組み込まれているものごとに対して、そのはたらきに対して与えられる言葉です。それに対して「潜在的な機能」という言葉は、まさしく「見えざる手」として、人々には自覚されていないはたらきに対して与えられる言葉ですが、それが「機能」の名称を与えられるのは、「顕在的機能」と形容される、自覚的、意図的な行為と同様の、つまり「機能的に等価」な作用をしているからこそです。

岸 その時点から比べると、マートンでもそうだし、特にルーマンになってくると、機能という概念から「役に立っている」という意味はあまりなくなってくる。

北田 比較の準拠点において特定化されうるもの。それ以上の意味はないと思うし。因果的な説明も望んでいない。

稲葉 ただ、理論的にはそうなんだけれど、問題が発見される出発点としては、人びとが社会で形づくっている社会秩序の中で、そこにおけるファンクションを発見するときのテコになるのは、まずは意図的に立てられている目的、その目的に向けて手段として動員される資源、そして資源を動員して目的実現のためになされる意図的行為の「顕在的機能」であって。それがあって初めて、それとの比較において、「これまで気づかれてなかったけど、このようなファクターもこの目的の実現にとって役に立っていたんじゃない？」というふうに「潜在的機能」が発見される。

北田 もちろんそれもある。

稲葉 そういうものを事前において、機能が発見される。

岸 だから両方機能なわけでしょ。

北田 そうそう。だから、意図的な行為かどうかという、意図的に集合性や問題や行為をくみ上げる作業も自己記述・再定式化として理論に組み込まれる。ただ、意図的な再定式化を基準に機能分析を組み立てているわけではなくて。その他のさまざまな「問われれば理由を答えうる」ような行為も含めて、あるいは行動とかも含めて、問題解決の選択肢を比較できるようにしよう。他である可能性というのがどういうものか索出しようという。

岸　北田さん、等価機能主義の本を書くんだよね。

北田　機能って使っちゃっているんですよね、僕らの社会を認識するときに。言葉だけの問題ではなく。

岸　機能って、たしかに使っているんですよ、そうそう。たとえば、僕もよく他者の合理性というのをずっと言っているんだけれど、要するにあれも、北田さんから言われたとおり、機能主義といえば機能主義かもしれない。たとえば、あるホームレスの方が、あるいは何かの当事者の人がこういうことをしたと。ちょっとなんでかわからない、不合理な行為。だけど、よく生活史を聞くと、なるほど、そういう意味かとわかる。というのは、その行為がその人にとってそういう機能があったんですよ、ということですよね。その人の生活世界の中で、何か役割というか機能があって。

北田　人格システムの中において、非常に機能的だと。

岸　機能的だというふうにいえばいえると。

北田　ある問題をちゃんと解決しているんですよ、その人自身。

岸　そうなんですよ。生活史っていうか、人生って、問題解決実践の連鎖そのものです。どうやって環境や状況に立ち向かっていったかの歴史。

「急き立てられること」は機能主義の領分か

岸　これもすごく素朴な話なんだけれど、僕のものすごい強力な信念としてあるのが、人間ってシンボルをやりとりしているだけじゃないぞ、ということ。あるいは、コミュニケーションしているだけじゃない、というか。急き立てられているというか、コミットしているわけですよね、何らかに。問題解決実践の歴史が生活史、個人史だとすると、人生には「解決すべき問題」があり、利害関心があり、コミットメントがある。

ちょっとずれるかもしれないけど、たとえば、ハーバーマスなんかでも、コミュニケーションの中に入っているということは、相手に対して、理性を持っていたりとか、責任能力があったりとか、何かそういうことを要求せざるをえないんだと。ということは、たとえばそこで誠実であったりとか、正直であったりとか、そういう倫理的で規範的な要求も必ず発生する。これは文法的な、論理的な問題なんだ、と。

何か急き立てられて、何かに入り込んで、何かにひきずりこまれて、何かと関わり合いになって、何かをせざるをえない状況になっているというのが、僕にとっての社会とか、あるいは個人の行為です。

たとえば、僕はすごいブルデューが好きなんだけれども、差異化に関してもう一回ここで言わせてもらうと、『社会にとって趣味とは何か』を読んで「なるほど、こういうことか」と思ったわけ。

北田 たいしたこと言っていないでしょ。

岸 いやいや。でも大事な点だと思う。要するにすごくシンプルなことを言っていて、それは本人らが差異化だと思っていないときにそれを差異化だって言っちゃっていいの、ということでしょう。本人らが差異化と思っていないものを差異化だと、どの立場からいっているんだ、と言っているわけですよね。それは本当にそうだ。

北田 瀧川裕貴さんによりかかって「ブルデューが、それを何とか本人なりにやろうとして対応分析とかをやっているんだけれど、それがうまくいっていないよね」という。そういう話です。

岸 たとえば、ブルデューの実践的合理性についての本なんかを読むと、ものすごく広く捉えているのに、『ディスタンクシオン』に限定していうと、すごく狭い意味で差異化ということを書いちゃっているわけですよね。本当に露骨に意図的なポリティクスであるかのように書いている。

ただ僕はブルデューに関しては、すごく共感的で。たしかに意図的なポリティクスとして書いちゃうと無理なんだけれど。でも、それでも人びとは何かをしているということのうまい表現ではあると思うんですね。

北田　それはそうだと思うので全面否定はしないんだけれど。僕が思うのは、その話をやるんだったら、実はけっこう機能主義じゃない？　という。

岸　古い意味での機能主義。

北田　古い意味での機能主義を、批判的な立場からやっているというふうに見えちゃうんですよね。だったら、特に等価機能主義とかは、散々因果分析ではない、機能分析の固有性は何だろうとかっていう面倒くさい話も一応通り越してきたわけだから、そっちにいっちゃったほうが素直に見える。なのに、世の中では、もう機能主義は終わったことになっていて。なのに、みんな機能を実は使いまくっているんじゃないか、という。

岸　使っている。

北田　だったら、ちょっと立ち止まって、社会学はもう一度機能主義がどこまでいけるか試さないといけないんじゃないかなというくらいのことで考えていて。

岸　だから、差異化という概念も、要するに機能を表しているわけですよね。

北田　そうですよ。差異化するというとき体系（比較の準拠点）がないと、差異化も何もできない。

岸　だから、その差異化という概念をどういうふうに定義するか。あるいは、その概念をそもそも使うかどうかというのも置いておいても、やっぱりブルデューというのは、人びとは「何か」をしているんだということを描いた人だと思って、僕はそこが好きなんですよ。ブルデューの本で一番好きなのは『結婚戦略』。普通のフィールドワークをしている本。

北田　もともとは、彼はそういうフィールド、アルジェリアの調査の中で、婚姻が、レヴィ＝ストロースの言っているような交際と結婚みたいなルール制というのは、実はほんの一部しかない。じゃあ、それをどうやって説明できるかという、非常に真面目な仕事をしている。それを、ウィトゲンシュタインとかを使いながら、じゃあ実践のほうを見てみないといけないよね、というところからスタートしていたんだけれど。やっぱり大きくなりすぎたと思うんですよね、その発想がね。

岸　だから、ちょっと話が戻るんだけれど。何かに巻き込まれて、その中で何かをしているというのが僕の中の社会モデルであって。規定されるわけですよね。束縛される。

たとえば社会問題を見るときに、単純な見方をするんじゃなくて、一段複雑になってきて、福祉の業界の人と話がうまく合わなくなってくる。当事者のひとが、何に巻き込まれて、どんな問題をどうやって解決していくのか、について。

北田 そうね。そこは明らかにしたほうがいいかもね。

岸 たとえば当事者が意外に楽しくやっている。あるいは、当事者自身が自分の置かれている状況を社会問題だと認識できない、あるいはしないということも、ひとつの相互行為の中に対する「巻き込まれ」の表れなんですよね。社会問題だと認識しないということの合理性がある。だからまったく矛盾もないというか。

問題に対するコミットの性質

稲葉 合わない人たちというのは、つまりどういう。社会問題に関する、その人たちの、その人たちなりの実在論をとっているといえるんじゃない?

岸 もちろんそうです。

稲葉 それと違う「俺の実在論」はどうだと?

岸 やっぱり「意味」じゃないですかね。共有された意味が違うというか、共有された意味の可変性や多様性なんですよ。だから、その人たちが、一見すると不合理で矛盾するような、信念なり、価値を持っていることがありうるんだ、というのは、僕は社会学を勉強する中で身についた感覚だと思います。その人が持っている違う価値を、無条件で尊重しなさい、しなければいけないという感覚も、社会学の中で、勉強する中で身についたと思うんですよね、やっぱり。

北田 たとえば、ハラスメントやDVとかでは当事者のなかには、自分のことを被害者だとみなしていない、認識していない。もしくは、それを拒絶するというひともいる。それを、あなた間違っているんです。あなたの認識はゆがんでいるから、ちゃんとこういうふうに正しい方向にしなさいといっても、何の説得力もないわけですよ。そうじゃないことを、たぶん社会学者って考えようとしていて。今、この人はどういう信念の結び目の中で、そういう結論に達しているのか、とかいうところを考えるからスタートせざるをえない。そこは、大きな違いがあるかもしれないですね。

岸　そうなんですよ。だから、社会学的な理解というものはとても複雑で、ある意味で「怖い」。

このあいだ、僕と荻上チキさんと立岩真也さんとの鼎談（『現代思想』二〇一八年二月号掲載）のときに言ったんです。理解することの怖さみたいなものが実はあって、僕にとっての社会学の限界が、今のところそこなんですよ。加害者の生活史を聞いたときに、加害者を理解してしまうかもしれない。だから、そういう人は研究対象には選びませんということでやってきているんだけれど、それがはたしていいのかどうかわからない。

いま上間陽子が加害者側の男性にも聞き取りをしてるらしいんだけど、そうとう書きづらい、と言ってた。

北田　きついな。

岸　DVのカップルに聞いて、両方のことを書くという調査なんだけど。『裸足で逃げる』の中の最初に出てくる、あるヒモみたいな男が、実はいま東京で、ナンバー張っているホストをやっている。会いに行ったらしいのよ、そのひとに。会いに行って、生活史を聞いたら、そのひと自身が壮絶な人生だった、という。そのときに上間陽子は、それを書くと理解してしまうんですよ、それを。だから、書けなくなってしまう。それを、このあいだちょっと鼎談で話して。

僕の中で、本当には僕はエスノメソドロジーとも共有していると思うんだけれど、人びとが何を思っているのかということが一番大事なんだけど、その人びとというのは、「自分と違う人びと」なんですよね。この分割された社会の、自分の側にはいない人びと。

北田　そこが、ちょっと違うのかな。

岸　違うんですかねやっぱり。同じ合理性ではあるんですよ、でも。同じ合理性を持っているのは、持っているんだけれど。だから、みんな同じことをしているんだけれど。

でも、社会問題にコミットしたうえで考えると、やっぱり下位集団みたいなのに分かれていて。これも、今日さんざん繰り返して言っている話なんですけれど、それぞれサブカテゴリーみたいなのに分かれていて、わりとお互い共有するのが難しいものがある。でも、そういうあり方を尊重しなければいけないということを、無条件にしなければいけないということも、社会学を勉強する中でたたき込まれたんですね。それは、おそらくほかの学問と、たぶん違う。

北田 暴露啓蒙的なものと理性啓蒙的なもので、あなた間違っていますよという、そういうことを知見に基づいていう学問ではなくて。だから、啓蒙といえば社会学的啓蒙。つまり機能的。

岸 機能ね（笑）

北田 いえば、それに近くて、他でもありうるよね、ということを示すくらいしかできない。逆にいうと、そういう理性啓蒙的なことをやることが、どれだけ問題含みかはずっと教えられているという。そこは、かなり特色があると思いますよ。なんでもかんでもできちゃう。

社会問題の実在と構築

稲葉 ちょっと、ずいぶん難しいお話をされているわけですが。やっぱり社会学は社会問題の科学であると。そもそも社会問題は実在するという話ですね。そもそも「何かが実在する」とは、はたしてどういう意味なのか、自体が難しいわけですけれど。御両名とも、ある種わりとデイヴィドソニアンだと思うので、すると「実在」という言葉の意味合いが非常に厄介だな、と思うんです。

たとえば、構築主義の原点を、社会問題の構築主義だと考えるならば、あれは哲学的、存在論的には、べったべたな実在論なんだけれども、元来構築主義とはそこが源流のはずなのに、それがちょっと哲学的に敷衍されると、特にアメリカのコンテクストの中で、アメリカの脱構築主義、脱構築の人たちに援用されると、ある種の、それこそデリダ的な反実在論の方向に引っ張られてしまうと。

北田 言葉の外はない、みたいな感じですかね。

稲葉 むしろ考えてみたいのは、構築主義が社会学の現場から離れて敷衍されると、なぜかそういうふうに誤解されていく、というところなんですけれど。そんなふうに構築主義が反実在論の方に引っ張られるときには「要するに実在論というのは、人間の存在、思いや行いと関係なしに、物事は泣こうがわめこうが実在している、という話だよ」というふうに捉えられている。それに対してこの場合の、社会学から哲学に転用された構築主義というのは「そもそも人間がそれを認識しないと、実在というのはない、少なくとも人間にとっては意味がない」という立場だよ、というふうに極端に捉えている。

でも本来、社会学において「構築主義」という言葉を用いて論じられているのは、そういうことではない。自然界の話ではなく、人間の世界の話なのだから、たしかに「構築なしに実在はありえない」のだけれど、その場合、構築主義と実在論の間には別に矛盾などないのではないか、という話なんだろうな、と思う。今日のお二人がしていた話は、そういうところなんだろうなというのは、ひとつ思います。

「社会問題が実在する」とか、「構築」がどうこう、という領域では、さっきからもうちょっと考えてはいるんですけれどもね……つまり「社会学とは何だろうか?」というときに考えられるのは、やっぱりさっき言った、要するに「目的－手段関係」の等価物としての「機能」という概念が、問題発見のためのテコだ、という話なんですね。

つまりそれは、社会問題が、当事者はひょっとしたら問題だと思っていないかもしれないけれども、社会学者――職業的な社会学者でなくとも、問題意識を持ったジャーナリストだったり政策担当者でもよい――が、どこかで、「これは問題だ」と意識したときには、要するにそこで物事はそれなりに進んではいるけれども、その秩序のありようというもの自体は、それまで意識され、認知されていなかったものが、何かの理由で意識化されるわけですね。それまで知られていたものが改めて「これは問題だ」と新たな仕方で特徴づけられるのではなく、まさに「これは問題だ」という相

において はじめて、認識される、という。

十分に意識化されていないけれども、秩序の成り立ちとして特別なメカニズムがある。人間によって意識化されるその種のメカニズムというのは、普通の目的－手段図式であったり、意識的あるいは意図的な行為の連鎖として記述することで代替可能だけれども。そうじゃなくて、意図的に構築されるというのは、意図的に意識されていない、意図的に運営されていない、意図的につくられていないし、そもそも存在自体が意識されていないかもしれないけれども、それでも人びとが成り立たしめている秩序を指し示すために、あえて「機能」という日常語ではない言葉を動員して、それも意識化するというようなことを始めるという形で、問題が立ち上げられるという。だから、社会問題への構築主義的アプローチの話と機能という言葉というのは、たしかにそんなに別々のことじゃないんだろうなというのが、聞いていてひとつ思いました。

北田 そうですね。

学問の緊張関係と社会学的忘却

稲葉 もうちょっと大きな話に続けていきます。だから、社会学は社会問題の科学だよと。機能という言葉が用いられるのも、社会問題を、それこそある種の合理的な秩序として理解するためのフックとして用いられるんだよ、という整理の仕方はひとつわかるんですけれど。もうひとつ、そうすると問題なのは、さっきの社会学的忘却という言葉は、先ほど北田さんが使われるとき、デュボイスの話もあるけれど、ほかの方法でひとつ気にしていたのは、それこそアメリカにおけるソーシャルワークとソシオロジーのせめぎ合いですね。

北田 そうですね。ソシオロジーを一番敵視しています。

稲葉 ある意味で、ソシオロジーがソーシャルワークを抑圧した、ともいえるわけですよね。学問のフィールドにおいては。

北田 完全に抑圧しています。

稲葉 つまり、ソーシャルワークのほうでも何かあったのかもしれないけれども、じっさいある時期、アメリカのソーシャルワークは準拠理論が社会学よりもむしろフロイディズムだった時期もあったりしたわけだし。その緊張関係ですね。それは、アメリカに特殊な事情とかもあって、たとえばイギリスだったら、また別の事情があったと思うんだけれども。

北田 そうですね。全然また違うと思います。

稲葉 イギリスでも、たとえばT・H・マーシャルなんかの仕事を見たときに、あの人はソーシャルポリシーの研究者だという自認と、ソシオロジーの研究者という自認、二つの方から持っていて。そういう自認の背後には、それこそウェッブ以来の伝統というものを意識されていたと思うんだけれど。ただ、イギリスでは、アカデミズムの周辺に社会学は絶えず追いやられてきているわけですよね、ずっとね。極論すれば、社会学を大学に本格的に持ち込むためには、オクスブリッジとは別に、ロンドン・スクール・オブ・エコノミクス（LSE）という新しい組織が立ち上がらないといけなかった。

北田 社会疫学的なことをやろうとすると、イギリスの場合には、ちゃんとそういう調査の伝統があるから、社会学じゃなくてもいいと言われちゃうわけですよね。その結果、社会学というのが相当遅れて入ることになる。そもそも社会学科自体が戦後にようやく生み出されて、LSE——フェビアン協会の血脈をひく——にギデンズが教授として就任したのは一九八〇年代ですからね。かなりねじれた歴史がありますよね。

稲葉 その辺の事情を書いたのが教育社会学者のハルゼーの本ですね。

北田 『イギリス社会学の勃興と凋落』ですね。あれはいい本ですね。

稲葉 ソーシャルワークとの緊張関係というか、社会学は一方で社会問題の科学でありながら、他方では、社会問題の解決のための政策科学、実践科学であることからは、ある種距離を取ろうとしていたところもあったりします。あるいは、経済学や政治学に比べても、たとえばウェーバーの言葉使いなんかでも顕著だと思うんだけれど——デュルケームもそうなのかな——政治学と経済学とは違って、社会学は実証的な、ニュートラルな社会の科学ですよ、ということを指向していた時期があると思うんですね。社会問題の科学であったとしても、社会問題の解決の実践と科学であることを拒絶する、ニュートラルな学であるというところ。

そういうコンテクストがあったうえで、それこそパーソンズとか、マートンとか、ラザーズフェルドとか、あるいは、ひょっとしたらルーマンなんかも含めて、二〇世紀なかばにおける、社会というものの客観的な科学としての社会学というものが、ある種社会問題の科学たることをあえて忘れることによって成り立っていくという事情が、ひょっとしたらあるんじゃないかと。

僕がこだわっている「産業社会論」というかつて支配的だったパラダイムも、そういうことに関係があるという気がひとつしているわけですね。社会学は、社会問題の科学だけれども、その出自を自己消去していると。社会問題なんかなくても社会学はできるし、やるんだと。そのことと、もうひとつは、さらにいうと、社会主義との緊張関係。

北田 そうそう。それは大切ですね。

稲葉 もうちょっと細かくいうと、正統的なマルクス主義は、そもそも社会学を拒絶して、否定してきた。ソ連や中国では、長らく社会学が禁止されていた。

岸 ブルジョア科学だからね。

稲葉 そう。ブルジョア科学。

北田 ただ、社会調査自体はしているんですよね。

稲葉 費孝通なんていう非常に偉い人がいるけれどね。アメリカで、マリノフスキーとかに習って。とはいえソ連と中国では、長い間、社会学が否定されています。ソ連と中国だけじゃなくて、それは日本だってそう。日本共産党は長らく社会学を拒絶してきました。

北田 社会学とは縁がなかった。否定的な意味ではあるっちゃあるんですけれど。

岸 それ、前に一回しゃべったんだけど、部落の研究をやっているのって社会学だけじゃなくて、教育学、歴史学にもあったんだけど、共産党が入り込んできて、かなり状況が変わっていくんですよ。共産党って、歴史的に解放同盟といろいろありますから。でも、社会学って、ものすごく例外的に、日本共産党の影響力が少ない。なんでかよくわからない。

北田 さすがブルジョア科学（笑）

岸 でも、新左翼というか、学生運動やってたひとたちが入ってくるわけ。そこらへんが部落の調査してたりする。

北田 そうなんだよね。

岸 だから、ブルジョア科学というだけではなくて。だからそれは、歴史的な偶然なのか、それとも教養みたいなものと内的に関わりがあるのかどうかわからない。

北田 共産党が社会学をどう捉えているのかを、はっきり書いてくれているものってないのかしら。

岸 あるかな。

稲葉 そのへんのことは、たとえば庄司興吉先生の初期の仕事（『現代日本社会科学史序説』法政大学出版局、一九七五年）が意識していることかと。

北田 うーん……

岸 ちょっと話が変わるけれど、もういっこ面白くて。学生運動をやってたひとたちが日本の社会学に入ってきて部落問題とかをやるんだけれど。そのときに何をするかというと、独特の解釈を経たエスノメソドロジーなのよ。それが、解放社会学系のエスノメソドロジー。

北田 それは、人びとの人びとによる学問だから、というくらいのイメージ。

岸 そう。あれがパーソンズとかの誇大理論とかに対する抵抗なわけ。調査法自体が政治的抵抗。

北田 マルクス主義でもなくという。マルクス主義の延命策としてね。

岸 ほんとのエスノメソドロジーはそんなんじゃないぞというので、いまのエスノの人がだいぶがんばった。

北田 そうね。一掃するのが大変だった。

岸 一掃されました（笑）。そもそも社会学が社会問題のことをやったほうがいいと僕らがいうときのイメージって、必ずしも政策科学的なものでもないし、そこになにか問題解決型の意図はあったにしても、研究も目的ではないんですよね。とすると、僕と北田さんが言っている「社会問題」といったら何だろうという。社会問題の研究をするということは。

たとえば、このあいだも、台湾の留学生の人が、先端研で報告するときに笑っていて、台湾で発表すると「これは何の役に立つんですか?」と言われると。でも日本の社会学会とかでやると「それはどこに面白さがあるんですか?」というふうに聞かれるんですって。台湾って、すごい実学の国だから。社会学者もたくさんいるけどね。

だから、僕らが社会問題の学問ですよ、というときに、やっぱり受け継いだ「社会学」のリアリティとしては、たとえばアメリカとかイギリスでソーシャルワークと距離感があったこととか、共産党との距離感があったということと、すごくつながっているような気がして。とすると、僕らがやっている社会問題、あるいは社会問題の研究というのは何だろうと。

北田 難しいな。ひとつは、社会問題が何か、もうわかっちゃっている人たちとは話が通じないんですね、たぶん。

こういう問題があって。ソーシャルワーカーが、ソシオロジーから、私たちは社会学じゃないというふうにいって離れていったときには、専門職化を目指すと同時に、何が治癒の対象となるかというのを、克明に記していくというマニュアルづくりにものすごく一生懸命になっていた。それって「何が問題なのか」というのを、最初にきちっとマニュアル化するという手続きだったと思うんですね。

社会学者は、それをやっちゃいけない感じがする。じゃあ、そこで言われている社会問題って何なのかといったら、人びとが構築するというのは確かにその通りなんだけど、その構築する前にもある特定の時空間的に位置づけられる社会状態があって、そこである種のクレームが出てくるというふうな因果的順序、それを手放したら、いったいどうやって問題を探索できるのか僕には全然わからない。どうやって従軍慰安婦問題に立ち向かうのか。

岸 それは、僕や北田さんが勝手にいま定義しているんじゃなくて、実際に日本語でも英語圏でも、たくさんの社会学者が実際にやっていることですからね。おそらく完全に、そこから離れている人はあまりいないだろうと。

「危機の学問」とマルクス主義の距離感

稲葉 社会学は、実際には社会問題の科学だったんだけれども、社会問題の実践的な解決のための科学であることからは距離をとろうとして、一時期、それに成功したように見えた。要するに「社会学は『社会問題の科学』というより、まさに『社会の科学』なんだよ」という顔ができた時期があった。

でも、そういういわゆるパーソンズ的な、あるいは産業社会論的な社会学にも、実は対決相手があった。一九五〇年代以降の近代化論、産業社会論は大枠としては思想の冷戦体制の中にあり、マルクス主義との対抗関係があった。もちろん、オーソドックスなソ連・中国型のマルクス主義においては、社会学は基本的にはブルジョア科学として拒絶されてきた。市民社会の学は、経済学があればいいという感じだった。しかし新左翼というか、西洋マルクス主義においてはマルクス主義社会学なるものが、たとえばルカーチだとかを下敷きにして出来上がってくるわけですね。

北田 文化や価値とかを重視した感じのものに仕上がっていくわけですよね。

稲葉 オーソドックスなマルクス主義では「上部構造」とされてきた文化を、経済以外のもうひとつの下部構造として捉える枠組みが発展してきますね。ルカーチや、それこそフランクフルト学派の第一世代あたりで、フロムとかに顕著なような、フロイディズムを援用する手法であるとか。下部構造としての無意識、象徴秩序ですね。フェミニズムにしたって、その影響は受けているわけだし。マルクス主義の対抗関係、つまりマルクス主義が「社会問題というのは、すなわち階級対立にあるよ」「資本主義社会を理解するには、これを理解しなきゃいけないよ」というのに対して「そうじゃないんだよ」と。それを拒絶する大枠を、ある時期提示しえたような感じがしていたのが、二〇世紀のある時期のメインストリームの社会学かなと。

北田 マルクス主義は、社会問題というのを一定程度で観察できてしまえば、あっという間にそれを同定して説明してしまえる強力な理論装置を持っていた。社会学は、そういう開きなおりはやめよう、もっとちゃんと対象を見ましょう、ニュートラルに見ましょうと対する。それをニュートラルというか、価値自由というかは言葉の定義の問題にすぎないけれども、「価値拘束的だけれど、距離を置いてちゃんと対象を見るところから始めよう」というスタートラインですよね。そこは、けっこう大きいはずで。それが逆に左派に「必ずしも通じない」ということとつながる。おそらくそういうことだと思うんだよね。

岸 たとえば、本人の意図が一見すると不合理だったり、本人の意味づけが一見すると不合理だったりである、というときに。

北田 マルクス主義的な立場なら、イデオロギーでいっちゃう。

岸 僕らからすると、社会問題の研究の中にそれが組み込まれているの、最初から。

北田 そうそう。そういうものとして問題が立っているわけですよね。

岸 そう。極端な話でいうと、最初から本人が満足して暮らしている状態。とても不合理に見えるのに。でも、僕らにとっては研究対象の一部を構成していることだから、そこは割り切れないはずなので。

だから、僕は今、北田さんとは逆で、価値自由だからということよりも、むしろ社会学よりもコミットが足りないと思うんですよ。

北田 足りないですよね。僕はそこを同じことだと思っています。そこは、アルチュセールとかがやろうとしていたことだとは思うんだけれど。まだ、よくわからないけれども。

デュボイスの言葉でいま面白いなと思ったところがあるので、ちょっと読み上げますね。

「北部大都市におけるネグロのおかれた社会的環境に関して、誤認、誤解しているという人が少なくない。しばしばネグロたちは自由であると言われる。彼らは、アイルランド系やイタリア系、スウェーデン系と同じチャンスを持つというわけだ。一方で、北米黒人のおかれた状況は、南部より実は抑圧的なのだ、などとも言われる。学生諸君は、こうした極端な主張をいずれも無視し、複雑に絡み合った大量な事実の中からネグロを取り囲む社会環境に関するタンジブルな証拠を追求しなければならない。」

接近可能な、というか、触感がある、そういう証拠をもて。虚偽意識論でもなく、じゃあ本人たちが全面的に正しいのかというと、そうでもない。そこを攻めよ、という。

岸 タンジブルな。現実のざらざらした手触りということか。

北田 一九世紀末だよ。

岸 これはいいね。いい話だね。すごいひとだったんだな。

稲葉 おそらくそこに原点がありながらも、しかしそれは簡単に堕落しがちなものでもあるので。あえて、それから距離を取るようなニュートラルな科学を、もし二〇世紀なかばのパーソンズなどの社会学が目指していたのだとするのならば、それを、そういう社会問題の実践的科学との距離感と考えても、あるいは、マルクス主義との対決だと考えても、それに合点がいくことではあるわけなんだけれど。

マルクス主義的な枠組みだと、社会の中には解消不可能な階級対立がある。その階級対立が貧困などの社会問題を引き起こすが、資本主義社会の基本的な枠組みが変わらないかぎり、社会問題は解決されずにただ抑圧されるだけだ、と。それに対してかつての社会学は、近代社会、産業社会の基本的な特徴を、階級対立、それによる分裂よりは分業の発展、そして流動化として捉える。

そこで捉えられる近代社会、産業社会固有の「社会問題」があるとすれば、抜き差しならない客観的な利害対立というよりは、むしろ、客観的、現実的には、市場経済、産業の発展の中、かつてないほどの複雑な相互依存の秩序が出来上がっているにもかかわらず、それが「見えざる手」によっているがゆえに意識されない、という、いわば共有される秩序感覚の弛緩でしょう。これだけ分業は進展するし、システムの流動化も進展して、それなりにうまくいっているんだけれど、なんとなく人びとがある種の疎外感を抱くようになる、とかね。そこで勤労倫理が衰退していくというような問題の立て方を、実は一九七〇年代くらいまでの産業社会論が立てている。だから、マルクス主義とも違う仕方で、近代社会には何か問題があるよという、ある種の不安の予感は、実は持っていたんだけれどね。

岸　危機の中から社会学は生まれたと言っていますよね、稲葉さんも。危機の学問であると。

稲葉　だからある意味では、産業社会論も危機の科学ではあったわけ。マルクス主義の階級対立論を拒絶したにもかかわらず、別の形での、急性の「危機」とは言わないまでも慢性的な「病理」、古い言葉でいうと「先進国病」を念頭に置いていた。実はそういう危機意識は、西側の新左翼的マルクス主義の社会学にもわりと共有されていた。一九七〇〜八〇年代、西洋マルクス主義者のあいだで、結局構造主義の流行以降だと思うんですけれども。それで、グラムシが流行るわけです。グラムシは、実はマルクス主義が崩壊したということになっている二一世紀においても、人文社会科学の全般でいまだに非常に人気があるわけです。いろんな人たちが援用する。グラムシという人はぶっちゃけて言うと、マルクス主義の拘束衣の中で、政治的・文化的リーダーシップとかいった問題を語るために、「ヘゲモニー」とか独特の言葉遣いを編み出して非常に苦労していた人、ですね。

北田　いくらでもよみがえらせることが。

稲葉　マルクス主義の歴史というのは、そういうらん苦労の歴史が非常に多いわけですけれどね。マルクス主義をやめればもっと自由になるはずなのに。

岸　やめればいいのに、という（笑）

稲葉　それができなかったというのが、「時代」というものだけれども。ただ、グラムシが流行ったのは明確な理由があります。資本主義社会の中でも、みんな納得して、秩序を受け入れているんじゃん、という事実に向きあい、その謎を解こうよ、ということです。納得すればいいとは言わないけれども、納得しているという事実からは逃げられないよねと。

岸　そうそう。そこです。

稲葉「資本主義のもとでもそこそこ満足だなんて、それはだまされてるんだ、虚偽意識だ」とかいっても、仮に「虚偽」という言葉を使ったとしても、あるいは「虚偽意識」は「虚偽」なのかもしれないけれども、やはり「意識」でもあるわけで。それを虚偽、偽物、ありもしないもの、というふうに語るのは、語り口の問題に過ぎないいんじゃないか。という、そのへんに問題点があるのだけれど。

逆説的に、本当そういう意味でいうと、変に西側マルクス主義の社会学の一時期には、それこそ社会学の運命が非常にわかりやすい形にクローズアップされていたという言い方もできるかなと。

社会学の大前提

北田　ハーバーマスなんかは、そこをなんとかクリアにしたかった。どっちもちゃんとやりたいと思ったわけですよね。

稲葉　要するに、いまや足下が全部崩れたから、あの人は普通のリベラルになった。それは本人が悪いのではなくて、状況がそうなったのだという。

北田　状況がね。いつの間にかただの「いい人」というか。

岸　穏当な人に。

北田　穏当左翼というか、普通にアメリカンなリベラル。

稲葉　もともとは、まさに西洋マルクス主義の本流だったわけですけれど。

さっきの話、問題は客観的に実在するけれども……というときの「急き立て」の問題ですよね。

岸　そのへんのペットボトルやリンゴやスマホがあるよね、という意味で言っているのではもちろんなくて。「ある」というふうにいったんしないと、書けなくなるんじゃないかなというふうに。

北田　立論の大前提みたいな。

岸　そうそう。だから、否定的な形で入っている。

北田　それは、否定しないと言われたら、そうですか、じゃあ否定しないということで納得してください、というふうに思う。でも、それが実在論と呼べるものかと言われると、逆にわからなくて。

だって、ここで言っている「実在論」って、そんなに形而上的なうんぬんじゃないですよね。研究という実践を通して、世界と接触をして、そこの中でいろんな言葉を聞いたり、実践を観察したりする中で修正していって、少しでもうまく状況を説明できる、あるいは、いろんな世界の状態と、なんとなくうまく説明できるね、というところに収束していこうという、プラグマティックな真理観だと思うんですよね。

岸　さっきの北田さんの例でいうと、たとえば対象と方法がバッティングするときに、「普通は」対象のほうを優先するよね、ということですよね。

北田「普通は」ね。だってそうしないと、始動できないはずだよね。そのときに、自分の説明が不十分だと気付かせるフックになるものは、そういう大前提のものに当たるんじゃないかな。その意味で、前提としての実在論といってもいいわけですけれども。

岸　僕は繋留点と言い方をするんです。

稲葉　それがどういうことかと考えたんだけれど。つまり、実在するものが、どうやって実在を確認されるかって、認識されることでしかないんだけれども、科学的な認識の理想像というか基本形は、「ただ認識されること」であって、認識に評価がすぐにはともなわない。

ただ、今日的に考えるならば、認識の基本形というのは、認識する主体は何のために認識するかというと、生きていくために認識するのであって。むしろ、普通の認識というのは、認識と不可分な形で行動が生じるものだし、認識と行動をブリッジするものが、まさに情動であると。要するに、情報を得たときには、情報を得たと同時に、それは気持ち良かったり苦しかったりするのがノーマルであり、気持ち良かったり苦しかったりすることが行動につながる。動物は普通こうだと。

それが洗練されてきて、ある程度そういう情動から距離を置き、行動に直結しないようなニュートラルな認識というものが洗練された高度な生き物になってくると、ようやくそれとして立ち上がるけれども、原始的な生き物はほぼ直結すると思うんですよね。というふうなことがわかってきたというか、現在ではそう考えますよね。認識の基本は、むしろ行動と不可分だし、情動によってブリッジされている。

北田 本流のプラグマティズムですよね。

稲葉 社会問題が認識されるというときの問題として認識されるときには、評価とワンクッション置きたいんだけれど、最初の問題発見のときには、評価と切り離せない。だけど、きちんと分析するときには、いったん評価から分断しなきゃいけないと。人間がやることなので、実は問題発見の最初のフックというのは、

北田 もちろん間違いである場合もある。

稲葉 たとえばこれが嫌なことだとか、問題だとか、あるいは逆に、面白いとか変だ、でもいいんだけれど、なんか評価的なフックに引っかかると。看過していいことではなくて、看過できないものとして引っかかるというときには、その認識に不可避的に人間が評価してしまっているところが、たぶん関わってくるわけですね。

オーソドックスな実在論、つまり「人間の評価とは別に現実は現実で存在するんだよ」という考え方だと、「そういうふうに評価が認識に関わるという話は、認識される対象を構築するのは人間の認識であるというのなら、実はそれは対象の実在を認めない反実在論なんじゃないか」と言われるんだけどね。しかしそうじゃなくて、認識というのは、基本形ではむしろ評価や行動と不可分であるという立場にたつならば、評価が伴うということ、すなわち評価せざるをえない、認識と同時にそれを評価してしまう、喜んだり、苦しんで嫌がったりしてしまうという情動を引き起こすことが、むしろ現実にそれは存在しているということの証拠であると。

岸 論理的なことなんですよね。

北田 ジェームズの「熊が怖いから逃げるのではなく、逃げるから怖いのだ」みたいなのだね。

岸 だから、人びとと社会問題とのそういう関係というのは、じつは社会学者と対象との関係とパラレルな

もので。

北田 そう。それぞれ。

岸 ということだよね。だからやっぱり、僕らは方法論的にそんなに割り切れないんじゃないの、ということですよね。対象から束縛されている。

北田 ホーリスティック（全体論的）な捉え方かつ、繰返しゲームをやっていて、そこの中から認識的な安定性を見出しているのが、岸さんの言う一般化であり抽象化なんじゃないかというのを言っていて。

岸 そうそう。

北田 この繰り返しの部分を取り除かれると、一回でリーズナブルな理由連関を読み取って、読み取れるのだという主張の人たちと話が合わなくなっちゃうんだけど、そうじゃなくて、この蓄積というのは、実はそこらへんの勘所というか、フックというものをつかむ前提をつくり出していく作業なんじゃないかという。

岸 ほんと、ベイズみたいな話になってくるけれど、ずっと調整していくわけですよね。当座理論をずっと調整していって。何かの理解に到達しているはずだというふうには思うんですよね。

北田「はずだ」って、大切ですよね。「はずだ」っていう何かがないと向かえないはず、志向的態度がとれるはずがないと思ってしまうし。実在性とかは問わないと。要するに、二値原理と実在論とかなんとか面倒くさいものには関わらないという態度自体が、それこそ概念枠の複数性の話はおいておくとして、という理由や信念、概念枠の話の括弧入れにも通じてしまうように思う。

稲葉 デイヴィドソンの解釈にあるベイズ的決定論とか、ゲーム理論の期待効用定理の話だよね。「効用が割り当てられない対象には、確率が割り当てられない」という。

岸 何か効用があるわけですよね。だからこそ理解できるんですね、やっぱりね。理解を我々はやっていて、我々は理解をやっている以上は、相手に合理性があるし、何かに急き立てられる何らかの状況は実在しているはずだ、というふうに想定するしかないわけだし。というところですかね。一番抽象的な言い方で言っちゃうと、そういうことになるんですかね。

我々は理解できるはずだし、全体論的にそこそこの理解はできるはずだということですよね。こんな抽象的な言い方でいいのかな。

理解ができているはず、できている以上は、相手に合理性があるし、相手がそこで暮らしている状況があるはずだと。そこで急き立てられている何かがあって。たとえばルーマンでいうと、システムが何か課題にぶつかって、課題を解決しよう。課題を解決していくのがシステムだし、ブルデューの言い方でいうと、なんか人びとは差異化しているんだよと。そのことをよって何かを得ているんだよと。

収録：二〇一八年一月六日、有斐閣会議室

1――エージェント・ベースド・アプローチ　モデルを組み、コンピューター上でシミュレーションを行う方法。自律したエージェント（たとえば行為者、組織など）を複数用意し、それらの相互作用とその帰結についてシミュレーションを行い、全体をシステムに見立てて状態を分析する。

2――「社会人で大学院入学・進学を希望される方への注意書き」桜井政成研究室（http://sakunary.blog134.fc2.com/blog-entry-249.html）

索　　引

事項索引

●さ

●た

●な

●は

●ま

●や

●ら

人名索引

●ま

●や

●ら

●わ

著者紹介

岸　政彦（きし・まさひこ）
立命館大学大学院先端総合学術研究科教授

北田暁大（きただ・あきひろ）
東京大学大学院情報学環教授

筒井淳也（つつい・じゅんや）
立命館大学産業社会学部教授

稲葉振一郎（いなば・しんいちろう）
明治学院大学社会学部教授

社会学はどこから来てどこへ行くのか

Where does sociology come from? Where is it going to?

2018年11月15日　初版第1刷発行

著者　岸　政彦／北田暁大／筒井淳也／稲葉振一郎
発行者　江草貞治
発行所　株式会社　有斐閣
郵便番号101-0051
東京都千代田区神田神保町2-17
電話　(03) 3264-1315〔編集〕
(03) 3265-6811〔営業〕
http://www.yuhikaku.co.jp/

印刷・大日本法令印刷株式会社／製本・大口製本印刷株式会社

★定価はカバーに表示してあります。

ISBN 978-4-641-17441-2